海域イスラーム社会の歴史

海域イスラーム
社会の歴史
ミンダナオ・エスノヒストリー

早瀬晋三

岩波書店

はしがき

脱文献史学への模索

　歴史学研究をすすめるにしたがって，だんだん歴史学が扱う範囲やテーマが不公平で，偏りがあるように思えてきた．それがどうしようもがまんならなくなり，自分自身の研究スタンスを明らかにしなければ，今後の研究ができないと思ったのは，『世界各国史6 東南アジア史Ⅱ 島嶼部』(池端雪浦編，山川出版社，1999年)の分担執筆をしているときだった．まずもって，各国史という時代錯誤なシリーズに違和感があった．国家を単位として歴史を語る時代は終わり，もっと「大きな歴史」を描く必要性を感じていたからだった．そして，いざ執筆をはじめてみると，通史という性格の違うものであるとはいえ，自分自身がいままで研究してきたことが，ほとんど書けないことに気づいた．自分の研究姿勢が間違っているのか，なぜ自分の研究が通史に反映できないのか，問うてみる必要を感じた．

　卒業論文のテーマとしてフィリピン南部ミンダナオの歴史学研究を選んで以来，わたしは現在の国民国家の枠内では充分に語ることのできないテーマを扱ってきた．卒業後，西オーストラリア州マードック大学大学院で，指導教官ジェームス・ワレン James F. Warren の勧めもあって，戦前2万人の日本人入植者のいたダバオのフロンティア史を扱ったため，日比関係史を執筆する機会が多くなったが，それでもわたしの主たる関心は先住民の歴史にあって，政治・経済的動向や日本との関係はその背景にすぎなかった．しかし，わたしが語ろうとした歴史は，従来の文献中心の歴史学では充分に語ることができなかった．かといって，鶴見良行氏などの「歩く民間学」から理解しようとするアジア学や，フィールドワークを基本とする京都大学東南アジア研究センターの地域研究(臨地研究)に，自分の研究を重ねあわせることもできなかった．なにかしら危うさを感じたからである．

　鶴見氏の本からにじみ出る真摯な人柄と知的好奇心，なにより文字通り五感

のすばらしさに驚嘆した．政府の発行する白書など信用できないといい，自分の足で歩き，自分の目で見たことを拠り所にする姿勢から，多くのことを学んだ．そして，文献に不信感を抱きながらも，よく文献を読んでいることがわかった．しかし，同じ地域を研究する者として，失望も人一倍感じた．ダバオ・フロンティア史研究で博士論文を準備しているときに読んだ『バナナと日本人——フィリピン農園と食卓のあいだ』(岩波書店，1982年)は，その歴史的背景として描かれている記述に，誤りや不正確な表現がここかしこにみえた．また，大学の研究者が現地社会を知らないとの批判[『東南アジアを知る——私の方法』岩波書店，1995年，など]は，まだ経済的ゆとりがなく，文献の比較的そろった欧米の旧植民地宗主国での研究からはじめた鶴見氏と同世代の研究者への批判であって，現地経験もフィールドワークもまがりなりにこなしていたわれわれの世代には的はずれであった．非凡な五感をもつ鶴見氏の描く世界は魅力にあふれ，細々した事実の誤認はともかく，大まかな世界・社会像はおそらく正しいのであろう，と共感し，多くのことに気づかされ，考えさせられた．しかし，具体的な根拠を示すことなく断定的に語られる記述は，読み物として楽しく，イメージを膨らませるには役立ったが，自分の研究に引用することはできなかった．制度化の進んだ陸域国家と違い，あまりに多様で曖昧な海域世界の要素の強い東南アジアにあっては，たしかにそういう一面があることは認めても，断定的に語ったり普遍性をもって語ったりすることは場違いで，違和感があった．鶴見氏のように自由な時間をもつ者はそれほどいないだろうし，鶴見氏をまねることのできる者もいないだろう．凡人がまねをすれば，話題性を追いかけるだけの，たんに「見て，聞いて，書いた」という薄っぺらで稚拙なものに終わってしまう．問題の本質に迫るどころか，その基本的なところさえわからず，表面的な事実だけの自己満足的なものになるだろう．もっと事実関係を確認し，その背後にあるものを感じながら語ったり，理論的な枠組みをもって説明することのできる東南アジア像を描く必要を感じた．一言でいえば，体験や情報を交換するだけではなく，学問的に議論する場を提供し，より「大きな社会」を追求したかった．

　地域研究という新しい学問にも，魅力を感じた．とくに文献史学に限界・疑

問を感じていたわたしには，学際研究から学ぶことによって限界・疑問を打破できるのではないかと期待した．しかし，すぐに学際研究には，おのれに確固たる「学」があってはじめて参加できるものだという，ごく基本的なことに気づかされた．しかも，大半の研究者が自分の学んだディシプリンを基本に研究の視野を広げているだけで，総合的学際研究としての研究成果を発表している人は，立本成文氏などごくわずかであるということがわかった．地域研究の難しさがわかるとともに，学問として成り立つためには研究だけでなく，後進を育てることのできる教育手法が必要なこともわかってきた．しかし，研究の重要性はわかっても，教育としての地域研究についてはいまだによくわからない．既存の科学をマスターしていない学生・大学院生に，それを超える自律性のある新しい科学としての地域研究をどう教えるのか，わたしにはわからない．なにより，共通の財産となるはずのフィールドワークの報告書が，これだけ海外調査をしながら近年あまりでていない．大量の時間と研究費，そして東南アジア現地の人びとの協力を得ながら，その成果が具体的なかたちとなってみえてこない．自然科学の実験や考古学の発掘調査のような，事後の報告書がでてこない意味はなんなのだろうか．鶴見氏はフィールドノートを公表することによって，批判の対象ともなったが，知識や体験を読者と分かちあい，議論の場を提供した．その功績はきわめて大きい．それにたいして，近年の京都大学東南アジア研究センターを中心とする地域研究には，現地調査の成果があまりみられず，具体的な参考になりにくかった．

　京都大学東南アジア研究センターを中心とする地域研究にも，期待したときがあった．1965年の設立以来，農学系を中心とした自然科学を含む臨地研究（フィールドワーク）に力を入れた地域研究は，世界でも類をみない組織で注目された．実績も上がり，1993〜94年に『講座　現代の地域研究』(弘文堂)全4巻を出版し，既存の近代科学の限界を示し，地域研究の可能性・将来性を唱えた．そして，1993年から4年間にわたって文部省から重点領域研究「総合的地域研究の手法確立」が認められた．わたしも参加し，大いに勉強させられた．しかし，今日までその成果は顕著なかたちとなって現れていない．とくに，1993年から大学院教育に参加したにもかかわらず，若手研究者の成果があまりみえ

てこない．試行錯誤を繰り返し，既存の科学を基本としながらも，その既存の科学を超える試みに果敢に挑戦していたことがよくわかる，かつての報告書のようなものはみられなくなった．フィールドワークのための充分な準備と成果報告書の作成という基本的作業が，実行されていないようにみえる．また，フィールドワークの成果の出やすい研究は，すでに先達によっておこなわれており，若手研究者のテーマ選びが難しくなってきているように思える．フィールドに行けず，行けてもどうしていいかわからなかった時代に，しかたなくライブラリーワークに精を出し，フィールドで理論書を読み耽った経験をもつ世代と，いつでもフィールドに行ける世代の地域研究は，自ずから違ってくるだろう．いまでも，状況によってはフィールドワークができなくなることもしばしばある．わたしのフィールドであるフィリピン南部のミンダナオやインドネシア東部のマルクは，まさにそういう地域である．フィールドに行かなければなにもできない地域研究は，粗密の激しいものになってしまい，地域の総合的理解とはほど遠いものになってしまう．なによりいつでも行けるフィールドでさえ，フィールドワークの成果が出なくなったのは皮肉なことである．フィールドワークとデスクワークのバランスが崩れているのだろう．地域研究の「手法確立」は，それをめざしたときの暗中模索から抜け出せなくなっているのではないだろうか．フィールドワーク中心の地域研究そのものの再考の時期にきているのかもしれない．過去三十数年間の地域研究の苦闘については，立本成文『地域研究　夢現(ゆめうつつ)』(2002年)に詳しく書かれている．いま，地域研究は，新しい学問としての過渡期の苦しみを味わっているのかもしれない．そして，その突破口は，桜井由躬雄氏を中心とする研究グループ，ベトナム村落研究会が1994年以来おこなっている学際的研究に求めることができるかもしれない．日本とベトナムのさまざまなディシプリンの研究者が参加し，毎年夏期を中心に継続的に現地調査をおこない，その報告書『百穀社通信』は2001年7月までに11号を数えている．近代諸科学を超えた学際・学融合的研究成果が，長期的にも期待できる基盤ができつつあるように思える．

　残念ながら本書で扱う地域は治安に不安があり，また学問的な蓄積が充分でないため，学際的共同研究を継続的におこなう環境にはない．したがって，以

上のような状況を踏まえると，歴史学を学んできたわたしは，歴史学を基本とした地域研究を個人的にするしかないということになった．さらに考えてみると，歴史学は同じ価値観を共有する時代・地域を基本的空間として設定しなければならないことから，歴史学自体が地域研究であり，現代の地域を研究する平面的なものではなく，時間的空間をも加えて立体的・多次元的に地域を把握する奥深さをもっている．また，歴史学には文献から実証的に研究をすすめるという狭義の歴史学とともに，関連分野の諸科学の研究成果をとりいれて総合的に理解する広義の歴史学がある．学際性は歴史学がもともともっているもので，あらためて地域研究として考える必要性は乏しく，歴史学研究を発展させることによって学際・学融合的地域研究をおこなうことができる，という結論に達した．

　もうひとつ，文献史学の重要性に気づいたのは，フィールドワークを重視する人たちのなかに，文献中心の研究を誤解している人たちがいることからだった．文献中心に研究をすすめている人のごく一部の労力をもってすれば，だいたいの事実関係はわかり，文献の渉猟に費やす労力は一見無駄なように思えてしまう．しかし，残るごくわずかにみえる事実関係から，全体像がみえてくることがある．だいたいの事実関係をつかんだ後に出てくる事実は，一見常識はずれにみえたり，明らかに間違いであっても，通説となっている事実との比較・検討からいろいろなことを考えさせる．なにより，自分がわかっていなかったことがわかってきて，文献だけでわからないことはなにかを気づかせてくれる．文献中心でできるテーマとできないテーマがはっきりし，より広い視野・展望のなかで研究をすすめることができるようになる．第一，文献の渉猟にわずかな時間しか割かなかった人に，だいたいの事実関係を押さえたという保証はどこにもなく，自分が文献でわかることをどの程度押さえたのかわからないはずだ．したがって，自分の研究テーマが，文献よりフィールドワーク重視のテーマとしてふさわしいかどうかもわからないはずだ．少しの労力でだいたいのことがわかってしまうように思えるといえるのは，文献を徹底的に渉猟し，読破した人だけがいえることで，文献を軽視している人の研究は，文献を重視している人の目からみれば，ひじょうに危ういものにみえてしまう．文献

をつまみ食い式に利用する仕方は，不充分な理解や誤解の危険性が高く，生半可な利用による不充分な理解で文献に不信を抱き，文献を軽視するのは，お門違いということができる．深見純生氏のことばを借りれば，「歴史をやっている人がいちばん文献を疑っているんだ」ということになる［東南アジア史学会関西例会『東南アジア史学会関西例会25周年記念座談会 いま，なぜ関西例会か——東南アジア史研究の未来像を求めて』2001年: 15］．そのうえで，歴史学研究者は文献をどのように使えるかを考え，悩んでいるのである．そして，地域研究など学際研究の発展とともに，文献読解の幅が広がり，深くなってきているため，かつてとは段違いの成果が得られるようになってきている．

　要約すると，文献を渉猟することの意味は，これ以上関連する文献はなく，渉猟した文献でいえることは「これだ」と自信をもっていえることである．つまり，これ以上文献がないというために，多くの時間を割いているのである．文献があるということは現物があれば簡単に証明できるが，文献がこれ以上ないということを証明することは簡単ではない．「これ以上文献はない」といえるのは，よほど文献を渉猟していないといえないことである．それでも，後日新たな文献が現れて，冷や汗をかくこともしばしばである．そのため，文献の存在・所在の情報交換をすることが重要になってくる．文献渉猟の苦労をしていない人と情報交換ができないことはいうまでもないが，そういう人に情報を提供することもその人のためにならないだろう．文献の性格を知らず，信憑性を確認せずに，文献を使うことは危険だからである．

　そしていま，近代ヨーロッパで生まれ，発展した既存のディシプリンを克服するという意味で重視されるようになった学際研究は，すでに初期の役割を終えようとしているように思える．かつて外国語の修得が目的から手段に変わったように，近年のキーワード「国際」「情報」「環境」は研究目的から手段に変わりつつある．大学・大学院教育では，学術的教養，ディシプリンを中心とする専門教育，そしてより高度な学際研究という段階的発展が必要で，そのバランスとステップをうまく組み合わせたカリキュラムが重要となる．また，今日大学入学から大学院修了までをひとつの大学ですごす学生・大学院生が少なくなっていることから，大学院ではとくに個人でこのバランスとステップを意識

することが必要となる．学部で国際文化学や地域研究などの学際的領域を学んだ学生は，大学院で旧来の人文・社会科学のディシプリンを学ぶことによって学際性の重要性と意味を再認識し，学際研究をすすめるための方法論を手に入れることができるだろう．いっぽう，学部で旧来の人文・社会科学を学んだ人は，大学院で学際性を学ぶことによって旧来の学問の限界を克服し，応用・発展した研究をすすめることができるだろう．地域研究やカルチュラル・スタディーズといった既存の学問を批判することで魅力のあった反体制の研究方法は，研究・教育手法を欠いているために，大学のカリキュラムに取り入れられ体制化することによって，その魅力を充分に発揮できないでいる．それにたいして，情報学や環境学は，テキストを整備するなど，新しい学問の体制化を急速にすすめている．大学や大学院は，社会の高度な把握をめざす学問の場であり，社会問題を解決する実験の場となろう．それに，普遍性をともなわなければならないだろう．しかし，従来のように普遍性の追求が目的ではなく，手段として使うための，ある意味で反面教師としての「普遍性」が必要である．そういう状況のなかで，専門性と総合性の両面をもつ歴史学は，新しい学問的要素を吸収し，その重要性をさらに高めることになるだろう．

　いっぽう，社会問題の啓蒙や異文化理解は，高校までの教育や種々の民際交流でおこなわれており，もはや大学や大学院でおこなう必要はないだろう．鶴見氏がアジアを歩きまわった1970年代にアジアの現実をみる機会はそれほどなかった．わたしが最初にフィリピンを訪れた1978年の羽田－マニラ往復1年オープンの格安チケットは，国立大学2年間分の授業料72,000円より高かった．そういう時代に，鶴見氏の反体制の啓蒙的現地報告は，まだ70年安保闘争の余韻の残るなかで若者に受け入れられた．しかし，いまや国立大学の授業料の10分の1でアジアに行けるようになった若者に，通用しなくなっている．1978年にマニラのスラム街で暮らし，現代の若者事情に詳しい野村進氏は，アジアに向き合う現代の若者を「アジアに関する事前の知識をほとんど持ち合わせず，ただただ自分の感性に頼って行動する旅の仕方をし」，「従来のアジア関連書」を「ほとんど読んでいない」，と表現している［「アジアの旅，今と昔」『日本経済新聞』2001年9月16日］．とにかく現地を見てくる必要性を説いた

時代とは、様変わりしている。大学でアジアに向き合うきっかけをつかみ、本格的に大学院でアジアのことを学びたい大学院生は、むしろ現地に行くことを禁止し、一定の期間デスクワークやライブラリーワークに専念することで、「百聞は一見に如かず」の意味を理解したほうがいいのではないだろうか。そうすることによって、文献でわかることとわからないことが把握でき、フィールドワークの重要性を再認識し、充実した調査がおこなえる準備ができるだろう。そして、理論的な裏付けをもつ報告書が作成できるだろう。

歴史学研究の公平性

では、歴史学を基本として、文献史学で充分に語れない地域や民族の歴史を語ることができるのだろうか。国家を中心に語るにしても、世界史的にみてそれぞれの国の歴史を公平に語ることができるのだろうか。たとえば、フィリピン史を語るための文献史料で、現地の立場に立ったものはひじょうに限られている。植民地支配者の残した偏見に満ちた史料でさえも、なんどかにわたって失われた。スペインがフィリピン諸島に到来したとき、ただでさえ少ない史料が破壊されたという。さらに1762～64年のイギリスのマニラ占領時、1896～1902年のフィリピン革命時、そして1942～45年の日本占領時に、大規模な史料の破壊が生じた。そして、最大の破壊者は、高温多湿、頻繁に襲う台風や洪水といった熱帯の気候、さらには地震や火山の爆発などの天災だった。フィリピンの歴史学研究は、史料の保存状況の比較的良好な欧米や東アジアの歴史学研究と比べて、はじめから大きなハンディを負っており、同じ基準で議論することができない分野である。

フィリピン史研究が、マニラ中心の政治史や経済史に偏っているのは、利用できる史料がその分野に限られているからである。それゆえ、フィリピン史では、文献史料では充分に語ることのできない社会史や地方史、民衆史などが模索され、口述史料が重視された。それでもスペインの植民地支配下に編入されカトリック化した地域の歴史は、植民地官吏や宣教師の記録などがあり、まったく史料がないわけではない。いっぽう、南部のイスラーム地域やカトリック化しなかった高地小民族については、さらに史料が乏しく、しかも外来者の一

方的な基準で書かれたものしかないのが，現状である．まずは，文献史料に登場しない「大きな社会」の把握から試みなければならない．エスノヒストリーは，その試みのひとつの選択である．

　グローバル化のなかで世界史や国・民族といった枠組みを超えた広域史の重要性が唱えられているが，それに対応するには世界各国・民族を同じ基準で議論する必要がある．しかし，現実には史料の残存状況・偏重によって，公平に歴史を語ることはできない．これまで歴史は，史料がある国・地域や分野，集団を中心に語ってきただけで，世界的な視野で全体史を把握してきたわけではなかった．そう考えると，史料からわかることはほとんど無に等しく，しかも偏っていたことがわかる．それにもかかわらず，あたかもすべてがわかっているかのように教科書が書かれ，通史が書かれてきた．冒頭で，わたしが各国史に疑問をもち，筆がすすまずむなしい気分になったのも，虚構の歴史に思えたからである．文化史や女性史，社会史や全体史の重要性が唱えられても，実際に通史を書くとなると政治・経済史が中心となり，添え物のように文化史が語られ，コラムで女性史が語られるのがせいぜいだった．

グローバル化のなかでの歴史学

　いまひとつの問題は，自国史が学問的客観性に耐えられるかどうかである．自国史は学問とはレベルの違う次元で，論争となる．フィリピン史におけるボニファシオ像捏造論［永野善子『歴史と英雄——フィリピン革命百年とポストコロニアル』御茶の水書房，2000年，参照］や日本史の教科書問題など，国民にどういう歴史を語っていくかが大きな問題となる．とくに，20世紀は国民国家中心に語られてきた．いま，自国史と世界史のふたつを一体として語ることが，グローバル化のなかで難しくなってきている．自国史は，学問としての歴史学から離れて国文学・文化学など自国学の１領域としたほうが，理解しやすくなるかもしれない．そして，日本には，国史，東洋史，西洋史の独自の３分類が，日清戦争のころから当然のこととされてきたという問題がある．東アジアの１国としての基盤のうえに，独自の歴史と文化を築き，西洋近代思想をとりいれて形成された日本という近代国家を中心とした歴史観のなかで，この３分類も意

味をもっていた．しかし，いまこの3分類が歴史学という学問を理解する弊害になろうとしている．世界的には学問としての歴史学と客観的な歴史像を求める世界史教育が一般的であるのにたいし，日本ではこの3分類の影響で歴史学を近代文献史学との関連から西洋史学史として語ったり，世界史を各国史の寄せ集めや便宜的に東洋史と西洋史をあわせたものとしたりしている．日本は，学問としての歴史学と世界史認識が弱い国であり，世界でも特異な状況にあることを認識する必要があるだろう．そして，日本の歴史をアジアの歴史の一部として認識しない歴史観は，ほかのアジアから見放され世界から孤立する危険性を孕んでいることも，現実の時事問題と絡めて考える必要があるだろう［山室信一『思想課題としてのアジア――基軸・連鎖・投企』岩波書店，2001年：434-35，639-40；杉山正明『逆説のユーラシア史――モンゴルからのまなざし』日本経済新聞社，2002年：27-41］．

　近年，歴史学において，世界史と並んでグローバル史が，書籍のタイトルや大学の授業科目として登場するようになった．その意味するところは，世界史と同じであったり，広域史であったりして，各国史を超えた地域の広がりをもった歴史として使われることが多い．しかし，その意味をより深く考えると，従来の歴史学とはまったく違った歴史学の可能性を秘めていることがわかる．グローバルな枠組みが，国家の集合体であったり，国家を基準とした比較の考察ならば，従来の歴史学の応用として理解することができる．それが，国家というものをまったく基準としない新たな地域的枠組みであったり，社会的構成であったりした場合，従来の国家中心史観とはまったく別物の歴史観が登場することになる．国民国家を中心とした近代の後に登場するポスト・モダンの歴史観である．それが，具体的にどういうものなのか，その全体像はまだわたしにはわからない．しかし，欧米型の世界史像や中華主義史観が破綻し，ベネディクト・アンダーソンの「想像の共同体」やイマニュエル・ウォーラステインの「世界システム論」などを批判することによって，その姿が顕わになりつつあるなか，本書で描こうとしている歴史像もその一端を理解する足がかりになることを考えている．

　最後に，「いま」歴史学を研究することの意味を述べたい．わたしは，歴史

学の基本を「その時代，その地域・社会の常識をつかむこと」と理解している．しかし，わたしたちは，わたしたちが生きている「いま」という時代を通してしか，歴史をみていない．1980年代までの冷戦構造下の世界のように，世のなかの流れが一定方向に向かっているかのようにみえるとき，「いま」というフィルターをあまり考えずに歴史学を研究することができた．その方向性がわからなくなった「いま」，わたしたちは「いま」というフィルターを意識しなければならなくなった．歴史学が時代を読み解く学問であるなら，「いま」という時代を読み解く術をもっているはずで，歴史学が社会に貢献できる時代になったといえる．換言すれば，時事問題の理解なくして歴史学は研究できないし，逆に歴史の知識なくして時事問題・現代の社会問題を語れない，そういう時代になったということができるかもしれない．

　本書との関連では，イスラームを敵視するアメリカ合衆国を中心とする風潮のなかで，イスラーム社会を理解するだけでなく，イスラームとの関係史を理解する必要があるだろう．しかし，この問題にたいして，文献史学はひじょうに危険な要素を含んでいる．文献は，戦争など非日常的な敵対関係を描く傾向があり，平和な日常性はあまり描いていない．イスラームの正統性や連帯・ネットワークを強調することは，「いま」の世のなかには役に立たないどころか，マイナスの要因になるかもしれない．本書で語ろうとしている「海域イスラーム社会」とは，けっしてイスラームだけが支配的な社会ではない．イスラームを強調することは，その基層にあるものを見過ごすことになる．本書では，戦争状態よりはるかに長期である平和な日常のなかでのイスラーム教徒とキリスト教徒など非イスラーム教徒との関係をも考慮に入れることによって，文献史学で強調される非日常性から解き放たれた社会の一端を描こうとしている．それは，「海域」についてもいえることである．海域世界は外に向かって開放的な性格をもっている．海域だけの閉鎖的な世界を描くことは，その特質と矛盾する．海域と密接に結びついた河川流域，熱帯雨林に暮らす人びととの関係も語らなければ，海域世界は理解できないだろう．

　本書は，学問としての歴史学，世界史認識，社会貢献（平和）のための研究，の3つをキーワードとして意識しつつ，世界で唯一の「海域イスラーム社会」

とそれをとりまく地域・人びとの歴史を語っていく．

目　次

はしがき
　脱文献史学への模索／歴史学研究の公平性／グローバル化のなかでの歴史学

序章　海と川と森のなかの首長制社会 ……………………………… 1
　海域史／川と森／首長制社会／非文字社会／本書の目的／本書の構成

第Ⅰ部　海域イスラーム王国群の形成

第1章　歴史的地理世界としての海域イスラーム ……………… 15
　はじめに　15
　1　ブルネイ　17
　2　テルナテ＝ティドレ　19
　3　マカッサル　23
　4　マギンダナオ　25
　5　スールー　27
　6　「海の領主」　30
　むすびにかえて　33

第2章　マギンダナオ王国の成立 …………………………………… 36
　はじめに　36
　1　先スペイン期のマギンダナオ　39
　2　「モロ戦争」(1565～1663年)　46
　3　スルタン・クダラトの時代　55
　むすびにかえて　67

第3章　サンギル小王国の林立 …………………………………… 73
　はじめに　73
　1　マルク(香料諸島)への中継地　73
　2　カトリックの影響　78

3　サンギヘ諸島の諸小王国の成り立ち　83
　　4　領　域　85
　　むすびにかえて　88

インタールード（幕間） ………………………………………………… 91
　　1　1764～71年日本人の南海漂流記　91
　　2　1774～76年イギリス人・ブギス人の
　　　　ボルネオ島北部からニューギニアへの周航　96
　　3　1838～39年スラウェシ島北部の捕虜奴隷の記録　115

第Ⅱ部　海域イスラーム社会の衰退とマイノリティ化

第4章　ミンダナオの近代 …………………………………………… 121
　　はじめに　121
　　1　マギンダナオ王国の衰退　122
　　2　19世紀のダバオ湾岸・サランガニ湾岸地域のイスラーム教徒　128
　　3　近代植民地国家の成立とマイノリティ化　134
　　　（1）アメリカのミンダナオ統治
　　　（2）イスラーム教徒の動揺とマイノリティ化
　　むすびにかえて　140
　　付録1　20世紀の国勢調査人口統計からみたミンダナオ島南部　142
　　付録2　サランガニ湾岸・ダバオ湾岸周辺のイスラーム教徒の系譜　152

第5章　ダバオの社会変容──フロンティアの形成 ……………… 160
　　はじめに　160
　　1　フロンティア社会形成以前のバゴボ社会　160
　　2　外来者のもたらした社会的衝撃　166
　　　（1）イスラーム教徒のもたらした影響
　　　（2）スペイン人のもたらした影響
　　　（3）アメリカ人のもたらした影響
　　　（4）日本人のもたらした影響
　　　（5）キリスト教徒フィリピン人のもたらした影響
　　3　バゴボ人の社会変容　180
　　むすびにかえて　184

付録3 バゴボ人の系譜からみた移動　186

おわりに　207

註　215

史料と参考文献　229

海域東南アジア東部の年表　243

マギンダナオ王国のスルタン一覧　250

人名索引　251

地名・国名(国民)・民族名・言語名索引　253

事項索引　261

図表一覧

図1 海域東南アジア …………………………………… 16
図2 海域東南アジア東部 ……………………………… 20
図3 クローブの産地マルク諸島 ……………………… 21
図4 ティドレ島のポルトガル砦を攻撃するオランダ …………… 22
図5 17世紀のマギンダナオ …………………………… 37
系図1 マギンダナオ王統系譜 ………………………… 71
系図2 マギンダナオ王統系譜 ………………………… 71
系図3 マギンダナオ王統系譜 ………………………… 72
系図4 マギンダナオ王統系譜 ………………………… 72
図6 サンギヘータラウド諸島 ………………………… 74
図7 サンギヘ島 ………………………………………… 75
図8 テルナテのスルタンのカラコア船 ……………… 82
図9 孫太郎各国漂到ノ図 ……………………………… 92
図10 タルタル・ガレイ号の航路 …………………… 100
図11 プラギ河沿いの集落（マギンダナオ）と河口から
　　　南の沿岸ビワン地域 ……………………………… 110
図12 マギンダナオの王統系譜 ……………………… 111
図13 19世紀末のマギンダナオ ……………………… 123
図14 ダバオの風景・村（1880） …………………… 129
図15 ダバオの風景・川辺（1880） ………………… 130
表1 ミンダナオのイスラーム教徒と先住民 Lumad の
　　　人口（1903-2000年） …………………………… 136
表2 1918年国勢調査 宗教別人口統計（コタバト州南部・ダバオ州） … 143
表3 1939年国勢調査 宗教別・民族言語別人口統計
　　　（コタバト州南部・ダバオ州） ………………… 145
図16 バゴボ人の3つの言語集団の分布図 ………… 162
図17 バゴボ人の系譜からみた移動 ………………… 193
表4 バゴボ人の系譜 ………………………………… 202

序章
海と川と森のなかの首長制社会

海域史

　国家中心史観ではない新たな歴史像の構築を意識したのは，海域世界の歴史を描こうとしたときだった．実証的文献史学を基本とする近代歴史学では，かつて「文献のないところに歴史はない」という偏見がまかり通っていた．文献の有無，多寡によって，文明度の尺度とすることもあった．法や土地などの制度史が関心を集めたこともあった．その制度を作り，守るための文書を作成する官僚機構にも関心が向けられ，その発達段階の研究も重視された．定着して安定した社会を築こうとした温帯の陸域国家は，恒常的な価値基準を求めて，碑文を残し，教典や法律を整備した．しかし，移動性の激しい砂漠の遊牧民世界や内海の海洋民世界では，近代国家を成立させた欧米・東アジア世界とは違う価値基準があった．恒常的な価値基準は，流動性の激しい世界にあって臨機応変に対応するためのむしろ弊害になった．動きをよくするためには，大規模な集団は不都合で，海域世界では船・舟で移動できる程度の集団以上に基本的社会が膨張することはなかった．官僚機構より，それぞれの社会集団の長による合議制で，その時々に応じて議論するほうが，より現実問題に対処できた．

　本書で扱う海域東南アジア東部は，人口密度が低かった世界として知られる．坪内良博氏は，1600年の東南アジア島嶼部の1平方キロメートル当たりの人口密度を4人と推定し，同時期の中国本土38人，インド31人，ヨーロッパ17人に比べ，ひじょうに人口希薄な地域であったと述べている[坪内1986: 3; 1998]．しかし，人口密度という考え自体，陸域を中心とした近代のもので，珊瑚礁の浅瀬の杭上家屋や家舟居住者は，基準となる地面の上に居住していないため，人口密度が無限大となって意味をなさなくなる．また，海域世界は，マラリアなどのため平地や内陸での人口密度が極端に低く，利便性の高い海岸付近などに人口が集中し，粗密がひじょうに激しいところであった．

近年，このような海域世界に注目し，海洋史観が唱えられるようになってきた．しかし，わたしの考える海域史とは，基本的に違うように思えるものもある．歴史的画期となる時代では，「陸の領主」が「海の領主」を取り込んで，新しい時代を切り開くことがあった．しかし，それは一時的であって，「陸の領主」の論理でしか語られなかった．やがて海の世界の巨大さに圧倒され，海の支配の無謀さを知った「陸の領主」は，海から一定の距離をおくか，海の世界の侵入を恐れて「鎖国」したり「海禁」したりした．現代の海洋史観も，陸域国家からの発想で海域をみた史観にすぎないように思える．海域には海域の論理で動いた歴史があり，それを明らかにするためには，当然海域に暮らした人びとの視線で語る必要性がある．鶴見良行氏はさらにその視線をナマコに向けることによって，ヒトが主人公ではない海の世界・論理を描くことに成功した．しかし，それがたんに陸域との比較やヒトの目を遮断してみた理想化したロマンあふれるものだけで終わっては，学問としての対象にはならない．そのヒトが支配的ではない海域世界で，ヒトはどのような暮らしをしてきたのだろうか．歴史的な流れのなかで現実を見据えて，論理的に語る必要がある．

なお，アジアの諸海域通商論については，整理された議論が長島弘氏によっておこなわれている[長島 2002]．

川と森

海域東南アジア世界は，海だけが支配的な世界ではない．川や森との連関が，この世界の歴史を独特のものにした．海は大洋ではなく，内海であることを理解しなければならないだろう．海上交通は，海流や季節風を利用して，一気に大量のモノを運ぶことを可能にし，地理的距離を感覚的に縮めた．いっぽう，河川交通は，年中比較的安定して機能した．河川そのものがモノとヒトを運ぶ役割をしただけでなく，風の通り道になって，風土病から逃れる居住地帯を形成した．人びとは，大河に流れ込む支流の結合地点や中小河川の河口付近の川岸に沿って杭上家屋を建て，舟から出入りした．そして，大河の流域の平坦地や中小河川の扇状地では，稲作がおこなわれた．大河の下流域には海への出口としての利点をいかして海外貿易で繁栄する王国が出現し，上流域には内陸の

森林産物を集荷して繁栄する王国が出現した．そして，それぞれの利点を活かせる時代を背景に，盛衰を繰り返した．沿岸の中小河川の河口付近の小王国も，海上交通の利便性を利用して，また海に間近に迫る森の産物を集荷することで繁栄することがあった．

これらの河川は，背後の熱帯雨林を源とし，豊かな水であふれていた．熱帯雨林は豊かな森林産物を供給しただけでなく，人びとにとって恰好の避難場所・隠れ場所を提供した．外敵に攻められれば一時森に退却し，時期を待って地の利を活かしたゲリラ戦を展開して失地を回復した．ときには，数万の人びとが移動することもあった．この森の存在が，恒久的な占領・支配を困難にし，自律性のある首長制社会の維持に貢献した．

首長制社会

このような海と川と森が支配的な海域東南アジア世界，あるいはムラユ（マレー）世界が，語られるようになって久しい．しかし，その東部が語られることはあまりなかった．そして，東部こそ海域世界を語るにふさわしい世界であることがわかってきた．これまで西部を念頭においてマンダラ国家，劇場国家，銀河系的国家などが議論され，中央集権化をともなって王権は強化された，という論調もあった．しかし，東部の基本的社会は，首長に率いられた自然集落のままだった．イスラーム王国に発展しても，その基本は変わりなかった．これまでイスラーム王国に発展した社会や，首長制を維持したままであった社会は，歴史学や人類学の研究対象になってきた．このような社会を歴史的に把握するには，イスラーム王国に発展した社会は，どのような過程を経て首長制社会から王国を形成し，王国成立後の首長と王の関係や首長制社会の変容はどのようなものであったかを考えることが重要になる．首長制から王国への発展がみられなかった社会についても，社会になんら変容がなかったわけではない．そして，ここで重要となるのは，その中間である複数の自然集落からなる小王国の存在である．サンギル人社会にみられたこれらの小王国は，現地でクラジャアン kerajaan とよばれた．しかし，一般にムラユ世界では，クラジャアンは大小を問わず王国を意味する．また，王宮を意味することもある．つまり，

王国の大小を問わず首長(スルタン,ラジャ,ダト)が居住し直接支配する都が重要であり,都とほかの集落との関係を解明することが,この世界を理解する大きな鍵となる.

しかし,ここで強調しておきたいことは,都市を過大評価してはいけないということだ.遊牧民世界で早くから発展した都市が,文化・文明,交易などの結節点として重要な役割を担ういっぽう,遊牧民にとって恰好の徴税場所となり収奪が繰り返されたのと同じように,流動性をもつ海域世界にあって,都市はけっして安住の地ではなかった.海洋民や後背地の山地民の存在に脅かされ,頻繁に都は移動した.人びとは,都市を利用することはあっても,けっして都市の優位性を認めていたわけではなかった.首都を中心に発展した近代国民国家とは違う,地方の独自性が存在し,自律的首長制社会を維持していた.したがって,中央と周辺(辺境)との関係で語ることはできない.そしていま,世界的に都市と地方という格差が急速になくなり,文化的平準化と個別文化の見直しがおこっている.都市を中心として語ることの意味がうすらいできている.

本書では,イスラーム王国に発展した社会としてマギンダナオを,小王国としてサンギル人の社会を,そして首長制を維持したものとしてバゴボ人の社会をとりあげる.この基本となる首長制社会を明らかにするためには,王国などでもそれぞれの集落を単位として考察・分析する必要がある.しかし,近代の統計資料,たとえばフィリピンの国勢調査でも,集落(行政村)単位のものは利用できない.せいぜい行政町(規模では小王国くらい)単位の資料しか利用できない.したがって,集落単位を意識しながら,町レベルの資料を分析することが,重要になってくる.いずれにせよ,近代資料をいかに有効に使うかは,集落・町を理解したうえで,そのコンテキストのなかでどう読み解くかにかかってくる.

非文字社会

海域東南アジア東部世界は,文字をもたない無文字社会ではない.文字を活用することを選ばなかった非文字社会である.そのような社会の歴史構築には,口承伝承が重要な意味をもつ.イスラーム王国を築いた人びとは,シルシラ

silsilaやタルシラ tarsila とよばれる王統系譜を残している．王や英雄にまつわる伝承も残されている．小王国でも同様のものが利用できる．しかし，その程度はさまざまで，ミンダナオ島南部のマギンダナオ人の首長は歴史的なことにあまり関心がなく，系譜を遡ることは困難だった．いっぽう，サンギヘータラウド諸島のサンギル人は，ヨーロッパ人の来航以前からの系譜を，近年になってからであると思われるがインドネシア語で書き留めていた．だが，かれらが伝えようとしたものは，近代歴史学者が期待する年代や事実関係の正確さであるとは限らない．その時代その地域の常識を考えないと，口承伝承で伝えようとしたものがなになのかわからない．幸いなことに，これらの王国・小王国にかんするものは，断片的ではあるが，ヨーロッパ人や中国人が残した史料にその記述がある．多少なりとも，現地側の口承伝承と文献史料とをつきあわせることによって，相互補完的に利用することができる．

　首長制社会のままであった民族の歴史構築には，さらに困難がともなう．ヨーロッパ人の残した史料では，つきあわせることのできるものはひじょうに限られている．ところが，バゴボ人のなかには，自分の祖父母がその祖父母から聞いた話を，あたかも自分自身が体験したかのように語る人びとがいた．つまり，百年以上も昔のことを生き生きと語ることができた．この世界では，系譜を語ることは，奴隷出身でないことを意味した．サンギル人は結婚式や葬式など一族が集う機会に系譜を朗唱し，興味を示した若い人に伝えていった．系譜は一族の共有物で共通の認識があり，婚姻によってその範囲は拡大した．バゴボ人は系譜を遡り共通の先祖がいることがわかると，突然親しくなった．年齢があまり違わないもの同士が，系譜で2世代違うとわかって，突然「おじいさん」「孫」と呼びあうこともあった．これらの民族は出自の集落がはっきりし，ほとんどが一夫一婦制であるため，系譜をとることも容易であった．しかし，移動し，数人の妻とのあいだに子どもが数十人はいるというビラアン人の首長から，系譜を聞き出すことは諦めざるをえなかった．また，奴隷出身だと，系譜はそこでピタリと止まった．口述史料でも，聞き出せることと聞き出せないことがあり，ここでも歴史構築の限界があった．

本書の目的

　以上のことがらを踏まえると，本書の目的は，グローバル化に耐えうる地球規模の全体史，つまり人類史を考える第一歩として，文献史学で充分に語ることのできない地域・民族の歴史を少しでも明らかにし，文献史学で語ることの不公平な状況を改善するためのささやかな試みを例示することにある，ということになろう．史料があり，その史料に基づいた既存の研究成果のある分野は研究が発達し，理解しやすいことは確かである．しかし，その偏りは，グローバル化のすすむ現代の社会とは相容れないものであり，国際認識の欠如から地球や人類にマイナスにはたらく危険性を孕んでいる．たとえ初歩的な研究であっても，また基本的な口述を含む史料の収集であっても，従来語られることのなかった地域や民族，社会の歴史を語ることは，今後の歴史学研究やグローバル化のすすむ現代という時代を理解するために，ひじょうに重要なことである，と力説したい．

　別の言い方をすれば，陸域国家を前提とした現存の近代科学の理論や国際関係を前提とした「世界システム論」などが意味をもたない歴史や社会を考察することが重要になってきているということである．その考察の前提となるのは，個別の事例に基づいたデータベースの作成であろう．普遍性を求め，合理性を追求した近代的理論より，現実のありのままの出来事を理解することからはじめることによって，目の前にある社会に対応する知識と知恵を提供することが，これからの歴史学の重要な役割になっていかなければならないだろう．そして，近代文献史学の成果として語られてきた歴史が，文献とは無縁の社会，とくに日常性を描いてこなかったことによって，これまでのわれわれの社会にどのような影響を及ぼし，そしてこれから及ぼすのかを考える必要があるだろう．権力や制度に隠れ，それらに翻弄されたかにみえながら，微動だにせず生きつづけた価値観や人間関係といった，より「大きな社会」，より「大きな歴史」を見いだす試みに，どのように取り組んでいくのかが，今後の課題となってくるだろう．

本書の構成

　ここに，文献を中心とした従来の陸域国家中心の歴史観から脱する試みとして，これまで書いてきた論考を整理した．それぞれ不充分な論考であることは充分承知しているが，整理することによって自分の研究姿勢を明らかにし，新たな歴史構築の第一歩を踏み出せるのではないかと考えた．なにより，このような時代の転換点にあって，実証的データに基づかない議論が展開されることに危惧をいだいている．本書で扱うようなテーマは，議論よりまずは原史料やフィールドワークの成果など，オリジナルなデータにもとづいた実証的研究成果が優先されるべきだ．そのため，本書では論考の基となったデータ分析について，付録で付すことにした．

　これまで考察してきたマギンダナオ人，サンギル人，バゴボ人といったミンダナオ島南部の民族は，宗教的にはイスラーム教徒，キリスト教徒，アニミズム信仰者にわかれ，いままで個々別々に論じられてきた．現在，サンギル人の多くは，インドネシア共和国に居住している．それを同じ歴史文化的価値観を共有するひとつの世界に属する人びとであることを語るためには，国家の枠組みどころかムラユ(マレー)世界という広域枠組みをも再考する必要があった．海域東南アジア東部という歴史的地理世界の構想は，ふたつのことがきっかけとなった．ひとつは，1656年にマギンダナオのスルタン・クダラトが，スペインに対抗するためにブルネイ，スールー，テルナテ，マカッサルにジハード(聖戦)をよびかけたことである．イスラームで繋がった世界が，成立していたと考えた．もうひとつは，漂海民バジャオの分布域である．このもっとも陸域とは縁遠い民族の分布域が，この世界と重なった．16～19世紀に「海の領主」となったイスラーム王国の盛衰は激しく，その浮沈を握る存在として，従来から考えられていたムラユ人，イスラーム教徒，中国人，ヨーロッパ人などの商人に加えて，家舟生活者のバジャオ人や船団を組む海洋民イラヌン人やサマル人のことを考えた．そして，このイスラーム社会は，イスラーム教徒だけでなく，周辺のキリスト教徒や内陸高地に居住する人びととの交流のなかで成り立っていたことから，イスラームだけを強調するとこの社会はみえてこないことに気づいた．

このように大きな枠組みをもつ歴史的地理世界としての海域東南アジア東部世界を構想し，その基本となる自律性をもつ首長制社会を認識すると，この両者の関係をどう具体的に理解するのかが課題となった．歴史的地理世界のなかでのイスラーム王国の形成，小王国の動揺，首長制社会の維持が，考察対象となった．そして，その歴史的地理世界が，本格的な近代の侵入によって破壊されていった．本書では，第1〜3章を第Ⅰ部「海域イスラーム王国群の形成」とし，第4〜5章を第Ⅱ部「海域イスラーム社会の衰退とマイノリティ化」として，対照化して論じた．そして，第Ⅰ部と第Ⅱ部のあいだの社会を，「インタールード(幕間)」として描いた．

　では，それぞれの章の概略をみていこう．

　第1章「歴史的地理世界としての海域イスラーム」は，初期近代(近世)海域東南アジア東部世界の歴史的展開と民族間関係を俯瞰し，香料貿易の発展を契機とする「商業の時代」とともに，ムラユ世界に組み込まれたという世界を，独自性をもつ歴史的地理世界として描いた．

　第2章「マギンダナオ王国の成立」では，マギンダナオ・イスラーム王国の成立過程を考察した．成立要因とその限界を考察することによって，首長制社会を基層に残しながらイスラームをとりいれることによって，初期近代イスラーム国家として発展の礎を築いたことを論じた．

　第3章「サンギル小王国の林立」は，従来歴史的に扱われることのなかったサンギル人の民族史を，かれらの歴史的行動範囲を考えながら考察することによって，世界史のなかでのサンギル人の歴史を把握しようとした．サンギル人は首長制社会から発展して小王国を形成したが，16〜17世紀にイスラームとカトリックの受容に揺れ，本格的な王国に発展することはなかった．本格的な王国に発展しなかった要因と小王国を保てた要因を考えることは，海域東南アジア東部世界で外来の諸勢力との関係を把握するために有効であると考えた．

　「インタールード(幕間)」を，ここで入れることにした．学術専門書では，なかなかその時代にそこに生きた人びとの息吹を，臨場感をもって伝えることが難しい．そこで，本書では，ミンダナオ島付近に漂着し奴隷となった日本人，ボルネオ島北部からニューギニアまで周航したイギリス人とブギス人，スラウ

ェシ島北部沿岸で捕虜奴隷となったオランダ市民と思われる人物の記録をもとに，海域東南アジア東部世界の社会を垣間みることにした．この「インタールード」によって，ほかの章の記述が読者により生き生きと伝わることを願っている．しかし，これらの史料が，そのまま研究論文になるわけではない．「歩く民間学」や「地域研究」でのフィールドワーク体験や収集データが考察や分析を経てはじめて学問的意義をもつように，歴史学資料もそのままでは使えない．とくに，18世紀の海域東南アジア東部世界が充分に把握されていない現在では，紹介にとどまらざるをえない．

第4章「ミンダナオの近代」では，マギンダナオ・イスラーム王国を中心に，近代国家の形成とともに，初期近代イスラーム王国が衰退し，やがては政治的主権を失っていく過程を論じた．アメリカ植民支配下で成立した近代植民地国家フィリピンに行政的に編入されることによって，イスラーム教徒はスペインの植民支配に甘んじてきたキリスト教徒にたいしてマイノリティの地位に転落した．現在のフィリピン共和国内での「イスラーム問題」の根源を歴史的に明らかにしようとした．付録1「20世紀の国勢調査人口統計からみたミンダナオ島南部」では，数のうえでのマイノリティ化を確認した．付録2「サランガニ湾岸・ダバオ湾岸周辺のイスラーム教徒の系譜」では，この過程を現地社会はどう記憶しているのかを，系譜から垣間みた．

第5章「ダバオの社会変容——フロンティアの形成」は，アメリカ植民支配下でフロンティアとなったダバオの先住民であるバゴボ人の社会変容を考察した．首長制社会から発展することのなかったバゴボ人は，日本人入植者による森林のアバカ(商品繊維名マニラ麻)農園化に散発的な抵抗をみせたものの，生活基盤を奪われ，やがて農園労働者として北部・中部のルソン島やビサヤ諸島から移住してきたキリスト教徒が多数を占めるフロンティア社会のなかで，マイノリティになっていった．さらに，同化によって「民族絶滅」の危機に直面している．付録3「バゴボ人の系譜からみた移動」では，ダバオの経済開発にともなって移動を余儀なくされたバゴボ人の移動の実態を，婚姻関係から分析した．近代の経済開発にともなって世界各地で大量の人びとが移住を強いられた．しかし，その実態は統計資料から国家間の移住についてはある程度把握で

きても，バゴボ人のような先住民が居住地を追われ，どこへ移住したかを具体的に把握した研究はあまりない．バゴボ人は，婚姻関係を頼って移動したことから，一族ごとに配偶者の出身分布を分析することで，ほかの集落やほかの言語集団との関係を考察した．

　本書の大きな欠点は，マギンダナオ王国にしろ，サンギル人の諸小王国にしろ，さまざまな様相をみせる18世紀の記述が不充分だということだ．その理由は，はっきりしている．陸域国家が，海域から後退したからである．オランダの海域活動に翳りがみえ，イギリスがそれにとってかわるだけの力はまだなかった．中国(清)への朝貢貿易はかつてほど絶対的ではなく，朝貢貿易とは別に「華人の世紀」とよばれるほど華人の活動が活発になった．また，「ブギスの世紀」ともよばれるようにマカッサル人・ブギス人が活躍した世紀であったが，かれらの故地であるスラウェシ島南部の諸王国は，流出民にたいして強い求心力をもっていなかった．さらに，アラブやインドなどのイスラーム教徒，ヨーロッパ人キリスト教徒の布教活動も活発ではなく，宗教的対立も目立たなかった時期であった．したがって，国家や世界宗教との結びつきの弱い人びとが活躍する世紀で，文献が残されない文献史学にとっての「不可視」の時代だったということができる．それだけに理解するのが難しいが，海域世界の歴史を考えるにはひじょうに重要な世紀でもある．本書では，「インタールード」でその一端を紹介したが，別途あらためて論述したい．

　本書を超えることは，現地側のコンテキストでポルトガル語，スペイン語，オランダ語などの原史料を読んでいけば，それほど困難なことではないだろう．そのためにも，本書で概略を理解し，問題点を掘り下げていく予備的考察ができれば幸いである．本書が，踏み台としての役割を終える日が，早くくることを願っている．

初出一覧

　各章の初出一覧は，以下の通りである．第1章，第2章，第3章，第5章は，基本的に初出と同じである．第4章については，日本語の論文と英語の論文を

あわせて再構成した．付録1，付録2，付録3は，それぞれ英文に基づいている．

第1章 歴史的地理世界としての海域イスラーム

「海域東南アジア東部——「海の領主」，交易商人，海洋民」『岩波講座 東南アジア史 第4巻 東南アジア近世国家群の展開』岩波書店，2001年，pp. 85-109.

第2章 マギンダナオ王国の成立

「マギンダナオ・イスラーム「国家」の成立——フィリピン・イスラーム史研究の予備的考察」『鹿児島大学教養部史学科報告』35，1988年7月，pp. 33-59.

第3章 サンギル小王国の林立

「サンギル人の歴史地理的世界——海域東南アジア東部の民族史の一考察」『大阪市立大学東洋史論叢』11，2000年12月，pp. 61-77.

インタールード(幕間)

書き下ろし

第4章 ミンダナオの近代

付録1 20世紀の国勢調査人口統計からみたミンダナオ島南部

付録2 サランガニ湾岸・ダバオ湾岸周辺のイスラーム教徒の系譜

「ミンダナオの近代——フィリピン国家形成下のマイノリティ化」『岩波講座 世界歴史 第23巻 アジアとヨーロッパ 1900年代—20年代』岩波書店，1999年，pp. 135-54.

"Southern Mindanao as a Modern Frontier," in Hiromitsu Umehara & Germelino Bautista, eds., *Communities at the Margins: Reflections on Philippine Economic, Environmental and Social Changes*, Quezon City: Ateneo de Manila University Press (forthcoming)

第5章 ダバオの社会変容——フロンティアの形成

「ダバオ・フロンティアにおけるバゴボ人の社会変容」『アジア・アフリカ言語文化研究』31，1986年，pp. 96-119.

付録3 バゴボ人の系譜からみた移動

"The Bagobo Diaspora on the Pre-War Davao Frontier, the Philippines: Genealogies, Kinship and Marital Patterns," T. Kato, ed., *Studies on the Dynamics of the Frontier World in Insular Southeast Asia*, Kyoto University, Center for Southeast Asian Studies, 1997, pp. 97-118.

第 I 部

海域イスラーム王国群の形成

第1章
歴史的地理世界としての海域イスラーム

はじめに

「ムラユ(マレー)世界」ということばは,しばしば東南アジア島嶼部あるいは海域東南アジア世界と同義に使われてきた.しかし,「ムラユ世界」ということばのもっとも簡潔な定義が,1957年のマラヤ連邦憲法に記載された「ムラユ語を日常的に話し,イスラームを信仰し,ムラユの慣習に従う人びと」であるムラユ人が居住する地域であるなら,地理的にはもともとムラカ(マラッカ)海峡周辺地域のみを念頭においたものといえる.この「ムラユ世界」は,商業の発達とともにムラユ語がリンガ・フランカ(通商語)として広まり,海域東南アジア世界全体に拡大したと理解されてきた.そのため,「ムラユ世界」に繰り込まれた地域の存在は軽視され,その独自性が見失われることになった.

高谷好一氏は,生態系を重視した「世界単位」で世界を分割し,拡大した「ムラユ世界」をネットワークを特徴とする海域東南アジア世界と,火山と古くから農村社会が発達し人口稠密なジャワ世界に分けた[高谷 1993; 1996].高谷氏は,生態とのかかわりのなかで,どのように人間社会が形成されたのかを重視して「世界単位」を構想したのであるが,人間はやがて生態的条件を超えた「制度」に縛られた社会を形成していく.「王国」「国家」の出現である.

国家形成の視点で,海域東南アジア世界を大雑把に分類すると,つぎの4つになるだろう:1)インド化の影響で王権を強化した地域,2)イスラーム化と「商業の時代」[Reid 1988 & 1993]の影響で王権を強化した地域,3)キリスト教化(カトリック化)にともない植民地国家として成立した地域,4)首長制社会がつづき国家が成立しなかった地域.1)は,ムラカ海峡周辺地域およびジャワ島とほぼ同じ範囲になり,ヒンドゥー教の思想が王権を強化し,宮廷・貴族文化が生まれた.2)が本稿で扱う海域東南アジア東部のスールー海,スラウェシ

図1 海域東南アジア

(セレベス)海,マルク海周辺,3)がスペイン植民支配下のフィリピン,4)が19世紀後半まで近代的「制度」の影響をほとんど受けなかった山地民族地域になる.

　本章で扱う海域東南アジア東部には,ブルネイ Brunei,スールー Sulu,テルナテ Ternate＝ティドレ Tidore,マカッサル Makassar,マギンダナオ Maguindanao のイスラーム王国が含まれる.これらの王国はイスラームや婚姻関係で結ばれ,「海の領主」となった.そして,1656年にマギンダナオはスペインとの戦いにおいてほかの王国にジハード(聖戦)をよびかけた.また,この地域には王国を形成しないが,王国の重要な一翼を担った海洋民がいた.イラヌン人 Ilanun やサマル人 Samal (サマ人 Sama)は王国の海運・海軍力(海賊)となり,漂海民バジャオ Bajao は海産物の収集や情報活動に従事した.このバジャオの分布域が,本章で扱う海域と重なることからも,かれらが重要な

役割を果たしたことがわかる．さらに，この海域は特産品である香料などの森林産物，海産物が豊富な世界であり，世界各地からイスラーム商人，中国商人，ヨーロッパ商人などが集い，ジャワ人やブギス人 Bugis らとともに商業に従事して地域を活性化させた．人口希薄で流動性をともなうこの地域では，王国の盛衰が激しく，ひとつひとつの王国の歴史を考察しても充分理解できない．そこで，本章では 16～19 世紀に「ムラユ世界」の拡大にともなって成立した海域東南アジア東部という歴史的地理世界が存在したと仮定し，初期近代海域世界とそれを支えた民族間関係史を考察する．

1 ブルネイ

　海域東南アジア東部で，もっとも早く王国を形成したのは，南中国海に面したブルネイ，そしてスールーだった．中国の文献によると，ブルネイ(勃泥，渤泥，文莱)は遅くとも 971 年から宋に朝貢している．『諸蕃志』(1225 年)には，「城中に住民一万余，一四州を統括」とあり，自然集落を基本とする首長制社会を越えていたことがわかる．そして，『明史』に 1368 年にスールー(蘇禄)に攻撃され，ジャワ(マジャパイト)に援軍を求めたことが書かれていることから，ジャワの影響下にあったと考えられる．また，ブルネイの王統系譜の婚姻関係からは，15 世紀にジョホール Johor や中国との関係が深まったことがわかる．

　ブルネイが本格的に王国へと発展したのは，16 世紀になってからだった．1511 年にムラカがポルトガルに占領されると，ブルネイはイスラーム商人が拡散した港のひとつになり，1514～15 年ころイスラームを受容した[Saunders 1994: 38]．1521 年にブルネイを訪れたマゼラン Ferdinand Magellan 隊(マゼラン自身はすでにセブ島近くで死亡)は，湾内に 25,000 戸のイスラーム教徒の町とそれより大きい「異教徒」の町があり，イスラーム王族以外は海上に居住していると伝えている[『航海の記録』1965: 591-93]．この戸数については，地理的条件などを考えて誇張されたものであるとされるが，このときすでにブルネイがこの地域の中心都市を形成していたことは確かだろう．さらに，イスラーム商人の多いジャワ海を避けて，ポルトガル人が 1526 年以降ムラカからマル

ク(モルッカ,香料)諸島Malukuへの寄港地としてブルネイを利用するようになり,後にブルネイはマカオへの中継港ともなった.

ブルネイとともに,ムラカや中国から海域東南アジア東部世界への入り口となったのが,スールーであった.14世紀から中国の文献に登場したスールーは,1417～24年に東王,西王,峒王が明に朝貢した.首長制社会からやや発達した様子がうかがえ,真珠の名産地として知られた.スペイン来航以前のスールーの人口は,約6万人と推定された.スールーの王統系譜によると,初期においてミナンカバウMinangkabauやジョホールとの婚姻関係があり,ブルネイ同様,交易が発達しイスラームが伝えられた様子がうかがえる.つづいて,ブルネイとの密接な婚姻関係が示されている[The DRC Research Group 1980].マゼラン隊の記録でも,ブルネイ王の妻がスールー王の娘であったと伝えていることから,スールーのイスラーム化もブルネイに相前後しておこなわれたものと考えられる.

ブルネイは,イスラームの布教基地になるとともに,フィリピン諸島での交易活動を活発化させた.スペインのレガスピMiguel Lopez de Legazpi遠征隊がフィリピン海域に出現した1565年ころ,マニラなどブルネイの貿易拠点でイスラームが受け入れられはじめていた.レガスピ隊は,各地でブルネイ船と遭遇し,両者は当初から海戦を繰り返し,フィリピン海域の支配権を争った.レガスピは,ブルネイと姻戚・同盟関係にあった首長のいるマニラに,1571年に根拠地をおいて戦いを有利にすすめ,81年までにブルネイ勢力をフィリピン海域から一掃した.しかし,ブルネイの植民地化には至らなかった.その後,スールーもスペインの攻撃を受けるが,独立を保ち,ブルネイよりむしろ強い勢力をもつようになった.王統系譜には,スールーの第9代スルタン(在位1639-48年)がブルネイのスルタンの娘と結婚したのを最後に,両者の婚姻関係は現れなくなる.

やがてブルネイは,マルクへの中継地としての役割も,マカッサルに奪われることになった.

2 テルナテ＝ティドレ

　マルク諸島北部(北マルク)は，丁字(丁子，丁香，クローブ)の産地として知られた．丁字はおもに中国で薬用や焚香料として消費されたが，宋代まではチャンパやスリウィジャヤの朝貢品としてもたらされた．北マルクから直接もたらされるようになったのは，元代からと考えられている[Ptak 1992]．明代になって鄭和の遠征(1405-33年)の刺激などで，インド洋貿易が活発化し，ヨーロッパでのクローブ(丁字)の需要が高まると，インド人やアラブ人イスラーム商人によってジャワ海，ムラカ経由で取り引きされるようになった．そして，ヨーロッパ人のクローブ貿易の参入によって，北マルク社会は大きな変貌を遂げた．

　北マルクは，ハルマヘラ島西岸沖の北からテルナテ，ティドレ，モティMoti，マキアンMakianの4火山島に代表される．南のバチャン諸島Bacan，北のハルマヘラ島のジャイロロJailoloを加えて，クローブの原産地として知られた．はじめイスラーム商人がジャワ海経由で南からやってきたため，バチャンが重要な役割を果たした[Lapian 1994]．しかし，1460〜70年ころにイスラームを受容したテルナテが，1512年にポルトガルと結んでヨーロッパ向けクローブ貿易で発展し，さらにポルトガルがブルネイ経由で北からやってくると，テルナテの重要性は高まった．スペイン人や中国商人も，北からやってきた．テルナテはクローブと引き替えに，インド産綿布と武器・弾薬を手に入れた．君臣の儀礼にさいして，スルタンは地方の首長に称号と布を与え，従わない者にはホンギhongiとよばれた遠征隊を組織して軍事力で屈服させた．食糧を自給できないテルナテにとって，まずサゴ澱粉などの食糧を確保する地域が重要であり，商業の発達とともに貿易品を収集する地域と労働力の確保が必要になった．また，支配地域の首長は，娘を王宮に差し出した[マングンウィジャヤ 1996]．

　テルナテの最大のライバルは，わずか1キロメートルほどの海峡で隔てられたティドレだった．ティドレは，テルナテのスルタンに后を提供する関係をつ

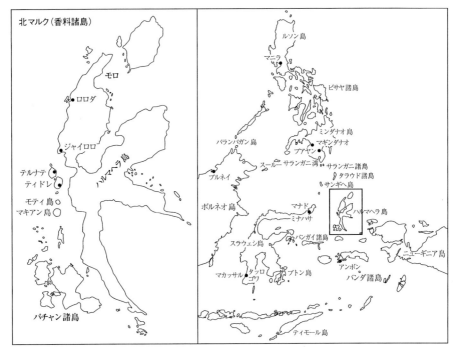

図2 海域東南アジア東部

づけていたが,相争い,テルナテは北西,ティドレは南東方向へ勢力を拡大した.ポルトガルの来航にさいしても,ティドレはバンダ海にむかう途中で沈没したポルトガル船の乗員を迎えにいったが,わずかの差でテルナテに先を越され,ヨーロッパ人を最初に北マルクに迎え入れるのに失敗した.そこで,ティドレは1521年に太平洋を横断してきたスペインのマゼラン隊を受け入れた [Jacobs 1971;生田1998].

その後,北マルクでは,テルナテ,ティドレ,ジャイロロ,バチャンがポルトガル,スペインを巻き込んで,クローブ貿易とマルクの主導権を争い,複雑な展開をみせた.しかし,一時はテルナテを凌ぐ勢力を誇ったジャイロロが1549〜51年にテルナテに攻撃されて滅亡し,1557年にラジャがカトリックに改宗したバチャンはポルトガル,後にスペインと与して衰退した.テルナテとポルトガルの関係は複雑で,テルナテはポルトガルを利用して支配地域を拡

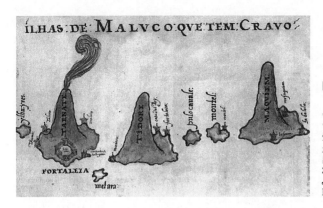

図3 クローブの産地マルク諸島. テルナテ島の5砦, ティドレ島の3砦, モティ島の1砦, マキアン島の3砦が描かれている
出典：Heuken 2002: 36. *Erédia Codex of S. Julião da Barra* 1615, Lisbonからの引用

大・強化し，ポルトガルはスルタンと契約してクローブ貿易の独占をはかろうとした．両者の関係は，スルタン・ハイルンHairun（在位1535-70年）がポルトガル人に殺害された1570年から決定的に悪化し，スルタン・バブッラBabullah（在位1570-83年）は75年にポルトガル人をテルナテから追放した．その後，ポルトガルはティドレ島に拠を構え，1578年に砦を築いたが，それも1605年にオランダ東インド会社（以下，1799年の解散までオランダと略す）に占領された．ティドレは，1606年にテルナテ島を占領したスペインと与した．

1607年以降，テルナテーオランダ連合とティドレースペイン連合という対立構造がしばらくつづいた．オランダは，1607年にテルナテと新たな協定を結び，砦を建設した．さらに09年にバチャンを占領し，その後2年間にテルナテに4カ所，マキアンに3カ所，モティ，バチャン，ジャイロロ，ティドレにそれぞれ1カ所，砦を建設して，スペインに対抗した．スペインとオランダは，テルナテ島やティドレ島など同じ島に砦を築いて対峙することになった．

テルナテは，1605年以降オランダと与することによって，北マルクでの優位な立場を築くことに成功したが，クローブ貿易にかんする特権をオランダに譲与したため，オランダとの関係は対等から従属に移行することになった．1652年の協定では，オランダが許可したクローブの木以外，すべて伐採されることになった．そして，1663年にスペインがマルクから撤退した後の83年の協定で，テルナテのオランダへの従属は決定的になった．もはやスルタン自らおこなう遠征隊も，オランダの助力なくして成功しなくなった．スルタン・

図4 ティドレ島のポルトガル砦を攻撃するオランダ
出典：Heuken 2002: 92. India Orientalis, VIII, Frankfult 1607 からの引用

マンダール Mandar(在位1648-75年)は，ふたりの息子をアムステルダムとロッテルダムと命名し，マンダールの死後スルタンに即位したアムステルダム(在位1675-90年)は，「父が半分オランダ人なら，自分は完全なオランダ人だ」と公言した．テルナテとオランダの関係は，兄弟(同盟)から父子(主従)にかわった[Andaya 1993: 153, 167, 176-78, 190]．しかし，このことはオランダの優位を決定的にしたわけではなかった．テルナテの地方の首長への影響力の低下とともに，オランダが把握できない「密貿易」が横行することになった．

マルクでは，それぞれの地域の王は同じナガ(龍)の卵から派生したというビクサガラ Bikusagara 神話が信じられており，その範囲は北はハルマヘラ島，西はブトン島 Butong，バンガイ島 Banggai，東はパプア・ニューギニアまで広がっている．1682年のオランダ人の報告によると，ロロダ Loloda は「入り口の壁」，ジャイロロは「湾の支配者」，ティドレは「山の支配者」，テルナテは「マルクの支配者」，バチャンは「最果ての支配者」とされた[Andaya 1993: 49-55; Jacobs 1971: 81-83]．テルナテの勢力範囲は，1667年のブンガヤ Bungaya の協定[Andaya 1981: 305-07]で明記されたが，ビクサガラ神話が信じられていないスラウェシ島北部やサンギヘ諸島 Sangihe は，度重なるテルナテの遠征にもかかわらず，その勢力範囲に入ることはなく，キリスト教を信仰する者が多かった．テルナテは，テルナテ－オランダ連合勢力下のイスラー

ム教徒にたいする権利をもったが，キリスト教徒はオランダの保護下に入った．マルク世界とは，換言すればビクサガラ神話を共有する世界ということができる．

3 マカッサル

　テルナテが衰退するなか，オランダに対抗する勢力に成長したのが，スラウェシ島南部のマカッサルだった．マカッサルは，北マルクへ至るスラウェシ島西岸・北岸ルートの発達とともに，貿易拠点として賑わうようになり，軍事力をもつゴワ王国 Gowa と交易活動で発展しつつあった新興勢力のタッロ王国 Talloq が連合して，発展の礎を築いた．まず16世紀前半にゴワとタッロが同盟を結び，1566年にタッロ王マッコアヤン Makkoayang がゴワ王国の宰相 Baligau (1577年まで)となって実権を握り発展した．さらに，1593年にゴワ王とタッロ女王の息子がゴワ王となり，大宰相 Pabicara Butta マトアヤ Matoaya (大宰相位1637年まで)の下，勢力を拡大した[Reid 1999: 114-17]．

　ポルトガルが1511年にムラカを占領して以来，マカッサルはイスラーム商人が集う港のひとつとなり，1605年に王や宰相がイスラームを受容した．そして，1608～11年に宿敵ブギスを屈服させてイスラームを強要したのを手始めに勢力を拡大し，マトアヤの死亡した1637年ごろにはスラウェシ島のみならずボルネオ島東岸，ロンボック島東部からティモール島の一部に至る小スンダ列島まで，勢力下においた．しかし，その支配はイスラームの強要を除いて強圧的なものではなかった[Reid 1999: 139, 141-44]．

　マカッサルの貿易の発展にともなって，1607年にオランダ，13年にイギリスおよびデーン人が商館を開設し，15年からスペイン人，19年から中国人が訪れるようになった．ポルトガル人は1605年にティドレおよびアンボン Ambon の砦を失ってからもクローブ・ナツメグ貿易で重要な位置を占め，マカッサルをその拠点とした．その重要性は，1641年にムラカがオランダに占領されると，ティモールとマカオの中継地としてさらに高まった．マカッサルは，オランダにとってクローブ貿易独占の大きな障害となり，当初よりマカッ

サルにポルトガル人などヨーロッパ人の港からの追放を要求した．それにたいし，マカッサルは1615年に「神は大地を創り人びとに分け与えたが，海は万人のものでその航海を妨げるものはなにもない」という名言をもって，開かれた貿易を主張しつづけた．しかし，オランダの圧力はしだいに強まり，ついに1666年にマカッサルとの戦争に至った．ブギスと与したオランダは戦いを有利にすすめ，1667年にブンガヤの協定を結んだ．この協定で，マカッサルでのオランダ人を除くヨーロッパ人の貿易が禁じられ，マカッサル人の貿易活動も制限された．1669年にマカッサルはオランダとの戦闘を再開したが，オランダ東インド会社史上もっとも激しいといわれる攻撃によって撃退された．その後，王国の庇護の下での貿易が期待できなくなったマカッサル人は，各港に居住区を築いて商人，傭兵，海賊として活躍した．なかでも1710年代にリアウ王国Riauなどで勢力を拡大し，84年までリアウ王国の副王となって周辺海域での実権を握ったことは特筆に値し，18世紀は「ブギスの世紀」とも「華人の世紀」ともよばれる[Reid 1999: 124, 135-36; Diller 1998: 220]．マカッサルとブギスの呼称はスラウェシ島南部以外では区別されずに使われ，「ブギス」という呼称は南スラウェシ出身者のみならず，スラウェシ島以東の出身者のすべてにたいして使われることがあった．

　マカッサル，テルナテを影響下においたオランダは，ヨーロッパ商人をクローブ・ナツメグ貿易から排除することに成功し，海域東南アジア東部でのオランダの優位は確定的になった．しかし，このことはヨーロッパ向けの貿易さえ独占したことにはならなかった．ブンガヤの協定で確認されたように，あくまでもオランダ以外のヨーロッパ船の排除であり，中国商人やイスラーム商人，ムラユ商人の貿易はつづいていた．そして，これらのアジア商人を介して，ポルトガル私貿易商人などがヨーロッパ向け商品を以前同様に扱っていた．中国本土からのジャンク船のマルクへの渡航が禁じられたのは1767年のことであったが，現地に居住する中国人の貿易は許された[Warren 1981: 15]．オランダが貿易の制限をすると，その周辺で貿易活動が活発になるのは自然の成り行きであり，17世紀半ばになるとマギンダナオが台頭した．

4 マギンダナオ

　マギンダナオが，本格的に王国として発展したのは，ブルネイ，スールーと同じく 16 世紀はじめころ，イスラームを受容してからだった．王統系譜によると，ジョホールからサマル人をともなって移住してきたカブンスアン Kabungsuan は，まずイラヌン人が居住していたイリャナ湾岸 Illana でイスラームを広め，そこを足場にプラギ河 Pulangi 流域のマギンダナオ人にイスラームを広め，勢力範囲を拡大していった．イスラーム化の時期は，ブルネイやスールーと同じ 1515 年ころと考えていいだろう．

　マギンダナオは，ミンダナオ島の巨大な湿地帯のなかの王国で，河口付近は山がちでデルタを形成していない．湿地帯の河口に近い小高いところに現在のコタバトを中心とした狭義のマギンダナオ王国があり，湿地帯の南端近くの内陸にブアヤン王国 Buayan があった．広義のマギンダナオ王国は，ブアヤン王国を含む．狭義のマギンダナオ王国は河口に近いことから貿易を有利にすすめ，ブアヤン王国は穀倉地帯を抱え森林産物の集積地となった．また，ブアヤン王国は南のサランガニ湾 Sarangani へと通じ，古くからサンギル人 Sangir との密接な交流があった．マギンダナオは，サンギル人を通してテルナテとの関係が深かった．

　スペインは，マルクへの中継地を確保するため，1578 年以来何度かマギンダナオに攻撃を加えた．それにたいして，マギンダナオはスールーとの婚姻関係を密にして結束し，周辺地域のイスラーム教徒らとともに，スペイン支配下でカトリックを受容したルソン島やビサヤ諸島を襲撃した．もっとも激しかった 1599〜1604 年だけで，数千人のカトリック教徒を捕虜奴隷とした．これらの襲撃には，マギンダナオ，スールーのイスラーム教徒だけでなく，テルナテ，ボルネオ島北部，サンギヘ諸島，ミンダナオ島東岸のカラガ地方 Caraga の住民も参加し，非イスラーム教徒も多く含まれていた．

　1579 年のスペインの遠征隊の報告によると，プラギ河流域の人口は最大の集落でも 1,000 人で，合計 7,950 人であった[B&R 1973: IV, 282-83]．それが，

1700年のオランダの調査では、戦闘員だけで王都に3,000人、プラギ河流域合計で21,150人、イラヌン人やマラナオ人 Maranao など周辺支配地域を加えて、59,650人にのぼった [Laarhoven 1989: 210-13]．ほかの同時代のオランダ語資料から全住民は戦闘員の3倍程度と考えられ、プラギ河流域だけで人口6万強で8倍に増加したことになる [Henley 1994]．

この間のマギンダナオの発展は、強力な指導者クダラト Kudrat（在位1616-71年）の下での外国貿易とイスラームに支えられていた．狭義のマギンダナオは、17世紀になるとオランダや中国との貿易が活発になり、おもにマルクで不足する米や蜜蝋（蝋燭の原料・ろうけつ染めバティック用）を輸出した．クダラトは、1625年にサランガニ諸島を攻撃してミンダナオ島南部から東部の従来サンギル人の勢力範囲とされていた地域をおさえ、蜜蝋などの貿易を統制した．また、海洋民イラヌンに加えて漂海民バジャオを勢力下におき、海上活動を有利にすすめた．マギンダナオはイスラーム王国としての中心性を高め、クダラトは1645年ころからスルタンの称号を使い、56年にはジハードを宣してスペインとの戦いをスールー、テルナテ、ブルネイ、マカッサルによびかけた [Laarhoven 1989: 213-21; 本書第2章]．

1669年のマカッサルの敗北、83年のテルナテの保護国化、さらには77年のサンギヘ諸島遠征によるスペイン勢力の一掃 [本書第3章] は、この海域でのオランダの優位を揺るぎないものにしたかのようにみえた．しかし、ときあたかも香料貿易を契機とした「商業の時代」は終焉を迎え、オランダの海域支配にかげりがみえはじめた．17世紀の末になると、マギンダナオはサンギル人との婚姻関係を深め、マギンダナオの王統系譜はスルタン・バラハマン Barahaman（在位1671-99年）がサンギル人のラジャの娘と結婚し、その息子のマナミル Manamir（在位1712-33年）がサンギル人のスルタンでもあったことを伝えている [Laarhoven 1989: iii-iv]．マギンダナオのサンギヘ諸島への進出は、マルクへの進出を容易にした．

そして、18世紀の半ばになると、変化が訪れた．中国との貿易が活発になるなか、18世紀半ばに3度にわたってマニラを追放された中国人が、マギンダナオやスールーに移住し、さらにマニラはヨーロッパの七年戦争（1756-63

年)の影響でイギリスに占領(1762-64年)された．17世紀に確立したかにみえたオランダのヘゲモニーが衰退し，海域東南アジア東部でのオランダの優位が崩れた．カントリー・トレーダー(イギリス東インド会社の許可を得たヨーロッパ人の私貿易商人)船は，1764年に24隻，74年に50隻が，ムラカ海峡から東へ向かった．また，中国人の経営するコショウなどの農園や錫鉱山の開発がはじまり，不足する労働者を補う奴隷の需要が高まった．イギリス船が横行し，イラヌン人の海賊行為が活性化するなか，ティドレの王族ヌク Nuku が勢力を拡大し，オランダの貿易を脅かした．1780年代に，マギンダナオは200人以上乗れる船1,000隻以上を擁すると報告された海洋王国に成長し，オランダはイラヌン人を「海賊」とよんで恐れた[Schreurs 1989: 212]．しかし，マギンダナオの優位は長くつづかなかった．マギンダナオでは，中国人は自由に貿易できなかった．また，1765年ころの火山の爆発による被害もあってイラヌン人がスールー海域に移動し，イギリスも貿易拠点をスールー海域に求め，マギンダナオは急速に衰退した[Forrest 1969: 185, 192-93]．狭義のマギンダナオの衰退は，ブアヤンの復権をもたらし，19世紀後半の一時期にウト Dato Uto の下，一大勢力を築いた．その前に，スールーが台頭した．

5 スールー

スールーは，しばらく途絶えていた中国への朝貢を1726年に再開し，63年まで7回清に使節を派遣した[Reid 1997: 13]．それにともなってアモイから毎年3～4隻のジャンク船が訪れるようになった．そのころ，イギリスが中国への貿易拠点を求めて，スールーに接近してきた．イギリスは1761年と64年にスールーと友好通商条約を締結し，さらに64年と69年に北ボルネオの一部の購入に成功した[Nish 1995: 1-10]．イギリスは，1773～75年のわずかな期間であったが，北ボルネオ沖のバランバガン島 Balambangan に商館をおいた．スールーのスルタンは，イギリスとの貿易によって武器・弾薬，綿布，アヘンを手に入れ，それらを利用して王権の強化を図った．軍事力をつけたスールーは，ブルネイを抑えて北ボルネオの支配を確実なものにし，貿易においてもブギス

商人を圧倒した．「ブギスの世紀」の終わりが，スールーに幸いした．さらに，マギンダナオやマルクとの貿易の主導権を握り，イギリス，スペインとマギンダナオとの直接貿易を妨害し，マギンダナオの衰退に拍車をかけた．また，イラヌン人の「海賊行為」をコントロールすることに成功した．

スールーのおもな輸出品は，ナマコ，ツバメの巣，フカヒレ，亀甲，真珠母貝，蜜蝋，シナモンなどの海産物・森林産物であったが，王都ホロ Jolo がこれらの商品の集積地になるとともに，ほかの商品の再分配センターになった．貿易量の第一を誇ったのはイギリスで，東インド会社との関係が悪化したときにも，カントリー・トレーダーがインドから商品をもたらし，1819年以降はシンガポールを中継基地とした．断続的にスールーと敵対関係にあったスペイン支配下のマニラからも，1787年以降毎年スペイン船，中国船が訪れるようになり，米，砂糖，綿布を海産物と交換して広東やマカオに運んだ．マカオのポルトガル船は，貿易港をブルネイからスールーに移して中国製品と真珠母貝を交換した．1820年以降，アメリカ船もやってきて，武器・弾薬を海産物と交換して広東に運んだ．ブギス商人は，シンガポールにも貿易拠点をもち，武器・弾薬のほかオランダの禁制品であった香料とアヘン，綿布を交換した [Warren 1981: 38-66]．スールーの経済的繁栄は，中国市場の安定と消費拡大に支えられていた．

　スールー貿易の発展とともに，スールーの王権は周辺の海洋民におよぶようになった．王国の担い手であったタウスグ人 Tausug が貿易を支配し，サマル人やバジャオ人を組織して海産物を収集した．さらに，海産物や森林産物を収集するために必要な労働力が不足すると，サマル人を組織して奴隷狩りを目的とした遠征隊を各地に派遣した．イラヌン人やサマル人の「海賊行為」は，1790年ころを境に変化したと考えられる．それまでカトリック化したフィリピン諸島などでおこなわれた「海賊行為」には，イスラームのジハードの意味があった．しかし，それ以降の海賊行為は，たんなる労働力確保の意味が大きくなった．その担い手も，イラヌン人からサマル人，なかでもバラギギ島 Balangingi に根拠をおいたバラギギ・サマル人にその主力が移っていった．そのサマル人は1810年ころから独自性を強め，スルタンの影響力から脱して，

外国貿易をおこない，遠征隊を組織するようになった[Warren 1981: 171, 186]．

1840年代になると，スールーは相次ぐスペインの攻撃を受けた．その発端は，スールーが1842年にアメリカ，45年にフランス，49年にイギリスと通商条約を結んだことにあった．これにたいして，スペインはスールーとの貿易の主導権を握り，フィリピン海域での海賊を抑えるため，つぎつぎに遠征隊を派遣した．1845, 48年にサマル人の根拠地を破壊したのにつづいて，51年にはホロを占領し，内陸に退却したスルタンと条約を結んでスペインの宗主権を認めさせた．しかし，当時のヨーロッパ側の条約文書に記載された「宗主権」の語は，ジャウィ表記(アラビア文字を借用したムラユ語)の現地側の文書にはなかった可能性があり，たとえあったとしてもスルタンらはその意味を理解していないか，それほどの拘束力があるとは考えていなかった．したがって，スールーとほかのヨーロッパ勢力との貿易はつづき，海賊行為もそれほどおさまらなかった．そこで，スペインは，1871年からホロ周辺の海上を封鎖し，77年と85年にイギリスおよびドイツと条約を結んでスールーでの貿易を許可するかわりに，スペインのスールーにたいする宗主権を認めさせた．また，1876年にホロを再度占領し，78年に条約を結んでスペインの宗主権を確認させた[Lotilla 1995; Schult 2000]．いっぽう，サマル人のフィリピン諸島での海賊行為にたいして，スペインは根拠地を攻撃するとともに1860年代に各地に蒸気船を導入した．蒸気船による海賊の撃退は，1836年のムラカ海峡でのイギリス船にはじまるが，62年にはイギリスとオランダが協力して蒸気船を配備した．これらの結果，タウスグ人やサマル人の活動は衰退し，スールーでの貿易はイギリスとシンガポールなどから移住してきた中国人によって，担なわれるようになった[Warren 1981: 160, 197]．

スールーのスルタンは，スペインの攻撃にたいしてタウスグ人やサマル人を結束させることができなかった．スルタンの権威は絶対であったが，それを支える軍事力や制度が充分でなかった．スールーの船は，近代的装備をした蒸気船に太刀打ちできなくなっていた．貿易では，近代的な港湾施設，各地への定期航路，電信・銀行を利用した金融・サーヴィス網などを整備したシンガポールの発展やイギリスのホンコン獲得などのため，スールーの重要性は低下した．

また，スールーの輸出品は，ボタンの原料となった真珠母貝などを除いて近代工業とは無縁の消費産物で，自然採集するものが多く，将来の発展は望めなかった．そして，スールーの経済発展を支えた中国市場が，1840～42年のアヘン戦争を契機に不安定さを増していった．スールーの繁栄は，拡大する消費市場にたいして，イギリスなどのヨーロッパ勢力が近代化によって充分に対応できなかった一時期の現象にすぎなかった[Reid 1997]．

6 「海の領主」

第1～5節でとりあげた王国は，すべて「商業の時代」の到来とともに経済的に発展し，政教一致のイスラーム思想を取り入れて王権を強化し，スルタンはそれぞれが海域を支配する「海の領主」となった．しかし，それぞれの王国は，首長制社会を残したままで，スルタンなどの個人的なカリスマ性によってのみまとまった行動をとった．テルナテのスルタン・バブッラ，マカッサルの大宰相マトアヤ，マギンダナオのスルタン・クダラトなどは，いずれもイスラームを受容したり強化したりして，そのカリスマ性を強めた．通常，これらの王国は，地方の首長，イスラーム指導者，王族などの有力者で構成された長老会議の合議で運営され，官僚機構などの制度的な発達はみられなかった．「海の領主」は，海域世界の流動性・柔軟性を活用するため，制度に縛られない合議制を尊重したものと考えられる．そのため，判断の基準となる文書記録や碑文を残すことはなかった．

海域東南アジア東部では，カトリックがさかんに布教された時期があったが，王権の強化には結びつかなかった．ここで，その理由について考える必要があろう．ヨーロッパ人の活動については，本国への報告書などがあり比較的知られているが，イスラーム商人の活動については，ヨーロッパ人の断片的な記述以外になく，よくわからないのが実情である．その断片的な記述から，16～17世紀にかけて多くのイスラーム指導者がやってきて布教活動をおこなっていたことがわかる[Jacobs 1974-84; 1988]．イスラーム布教の成功の一因に，布教と商業活動が一体となっていたことがあげられる．しかし，イエズス会の活動に

みられるように，カトリック修道士も貿易の仲介などに従事していた．商業的な要因をあげるなら，イスラーム商人とヨーロッパ商人のあいだの基本的な違いを説明しなければならない．

　イスラーム商人も多くのヨーロッパ商人もモンスーンに乗ってやってきたことには違いがないが，その商品と貿易形態が異なっていた．イスラーム商人は，多くの港に寄港しながら多種多様な生活用品を小売りし，クローブ・ナツメグなどの商品を集荷する行商的な貿易をおこなった．かれらの貿易は各地の首長との結びつきが強く，住民の生活と直接結びついていた．したがって，貿易効率はよくなく，各首長間の経済的格差はあまり生じなかった．それにたいして，ヨーロッパ人の貿易は拠点を設け，スルタンを通じてクローブなどの商品を購入し，スルタンはヨーロッパ人のもたらした貿易品を再分配する役割を独占した．このようにして，ヨーロッパ人が来航して以来，貿易拠点となった土地の首長が権力を強化し，ほかの首長と経済格差が生じることになった．しかし，これらの首長は，カトリックではなくイスラームを選んだ．かれらはスルタンと名乗ることによって，ひとつの地域世界の中心となり，その世界の宗教的中心となるだけでなく，域内の貿易の中心にもなることができた．これらの首長は，対外的にはヨーロッパ勢力を利用し，域内的にはイスラームを利用して，勢力を拡大・強化した．

　域内的に海域東南アジア東部には，つぎのような特徴があった．この地域には，双子の王国が各地でみられた．テルナテとティドレだけでなく，マカッサルのゴワとタッロ，マギンダナオの狭義のマギンダナオとブアヤン，そのほかにも各地で貿易で栄える新興勢力と伝統的権力を基盤とした勢力の二重構造がみられた．さらに，各首長は，独自の慣習法をもち，「村落国家」的な自律性をもっていた．そのようななかで，伝統的権力や首長制社会を超えた社会的結束を図るために，イスラームが受容された．経済的には，これらの王国は都で貿易を独占することで繁栄した．外国の貿易商人のスルタンへの謁見と贈答品の授受は，スルタンの威厳を高め，関税収入をもたらした．都は外交・貿易の舞台となり，スルタンは都だけを直接支配していた．しかし，このことは，スルタンはたんなる1首長にすぎなく，貿易が衰退しイスラームの威信が低下す

ると，ティドレやブアヤンのような旧勢力が復権したり，ほかの首長が離反したりすることを意味した．スルタンの威信が存在するかぎり，支配地域の首長は，徴税に応じ，遠征隊派遣にさいして船と人員を提供した．

「海の領主」は，いわゆる海洋民を影響下におくことによっても，その勢力を拡大した．イラヌン人やサマル人は，造船，航海技術をもった人びとだった．マギンダナオからスールーへの勢力の移動は，イラヌン人の移動によるところが大きかったし，サマル人の活動はスールーの発展とともに活発化した．さらに，特異な存在は漂海民のバジャオだった．海産物の収集に長けていただけでなく，海域を自由に動き回っていろいろな情報をもたらした．流動性の激しい海域世界において，陸に定住することは海賊の被害にあったり，自然災害に見舞われたりして，危険をともなった．家舟生活をして，そのときどきにもっとも安全で，活動できる場所に移動することは，この地域でこの時代に生きるもっとも懸命な方法であったかもしれない．そして，かれらは自律しており，「海の領主」とのあいだに主従関係はなかった．かれらこそ，海域東南アジア東部の「海の主」だった．かれらが「マイノリティ」とよばれるようになるのは，近代国民国家の行政機構のなかに編入され，近代経済の侵入とともに経済格差が広がってからだった[本書第4章]．

このような海洋性をもった生活を放棄した人びともいた．スペイン支配下のフィリピン諸島を襲った海賊には，カムコン人 Camucones やティロン人 Tirones，サンギル人がいた．前2者は北ボルネオを基盤としたが，両者を区別することは困難で，19世紀になるとかれらは海上での生業から農耕生活に変わった[Warren 1981: 86; Mallari 1998]．サンギル人は，多くがキリスト教に改宗し，19世紀末から近代教育を受けてオランダ支配下で軍人や下級官吏として活躍した．「海の領主」を構成した人びとは，けっして海洋民であったわけではない．海域を支配し，海洋民を利用したにすぎなかった．海上封鎖され貿易ができなくなったタウスグ人は，農耕に従事した．16～19世紀に「海の領主」の民族として活躍した人びとの多くは，20世紀には海と無縁の生活を送るようになった．

むすびにかえて

　海域東南アジア東部は，16～19世紀に海域の流動性を生かした初期近代世界を形成した．「海の領主」となったスルタン支配下の王国は，その流動性を利用することによって，一時的に繁栄したが，その繁栄を維持する制度を欠いていた．そのため，状況が変化すれば，海洋民や交易商人を王都に留めおくことができなかった．

　海域東南アジア東部は，けっしてイスラームだけが支配的な世界ではなかった．1546年にザビエルFrancisco Xavierがマルクを訪れてから本格化したポルトガル系イエズス会の布教活動は，一定の成果をおさめ一時は数万人の信者を得た．その後ポルトガル・スペインといったカトリック勢力の影響力の低下，さらには修道士が日本や中国への関心を高めたために，資金・人員ともに不足して，1663年にマルク，77年にサンギヘ諸島から撤退して，カトリックは根づかなかった[Jacobs 1974-84]．しかし，マルクにはテルナテ＝ティドレのイスラーム支配を嫌い，オランダの保護下でオランダ系プロテスタントを信仰する地域があった．アンボン，ハルマヘラ島北東部のモロMoro，スラウェシ島北部のミナハサMinahasa，サンギヘータラウドSangihe-Talaud地域は，19世紀になって信仰・布教活動が強化され，現在熱心なキリスト教信者を多く抱えている．「ムラユ世界」の重要な要素としてイスラームの信仰があげられるが，これらの地域はその意味では「ムラユ世界」からはずれていることになる．

　それにたいして，現在のフィリピン共和国に属しているマギンダナオやスールーは，イスラームを維持しつづけた．しかし，1770年から1870年の100年間に20万とも30万とも推定されるフィリピン諸島からスールーにもたらされたカトリック教徒の捕虜奴隷が[Warren 1981: 208]，イスラーム社会に与えた影響はそれほど小さなものではなかっただろう．その意味で，宗教の違いを超えた共通の文化・認識が，フィリピンのイスラーム教徒とカトリック教徒とのあいだに培われたということができないだろうか．

　イスラームを利用した「海の領主」にとって，イスラームの存在は大きく，

繰り返しアラブやムラカ海峡方面から指導者を招いて,信仰の強化と布教につとめた.しかし,スルタンさえ,カトリックに改宗したとされる事例が2度あった.1606年にスペインがテルナテを占領したさい,スルタンはじめ王族,重臣など二十数名がマニラに連れ去られた.マニラでカトリックに改宗したとされる王子は,1627年に帰還してスルタン・ハムザ Hamza(在位1627-48年)を名乗った.スールーのスルタン・アジムッディン一世 'Azim ud-Din I(在位1735-48, 64-74年)は,スペインとの宥和政策に反対する勢力に追われ,1748年にマニラに亡命した.カトリックに改宗したとされるアジムッディン一世は,マニラ占領中のイギリスの助力を借りて1764年にスールーに帰還して,スルタンに復位した.両者ともスルタンへの即位・復位にさいして強い反対があったが,それを拒むことはできなかった.また,「海の領主」と婚姻関係を結んだイラヌン人,サマル人,サンギル人でさえ,すべてがイスラーム教徒であったわけではない.海洋民の多くは,定住化とともにイスラームを信仰する傾向があり,さかんになったのは近代になってからと考えていいだろう.海域東南アジア東部は,西部に比べ宗教的に曖昧な世界であった.

　この世界でさらに曖昧だったのは,民族である.とくにイラヌン人やサマル人とよばれた人びとは,正確に民族を表していたわけではなかった.「イラヌン」「マギンダナオ」「バラギギ」などの呼称は,襲撃された人びとや植民地官吏に「海賊」の代名詞として使われ,民族が区別されることはなかった.その「海賊」のなかには,多くの「捕虜奴隷」が含まれ,「捕虜奴隷」が「海賊」となって「捕虜奴隷」を再生産していく構造ができていた.1850年までにスールーの全人口の半分以上が,「捕虜奴隷」とその子孫であったという推定まであり,集落によってはそのほとんどがかつてフィリピン諸島のカトリック教徒の「サマル人」であったということもあった.また,イラヌン人が,海賊出撃基地で定住して,その土地の人間となり,イラヌンとよばれなくなることもあった[Warren 1981: 160, 211].基本的に,この地域の民族とは,言語集団であった.そして,海上・沿岸で活動したこれらの人びとを,「商人」「海賊」「漁民」と専従化してよぶこともふさわしくないだろう.

　海域東南アジア東部は,イスラームを抜きにして語ることのできる「ムラユ

世界」を形成したことから，もうひとつの「ムラユ世界」を形成したということができるだろう．そして，その世界は，首長制社会の独自性を残したままで，民族が自決して「王国」を形成し発展したのではなく，流動性をもつ海洋民や交易商人との関係のなかで成り立っていた．別の言い方をすれば，それまで支配的だった太平洋世界の要素が薄れ，ムラユ的要素が強くなるなかで形成されたといえるだろう．しかし，太平洋世界との関係を歴史的に語るには，あまりにも史料が乏しい．この海域東南アジア東部世界を本格的に語るには，西部のムラユ世界とともに太平洋世界との関係をも考慮する必要がある，という今後の課題を明記して，この章を終えたい．

第2章
マギンダナオ王国の成立

はじめに

　スペインが植民地化に着手した16世紀後半のフィリピン諸島の社会は，一般にバランガイ barangay とよばれた30ないし100戸からなる自然集落を基本単位とする小規模な首長制社会で，それより上位の社会組織は存在しなかったといわれている．しかし，当時のフィリピン諸島のなかでも，すでにイスラーム化の波が及び，イスラーム教徒の首長が生まれ，居住区が存在していたスールー諸島の大半やミンダナオ島の一部，現在のマニラ市周辺などの地域では，バランガイを超えた社会組織が成立しつつあった．

　フィリピン諸島南部イスラーム地域には，かつて大きく分けてスールーとマギンダナオ[1]のふたつのスルタネイト（スルタン制イスラーム王国）が存在した．スールー王国の勢力範囲は，スールー諸島全域とバシラン島で，一時はミンダナオ島西南端のサンボアンガ周辺，ボルネオ島北部，パラワン島南部にも及んだ．スールーは，古くから中国商人にも知られ，貿易拠点として栄えた．いっぽう，マギンダナオ王国の勢力範囲は，プラギ河（または Rio Grande de Mindanao）流域，ラナオ湖 Lanao 周辺，イリャナ湾岸を中心にシブゲイ湾 Sibuguey からタガロオック湾 Tagalook（現在のダバオ）までの海岸地域で，一時はミンダナオ島ほぼ全域に及んだ．

　マギンダナオ王国に代表されるミンダナオ島のスルタネイトは，さらに狭義のマギンダナオ，ブアヤン，カブンタラン Kabuntalan（または Bagumbayan）の3スルタネイトに分かれていた．しかし，大半の期間，マギンダナオ王国の勢力がブアヤンにまで及び，また，カブンタランはプラギ河下流域の狭義のマギンダナオと上流域のブアヤンの中間に位置していたことから，上流へも下流へも勢力を伸長することができず，18世紀末までマギンダナオ，

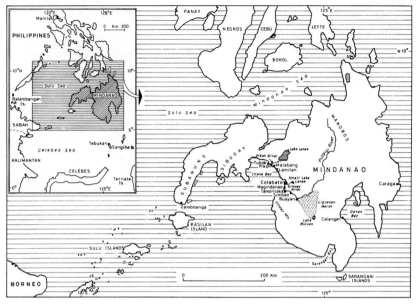

図5 17世紀のマギンダナオ
出典：Laarhoven 1990: 160.

ブアヤンに従属するような状態であった．系図をみると，この3スルタネイトは，ミンダナオ島にイスラームを伝えたカブンスアン Sharif Muhammad Kabungsuan の子孫という点で一致する．しかし，マギンダナオがカブンスアンの直系，ブアヤンが娘婿の系統，カブンタランが娘婿の息子の系統であったため，この3スルタネイトの血縁的序列も，マギンダナオ，ブアヤン，カブンタランの順となった[章末・系図1]．また，イラヌン人やマラナオ人の首長は，すべてマギンダナオのスルタンの血を引くことによって，イスラーム首長としての地位を得ていた[章末・系図2]．以上のような理由で，ミンダナオ島のスルタネイトは，マギンダナオ王国に代表されるといっていいだろう[2]．

スールー，マギンダナオ両王国は，フィリピン史上，しばしばひとつの地域社会であったかのように扱われてきた．その理由のひとつは，スペイン人が両王国の住民を一括して「モロ Moro」とよんだことによる．しかし，実際に両王国を比較してみると，各々独自の歴史過程のなかで社会を形成してきたこと

がわかる.その理由として,両者の地理上の相違などがあげられる.マギンダナオはプラギ河流域を中心に発展し,内陸性を有していたのにたいし,スールーは貿易上の要処にある海洋性社会であった.また,歴史的にスールーはブルネイの,マギンダナオはマルク(モルッカ,香料)諸島のテルナテの影響を受け,それぞれ別の外部世界と結びついていた.換言すれば,フィリピン諸島のイスラーム史はイスラーム教徒以外の人からみての歴史であって,イスラーム教徒の側からみれば,スルタンを中心とするマギンダナオ・イスラーム史やスールー・イスラーム史などが存在していたということができる.このようなことから,マギンダナオとスールーを同じ地域社会として歴史的に扱うことには難点があり,ここではマギンダナオとスールーを別の地域社会として論じていく.
また,本章では,ミンダナオ島中央部,現在のコタバト市周辺を中心にプラギ河流域およびモロ湾岸 Moro Gulf に成立したマギンダナオ王国の成立過程を分析することによって,何を統合の原理として16世紀から17世紀にかけてバランガイ(マギンダナオではバンサ bangsa)社会を超えたスルタネイトが成立したのか,考察する.そのため,具体的にはフィリピン諸島のイスラーム史上最大の英雄とされるマギンダナオの最初のスルタン,クダラト Dipatuan Kudrat の統治時代(1616-71年)[3]に焦点をあてて論じる.

しかしながら,マギンダナオ史をひとつの「国家」の歴史として分析するには,数多くの問題点と疑問点がある.最大の問題点は,史料的制約である.断片的史料の繋ぎあわせによって,どこまでイスラーム世界の「辺境」に位置し,フィリピン社会の「辺境」ともムラユ世界の「辺境」とも判断のつかない社会を捉えることができるのか,大きな疑問がつきまとう.それ故,推論や憶測の部分は明記し,史料的制約のなかで何がわかり,何が問題として残されるのか,基本的事実関係に基づいて考察をすすめ,文字通り予備的考察のひとつとしたい[4].なお,あまり知られていない地域の歴史を叙述するにあたって,編年体的歴史叙述をする必要があるが,本章では議論の妨げになることを考慮し,必要最小限にとどめた.歴史的経過については,別稿「マギンダナオ史年表(1) 1565～1671年」を参照されたい[早瀬 1988: 61-110].

1　先スペイン期のマギンダナオ

　マギンダナオあるいはミンダナオ島のことが記述された最初の文献は，1351年に完成された汪大淵撰『島夷誌略』といわれ，「民多朗」をミンダナオに比定する説がある．もしこれが事実としても，すでに13世紀はじめに成る趙汝适撰『諸蕃志』にみえるパラワン島からミンドロ島，ルソン島西岸の地名にたいして，1世紀以上遅い記述となる．『島夷誌略』には，以下のように書かれている．

　　民多朗
　　臨海要津，溪通海，水不鹹．田沃饒，米穀廣，氣候熱，俗尚儉．男女椎髻，穿短皂衫，下繫壽布短裙．民鑿井而飲，煮海爲鹽，釀小米爲酒．有酋長．禁盗，盗則戮及一家．地產烏梨木，麝檀，木棉花，牛麂皮．貨用漆器，銅鼎，闍婆布，紅絹，壽布，斗錫，酒之屬．

　これだけの記述でミンダナオと断定するのは，少々無理があるかもしれない[5]．因に，蘇繼頎校釈『島夷誌略校釋』[1981: 60-61]では，藤田豊八のベトナムのファンラン説，柔克義のマレー半島某所説を紹介している．いずれにせよ，民多朗は，ミンダナオに比定するより，インドシナ半島からマレー半島にかけての海岸のどこかの港とするほうが一般的である．
　明代になると，マギンダナオあるいはミンダナオは「網巾礁老」(『東西洋考』)，「網巾礁腦」(『海国聞見録』)，「民答那峩」(『瀛環志略』)という地名で現れてくる．ウーは1417年に当地を訪れた中国使節とともに20年に朝貢し，帰途，福建で客死した「古麻剌朗 Kumalalang」の王が，先の「民多朗」すなわちミンダナオの王であると述べている[Wu 1959: 128]．『明史』巻323，列伝19には，つぎのような「古麻剌朗」の記述がみられる．

　　古麻剌朗，東南海中小國也．永樂十五年九月，遣中官張謙，齎敕撫諭其王

幹剌義亦奔敦, 賜之絨錦紵絲紗羅. 十八年八月, 王率妻子陪臣, 隨謙來朝, 貢方物, 禮之如蘇祿國王. 王言, 臣愚無知, 雖爲國人所推, 然未受朝命, 幸賜封誥, 仍其國號, 從之, 乃賜以印誥冠帶, 儀仗鞍馬, 及文綺金織襲衣, 妃以下竝有賜. 明年正月, 辭還, 復賜金, 銀, 錢, 文綺, 紗羅, 綵帛, 金織, 襲衣, 麒麟衣, 妃以下賜有差. 王還至福建, 遘疾卒. 遣禮部主事楊善諭祭, 諡曰康靖, 有司治墳, 葬以王禮, 命其子剌苾, 嗣爲王, 率衆歸, 賜鈔幣.

この朝貢国をマギンダナオに比定することは, ほかのマギンダナオあるいはミンダナオに比定されている地域の記述から考えて, ひじょうに疑わしいことであるが, もし, そうであるならば, 『明史』に登場するほかの朝貢国, マニラ(呂宋), パンガシナン(馮嘉施蘭), スールー(蘇祿)同様, 15世紀のはじめにマギンダナオがバランガイ社会を超えた「国家」になりつつあったことがうかがえる[6]. そして, マギンダナオ社会は, イスラームを導入することによって, より大きな変貌を遂げることになる.

　イスラーム商人の貿易活動が活発化し, ムラユ世界に頻繁に訪れるようになると, しだいにイスラーム国家が出現するようになった. そして, 15世紀後半にテルナテにイスラームが伝えられ, 16世紀になってブルネイ, スールーがイスラーム国家の形態を整えると, マギンダナオにもイスラーム化の波が及んだ. マギンダナオのイスラーム化において, ふたつの段階が考えられる. 第1段階ではたんにイスラームが紹介され, イスラーム教徒の居住区が設立されたという程度にとどまったのにたいし, 第2段階になると政治・社会制度に大きな変化が生じたと考えられる. しかし, マギンダナオのイスラーム化について語る史料は少なく, スルタンやダト dato の系譜であるシルシラ silsila またはタルシラ tarsila がもっとも重要な史料となる[7]. このタルシラにおいても, 初期にはいかにイスラームの首長が預言者ムハンマドと結びついているか, そして, いかに土着の支配権の正当性をもっているかが語られ, 歴史学的事実を把握する資料として扱うことには疑問がある. これらの王統系譜によると第1段階の伝説上の人物として, アウリヤ Sharif Awliya とマラジャ Sharif

Majaがいる．ふたりとも土着の娘と結婚している．1460年ころマギンダナオにやってきたアウリヤは，ムラユ世界で一般に王女を意味するパラミスリParamisuliという名をもつ娘を残してパレンバンに帰ったといわれ，アウリヤが聖者を表す名であることから，巡回伝道師であったと考えられている．アウリヤにつづいて，ハサンSharif Hasanとマラジャ兄弟がジョホールを出発し，ハサンはスールー，マラジャはマギンダナオに向かった．マラジャは，先のアウリヤの娘パラミスリと結婚した．このヒンドゥーの名をもつ王女は，イスラーム化の段階だけでなく，伝説上の英雄の結婚相手としてしばしば登場する．したがって，この王女は実在の人物ではなく，土着の「支配者」の系譜とアラブの血を必要とするイスラームの首長の系譜を繋ぎあわせるための，あるいは，土着側と新来者の血縁的意味づけのための架空の人物であって，後世，系譜に書き加えられたものとも考えられる[Majul 1973: 65]．

　マギンダナオの本格的なイスラーム化，すなわち，第2段階はカブンスアンによってすすめられた．カブンスアンの父，ゼイン-ウル-アービディーンSharif Zein-ul-Abidinは，アラビア半島南海岸のハドラマウトから来て，ジョホールに滞在し，ジョホールのスルタン[8]の娘と結婚し，カブンスアンが生まれた．カブンスアンは，成人してサマル人をともなって，マギンダナオに渡来したといわれている．王統系譜には，その間のことがつぎのように書かれている[Saleeby 1976: 16-17]．

> サリプ・ザイナール-アービディーンSarip Zayna-l-Abidinは，ジョホールにやってきて，ジョホールのスルタン・スルカルナインSulkarnaynにプトゥリ・ジュスール・アシキンPutri Jusul Asikinという娘がいることを聞いた．サリプはプトゥリ・ジュスール・アシキンと結婚し，サリプ・カブンスアンが生まれた．サリプ・カブンスアンは成人し，父の許しを得て，ジョホールから多くの部下とともに航海に出た．外海に出たとき速度を増すために帆をあげたが，暴風に見舞われ四散し，互いの行方を見失った．結局，サリプ・カブンスアンは，マギンダナオに到着した．ほかの者は，Bulunay, Kuran, Tampasuk, Sandakan, Palimbang,

Bangjar, Sulug Tubuk, そして Malabang に散り散りになって到着した.

　移住に成功したカブンスアンは，当時の支配者タブナワイ Timuway Tabunaway とママル Mamalu 兄弟から支配権を平和裏に委譲されたという.その背景として，タブナワイとママルがマラジャの子ですでにイスラーム教徒であったこと，カブンスアンはマラジャの甥すなわちタブナワイとママルのいとこであったこと，カブンスアンが当時の内紛をうまく調停したこと，などがあげられている[Saleeby 1976: 25]. しかしながら，王統系譜にはカブンスアンがタブナワイとママル兄弟のイスラームへの改宗に固執したことが書かれており，強要があったのではないかと思われる[Saleeby 1976: 17]. また，タブナワイとママルに出会う前に戦闘があったらしく，少なくともふたりが殺されていることから[Saleeby 1976: 25]，けっして，まったく平和裏にプラギ河流域を征服していったわけではなかったことがうかがえる. カブンスアンは，まだマギンダナオの人びとが知らなかった知識や能力と武器，おそらく銃火器を利用して人びとを畏敬させ，また婚姻関係を通してプラギ河流域を征服，マギンダナオ，マタンパイ Matampay, スラガン Slangan, カティトゥワン Katitwan の人びとを改宗していったのだろう[Saleeby 1976: 17]. 王統系譜では，カブンスアンとその息子のマカ-アラン Maka-alang の称号が預言者ムハンマドの子孫をあらわすシャーリフであり，3代目から世俗的なダトの称号が使われていることから[Saleeby 1976: 32]，政治的権力より，むしろ宗教的権力のほうが強かったのかもしれない. また，ここで注目すべきは，マギンダナオのイスラームはジョホールからもたらされ，後に密接な関係となるテルナテからもたらされたのではなかったということである.

　この間の過程をマギンダナオの系図をもとに考察してみる. カブンスアンは，少なくとも3人の女性と結婚している. ひとりはサラバヌン Sarabanun で，タブナワイとママル兄弟の姉／妹である[9]. しかし，このサラバヌンとのあいだに子どもは生まれず，ここで，マギンダナオの首長とマラジャを祖とするドゥマトゥ dumatu 一族[10]との血縁関係は切れることになる. もうひとりは，プトゥリ・トゥニナ Putri Tunina である. かの女は竹から生まれ，この時竹

を切ったのがママルであったといわれている[11]．このプトゥリ・トゥニナとのあいだに生まれた3人の娘のひとりプトゥリ・マムル Putri Mamur は，ブアヤンで最初のイスラーム首長といわれているラジャ・プルワ Pulwa と結婚し[12]，ラジャ・シロガン Sirongan を生んでいる．しかし，ドゥマトゥ一族とかかわりのある上記のふたり，サラバヌンとトゥニナは，マギンダナオの首長の直系とかかわっていない．ここで問題となるのが，2代目マカ-アランを生んだアギンタブ Agintabu である．かの女は，当時イラヌン人の中心地であったマラバン Malabang の首長マカ-アプン Maka-apun の姉／妹であった．ここに，後述するマギンダナオ人とイラヌン人の密接な関係がはじまったことになる．このアギンタブとの結婚がカブンスアンのイラヌン地域上陸説[13]と直接結びつくかどうかわからない．しかし，少なくとも早い時期からカブンスアンは，イラヌン人と密接な関係があり，タルシラの記述からカブンスアンはマラバンを本拠地として布教活動をはじめ，ブラギ河口で住民の抵抗にあい，銃火器を使っておどかし，現在のコタバト市付近のマギンダナオ集落やスラガン集落の住民を服従させ，イスラームを布教していったと考えることもできる．そして，平和裏にイスラーム化をすすめていったことを示すために架空の婚姻関係をドゥマトゥ一族とのあいだにつくったということも考えられる[14]．このほかマカ-アラン以降，ブイサン Kapitan Laut Buisan まで，3世代，5人の首長の婚姻関係をみると，ググ・サリクラ Gugu Sarikula のスールーの娘との婚姻を除いて，マギンダナオの首長の婚姻は，ビラン Bilan，マタンパイ，スラガン，シムアイ Simuay といったブラギ河下流域の主要地域の首長の娘との婚姻が主流をしめていることがわかる．したがって，これらの婚姻関係から，マギンダナオはイラヌン人につづいて，ブラギ河下流域を抑えていったということが読みとれる．この時代で重要なのは婚姻の事実だけでなく，首長の後継者を産んだ配偶者の出身であろう［章末・系図2］．

　その後，カブンスアンはモロ湾岸にもイスラームを広め，さらにラナオ湖周辺，ブキドゥノン Bukidnon 地域，タガロオック湾岸地域の人びとを改宗していったといわれている．これらはかれ自身がすべておこなったというわけではなく，かれとかれの後維者がおこなったと考えるべきであろう．このようにマ

ギンダナオを中心にイスラームは，海岸線に沿って，あるいは，プラギ河の本流・支流を利用して内陸部へと広がっていった．そして，これらのイスラーム化も大いに血縁関係が関係していた[章末・系図4]．いっぽう，イスラームへの改宗を拒否したマノボ人Manoboやティルライ人Tirurayは，さらに内陸部へと移動した[Saleeby 1976: 56]．

ところで，カブンスアンという名前であるが，「末っ子」という意味である．ムラユ世界で広まっているアラブ7兄弟の伝説によると，ブルネイ，テルナテ，マカッサル，スールー，マギンダナオなどに最初にイスラームをもたらしたイスラーム教徒は，皆「兄弟」である．しかし，この「兄弟」は血縁的な意味ではなく，イスラーム化の順序やイスラーム社会の結束を示すものであったと考えられる．カブンスアンはその「末っ子」という意味であり，マギンダナオのイスラーム化がムラユ世界のおもなイスラーム化の最終段階であったことを示している[Majul 1974: 5-6]．

フィリピン諸島のイスラーム化と，ほかのムラユ世界のイスラーム化とを比較すると多くの共通点がみられる．マフールは，ムラユ世界のイスラーム化にあたって，7つの要因をあげている．貿易，伝道，イスラーム神秘主義（スーフィーズム），政治，経済，教義，聖戦（ジハード）である．マフールは，これらの要因が複雑に絡みあってイスラーム化が達成されたとしている[Majul 1964; 1973: 48-50]．そして，このことは，多かれ少なかれフィリピン諸島のイスラーム化にもあてはまることである．

つぎに，カブンスアンの到来年代について考察してみよう．サリビィが1500年前後説[Saleeby 1976: 64]，ハッセルが1484年到来，1515年死亡説[15]，マフールが1515年到来説をそれぞれ唱えている．マフールは，その根拠としてつぎのような事実をあげている．1511年に，ポルトガルによってムラカが陥落した．ムラカのスルタネイトはジョホールによって受け継がれるが，多くのイスラーム教徒が新たな居住地と貿易を求めて移動した．そのひとりがカブンスアンであり，ジョホールから来たのであれば1511年以降のことであろう[Majul 1973: 26, 65]．また，スペイン側の史料によれば，1543年にカブンスアンの子マカ-アラン，74年にその子バンカヤBangkaya，79年にその子ディマ

サンカイ Dimasangkay がそれぞれ，マギンダナオの首長であった．これらのこととバンカヤが 1578 年，ディマサンカイが 96 年に死んでいることから逆算し，仮にひとり 20 年間統治したとして，ディマサンカイは 1578〜96 年，バンカヤは 1556〜78 年，マカ-アランは 1536〜56 年となり，ちょうどカブンスアン 1515 年到来説にあてはまる．しかし，このマフール説もブアヤンの系図から考えると，少し違った結果が出てくる．マプティ Maputi は 1620 年ころから活躍しはじめ，48 年に死んだ．マプティの父シロガンは，1596 年ころから 1610 年ころまで活躍している．このことから統治年代を推定し，マプティは 1618〜48 年，シロガンは 1588〜1618 年として，1 世代 30 年間としても，シロガンの父，プルワは 1558〜88 年となり，プルワの岳父であるカブンスアンの 1515 年到来説は少し早すぎることになる．いずれにせよ，カブンスアンは 16 世紀前半に到来し，マギンダナオの首長となり，イスラームを広めた．そして，マギンダナオは，イスラームの導入によって政治・社会的にも変化していったものと考えられる．

　最後に，カブンスアンの到来によっておきた社会構造の変化について考察する．それは一言でいうなら，マギンダナオに 2 層の支配階層が成立したことである．マギンダナオ人は，一般にほかのフィリピン諸島の民族集団同様，双系で，男女平等に財産を相続している．それにたいし，カブンスアンの子孫だけが男子相続である．そして，古くからカブンスアンの子孫の好敵手であり，独自のタルシラを保持しているドゥマトゥ一族が，マギンダナオの下級貴族に位置されていることから考えて，カブンスアンは，それまでの支配者層の上に，新たな支配者層を築いたということが考えられる．すなわち，この社会構造の成立は，それまでの社会構造を破壊することなく，より上位の政治・社会制度をともなって成立したと考えられる．そうすることによって，マギンダナオ社会は，それまでの基層社会を残しながら，バランガイ社会を超える社会への発展の大きな契機をつかんだ．

2 「モロ戦争」(1565～1663年)

　マギンダナオはイスラームを受け入れることによって,バランガイ社会を越えた社会形成への足がかりをつかんだ.しかし,それは同時に,イスラーム国家の成立を意味していない.1579年のスペインの遠征隊の報告をみると,プラギ河流域の人口はタンパカン Tampakan(後の Tamontaka)1,000人,ブアヤン800人,マギンダナオ700人などいくつかの集落がバランガイ社会を越える人口を擁していたことがわかる[16].しかし,政治・社会組織としてバランガイ社会を超える社会の成立,すなわち,マギンダナオがイスラーム社会・「国家」へと変貌をはじめるのは,スペインとの戦いを通してであった.ここでは,スペインとの長い一連の戦争,一般に「モロ戦争 Moro Wars」とよばれるフィリピン諸島のイスラーム教徒とスペイン軍との戦争の最初の1世紀を概観する.

　モロとは,もともと8世紀にイベリア半島に侵入してきた北アフリカのイスラーム教徒,ムーア人 Moore をさして,スペイン人がよんだ名称である.それがフィリピン諸島では,スペイン人によって敵意と軽蔑を含む名称として,イスラーム教徒に用いられるようになった.当初,スペイン人の認識も曖昧で,タイ,ボルネオの商人などすべてのイスラーム教徒をモロとよんだばかりでなく,イスラーム教徒でもない原住民をモロとよんだ場合もあった.現在においても,モロということばは,しばしば誤ってあたかもモロ「人」という1民族が存在するかのような印象を与えることがある.しかし,モロとよばれるなかには,タウスグ人,マギンダナオ人,マラナオ人,イラヌン人,サマル人,ヤカン人 Yakan などの民族集団が各々別々の社会を形成している.これらの民族集団は,民族学上,言語学上,近いものもあるが,各々独自の社会的・歴史的発展を遂げてきており,モロ「人」という総称を用いることは,イスラーム教徒が一致団結しているような混乱を引き起こすだけである.「モロ戦争」とは,フィリピン諸島においてイスラーム教徒とスペイン植民支配下でキリスト教に改宗した多くの原住民を兵力としたスペイン軍との戦いをさして,後に歴

史家がよんだ名称であり，スペイン人歴史家(たとえばバランテス Vicente Barrantes やモンテロ・イ・ビダル José Montero y Vidal)は「海賊戦争 guerras piraticas」とよんでいた．したがって，イスラーム教徒の側に立てば，当然「対スペイン戦争」あるいは「反スペイン侵略戦争」となる．ここでは，混乱を避けるため，敢えて一般的名称である「モロ戦争」の用語を用いる．この戦争の発端は，明らかにスペインのフィリピン諸島への侵攻にあった．スペイン側は，つねにイスラーム教徒の「海賊」からキリスト教徒を守るためと称して，その侵略を自己弁護してきた．しかし，実際の行動は明らかにキリスト教布教，スペインにとってはカトリック布教をともなう植民地化のための軍事行動にほかならなかった．

　スペイン軍は，当初マニラやスールーのイスラーム教徒の首長と姻戚関係にあり，フィリピン諸島各地にイスラーム伝道師を送り，フィリピン諸島の貿易の主導権を握っていたブルネイとの戦いに戦力を集中させ，マギンダナオにはあまり関心を示さなかった．マギンダナオ側の態度も最初はっきりしなかった．1574年7月17日付，ラベサレス総督から国王フェリペ二世への手紙によると，マギンダナオの首長(おそらくバンカヤ)がスペインに友好，服属を申し出ている[17]．そして，1576年にサンデ総督はマルク諸島占領のための根拠地としてマギンダナオに注目し，つぎのような報告をしている[18]．

　　もし，われわれ〔スペイン人〕がそこ〔マルク諸島〕へ行かなければならないのなら，ミンダナオの集落〔マギンダナオ〕に根拠地をおいたほうがいいだろう．そこには充分な補給物資があり，住民がいる．

しかし，1578年，つづく79年のスペイン軍のマギンダナオ遠征にさいして，当時の首長ディマサンカイは，「友好」とキリスト教への改宗をよびかけるスペイン軍と交渉することを拒み，内陸部のブアヤンに退いている[19]．もし，カブンスアンが1511年のポルトガルによるムラカ・イスラーム王国の陥落後，新たなイスラーム王国の建設を目指して移住してきたのであれば，その子孫のディマサンカイは，スペインのイスラーム社会への侵入の意味を知っていたは

ずである.

　本格的なマギンダナオとスペイン軍との対決は,スペインがマギンダナオの平定を決めた1591年以降のことである.フィゲロアは,つぎのような内容の協約をダスマリニャス総督と結んだ[20].

　一,フィゲロアは,3年以内に自費でミンダナオ島を平定し,植民地にすることを約束する.ミンダナオ〔プラギ〕河岸に居留地を,必要に応じてまたこの地の状況に即して,ひとつまたはそれ以上建設する.そして,平定,植民地化した島を1年間維持する.
　一,そのときからフィゲロアとその息子,あるいは,相続人に終身のミンダナオ島長官 Governor の称号が与えられる.……
　一,平定,植民地化が完成したとき,国王陛下の名において,ミンダナオ島をつぎのようにエンコミエンダ encomienda(所領地)として割り当てることが許される.まず,港と主都は国王に帰属する.残りの3分の1はフィゲロア自身に,……3分の2は平定に参加した兵士に割り当てる.

　フィゲロアの野望は,マギンダナオ到着後,わずか数日でかれ自身が殺害されたことによって打ち砕かれた.残されたスペイン軍は,タンパカンに居留地ムルシア Murcia を建設し,スペイン軍の基地とした.
　このとき,ダスマリニャス総督がフィゲロアを選んだ理由は,まず第1にフィゲロアが金持ちであり,友人知己に恵まれ,兵士に人気があったからである[21].そして,このような協約を結んだ背景には,つぎのような事情があった.マニラ建設後20年を経たとはいえ,スペインのフィリピン諸島支配は,ルソン島,ビサヤ諸島においてすらまだ確固たるものでなく,その拠点維持だけで精一杯だった.そのうえ植民地獲得を競うほかのヨーロッパ人だけでなく,中国人や日本人にも悩まされていた.また,フィリピン諸島内にスペイン人が目指していた香料などが発見できず,1580年にマルク諸島の貿易の主導権を握っていたポルトガルと同じ王を国王に戴く同君連合になったこともあって,当初の目的通りマルク諸島へとスペイン人の関心は移っていた.しかし,マルク

諸島遠征はなかなか成功しなかった．そのうえ当時，王室金庫はつねに資金不足に悩まされ，メキシコ副王への手紙，報告書のなかには，資金不足と兵員不足のことがしばしば書かれていた[22]．

この資金不足の問題は，フィリピン諸島征服初期からのものであり，レガスピ Miguel Lopez de Legazpi のときもつぎのような状態だった〔Constantino 1975: 40-41；邦訳 1978: 58〕．

　　レガスピはさらに，遠征資金は主として王室金庫から支給されるが，かれの個人財産からも若干の支出をしてほしいと告げられた．しかし，もしインド諸島〔後のフィリピン諸島〕に居留地を設立することに成功したら，かれは 4,000 ドゥカットの報償金を与えられ，さまざまな名誉のほかに，貿易や採鉱，真珠採取場の特許を与えられることになっていた．

このようなスペイン側の財政事情と 1582～85 年のマルク諸島遠征の失敗から，マルク諸島への布石として，マギンダナオが注目されるようになった．ダスマリニャス総督があげたマギンダナオ平定の動機をまとめると，つぎのように列挙できる：1) ミンダナオは肥沃で，人口が多く，金，蜜蝋，シナモンなどの天然資源に恵まれている，2) マギンダナオの支配者は，キリスト教にたいして不敬であり，主都にブルネイのイスラーム伝道師を受け入れ，モスクを建立している，3) 以前スペイン人十数名を殺害したテルナテの砲術師，兵器師，火薬師，貿易商人を受け入れている，4) ミンダナオ平定によって，ブルネイ，ホロ，ジャワなどを従わせる[23]．以上の 4 点のほかに，マギンダナオの貿易上の利点をあげることができるだろう．スペイン人は，スールーやブルネイと同様，マギンダナオを制圧することによって，貿易権を奪い，マルク諸島はじめ南方の島々との貿易基地にしようと考えていた．フィゲロアが殺害された翌 1597 年にも，スペイン軍はマギンダナオに遠征隊を送り，1 年近くにわたって戦闘を繰り返した．一時的に，スペイン軍は勝利し，平定を宣言したものの，イスラーム教徒の断続的な抵抗と食糧不足のために，結局，スペイン軍はマギンダナオを平定できず，以後，何度か試みたが，思うような成果をあげることはで

きなかった.スペイン軍指揮官ロンキリョは,このときプラギ河流域の住民について,ルソン島の住民と違い,権力と統治に慣れ親しんでいると報告し,マギンダナオの首長の支配力を認めていた[24].

スペイン軍はマギンダナオ攻撃にさいし,多くの集落を襲い,住民を殺害あるいは捕虜とし,モスクを破壊し,集落を焼いた.これにたいして,マギンダナオ,スールーはその周辺諸民族集団と連合して,1600年前後,毎年のようにビサヤ地域を襲撃し,略奪し,集落を焼き,住民を捕虜にしたり,殺害したりした.また,教会を襲い,焼き払い,神父を人質にした.このとき以来,互いに攻撃と報復を繰り返し,長い一連の「モロ戦争」が本格化した.

イスラーム教徒の抵抗にたいし,スペイン側は「海賊」からビサヤ地域を守るために,巡回警備艇を出して警戒にあたった.しかし,アウトリガーoutrigger(舷外浮材)をもったビンタ船 vinta やカラコア船 caracoa(マンガイオ・プラウ船 mangaio prau)は小回りがきくうえ,スペインのガレオン船より速く,スペイン側の警備は充分な効果を発揮できなかった.そのため,スペインは1596年にサンボアンガ付近のラ・カルデラ La Cardera,1614年にミンダナオ島北東岸のタンダグ Tandag に駐屯基地を築き,ミンダナオ島の東と西の両方から,南から来る「海賊」船を見張り,同時にミンダナオ島北部では,着々とキリスト教化をおしすすめていった.

この間のマギンダナオ・スールーなどの連合軍をみると,スールーはタウスグ人のほか,勢力範囲のタウィタウィ島 Tawitawi,バシラン島などのサマル人,バジャオ人などを従えており,マギンダナオ,ブアヤンは,イラヌン人,サンギル人,タグランダン人 Tagolanda,カラガ人 Karaga などを従えていた.当時のイスラーム教徒の結束力の強さは,1604年にブイサンがビサヤ地域遠征からマギンダナオに凱旋したときにも表れている.このときブイサンは,当時のプラギ河流域の第一人者シロガンやほかのダトたちばかりでなく,ブルネイのスルタンの使者やスールーのラジャの後継者の出迎えも受けている[De la Costa 1967: 296].そして,17世紀はじめには,オランダ人がテルナテの支配権がマギンダナオやブアヤンに及んでいると記述しているほど[25],積極的にテルナテがマギンダナオなどを支援し,軍人などを送り込み,指導的立場をと

っていた.しかし,このテルナテのスルタンが1606年にスペイン軍の捕虜になると,テルナテのマギンダナオ・スールーへの影響力は弱まっていった.かわって,1605年にマルク諸島に進出してきたオランダがマギンダナオ,スールーの支援者となると同時に,内紛を調停する仲介者として登場した.オランダはカトリック布教に固執するスペインと違い,布教活動に熱心でなかった.また,オランダはスペインにたいして独立戦争中であり,両者は新教-旧教の対立関係にあったこともあって,スペインという共通の敵を前にして,イスラーム教徒と利害が一致し,しばしばフィリピン諸島のイスラーム教徒と一時的な同盟・協力関係を結んだ.

いっぽう,16世紀末から17世紀はじめにかけて,連合してスペイン軍と戦ってきたイスラーム勢力であったが,しだいに内紛が目立つようになった.1619年ころからマギンダナオとブアヤンのあいだでプラギ河流域の主導権争いが起こった.両者は今日同じマギンダナオ民族集団に分類されているが,両者の地理上の相違が両者の発展に大きくかかわることになった.マギンダナオは,プラギ河下流域 sa-ilud に位置し,イラヌン人,マラナオ人の居住地域であるモロ湾岸沿い,あるいは,ラナオ湖周辺に勢力を伸ばしていった.それにたいし,プラギ河上流域 sa-raya に位置したブアヤンは,マノボ人・ブギドゥノン人,ティルライ人など,高地民族集団の居住地である内陸部に勢力を拡張していった.はじめ内陸で塩と金を交換し,農産物を豊富に生産するブアヤンのほうが優勢であり,1570年代,90年代のスペイン軍の攻撃にさいしても,マギンダナオの首長はブアヤンに退いている[Majul 1973: 123-24].しかし,スペイン支配地域への「海賊行為」が度重なるにしたがって,海軍力としてイラヌン人など,イスラーム教徒となった海洋民を影響下におき,貿易をはじめたマギンダナオのほうが力を蓄えてきた.このようなとき,オランダ人がマギンダナオに来るようになった.17世紀前半,オランダ人は,奴隷と米をマギンダナオから購入していた.1619年,マギンダナオとブアヤンが不和になったとき,両者ともにオランダに援助を求めた[Laarhoven 1989: 25].オランダは双方にたいし,中立であることを宣言した.しかし,スペイン人がプラギ河に入ることを防ぐため,プラギ河口,つまりマギンダナオの支配地を守らなけれ

ばならず，オランダは河口に砦を築くなどの援助をした．これらの諸要因と有能な指導者クダラトの出現によってマギンダナオとブアヤンの争いは，マギンダナオが主導権を握ることで終息した．そして，互いに地勢上の欠点を補いあう両者の連合によって，マギンダナオ王国はより強力な地盤を築くことになった．

　また，1610年ころからスールーとマギンダナオも不和な状態がつづき，統一行動はほとんどなくなり，マギンダナオとブアヤンが不和になるに及んで，スールーが単独でビサヤ地域を襲撃するようになった．この状態は，1632年にオランダの仲介で，クダラトの息子とスールーのラジャ・ボンス Bongsu の娘が結婚することで解決し，34年にはふたたびスールー―マギンダナオ連合軍がビサヤ地域を襲撃している．

　イスラーム教徒の「海賊行為」がやや低下した1635年から数年間，スペイン側はイスラーム地域平定のために積極的な軍事行動をとった．まず，1635年に「海賊」を未然に防ぎ，情報をすばやくビサヤ地域に送るために，サンボアンガに砦を築いた．つづいて1636年にキリスト教徒を守るためと称して，ミンダナオの平定を布告し，サンボアンガ砦を基地として，マギンダナオ，スールーを攻撃，さらにラナオ地域を攻撃して，それぞれ一時的な勝利をおさめた．しかし，マギンダナオ，スールーともに，クダラト，アチェ Dato Ache，ボンスといった有能な指導者が長期間にわたって支配したため，深手は受けたものの，すぐに立直り，しだいにイスラーム教徒側が優勢な状況になっていった．そして，1641年にムラカを占領し，翌年台湾からスペイン人カトリック宣教師を追放したオランダ軍の脅威もあって，その優勢な状況のまま45年にマギンダナオ，46年にスールーがそれぞれスペインと和平条約を結んだ．マギンダナオとスペインの和平条約の内容は，以下の通りであった[De la Costa 1967: 442-43]．

　　1)マギンダナオのスルタン・クダラトあるいはその後継者と，スペイン王フェリペ四世あるいはその後継者とのあいだには，恒久的な友好と同盟が存続する．……2)共同の軍事行動において得たいかなる捕虜，略奪品も

双方で等しく分配する．ただし，キリスト教徒の捕虜は解放し，奴隷は帰属していた側に戻される．3) スペイン政府は，以下の領域の住民をクダラトの従属民として認める．「内陸においてはイホ川 Iho まで，そして，タガロオック湾の中程からシブゲイ川 Sibugai まで」，コタバトの高地民族とマゴラボン Magolabon の住民は，まだ完全にクダラトに従属していないが，クダラトの従属民と同様のものとして認める．これにたいし，クダラトは，ラナオ湖周辺をスペインの影響下にある地域として認める．4) 反乱を起こした従属民を鎮圧するために互いに協力する．5) 両国と両国住民とのあいだの通商は，自由，無制限とする．ただし，マギンダナオの商人がサンボアンガに持ってきた商品にたいして，5％の関税が課せられる．……6) イエズス会は，クダラトの主都に教会と居留区を設立することが許される．……7) 高地民族の領主でクダラトの義兄/弟であるモナキオール Monakior が，スペイン人にたいして犯したすべての非礼は許され，良好な友好関係が許される．

このころからしばらく，スペインにとって苦難の日々がつづくことになった．1646〜47年にスペイン対オランダの海戦がつづいた．結局，スペインがかろうじてオランダを撃退し，1648年のウェストファリア条約によって本国同士の和平も成立した．それにもかかわらず，スペインはそれ以後もオランダの脅威から逃れることができなかった．いっぽう，植民支配下の諸島内では，1649年にビサヤ諸島のサマル島パラパグ Palapag で強制労働を契機としてスムロイ Sumuroy の反乱が起こった．その影響でサンボアンガの修道士など数名が殺害され，ミンダナオ島北部海岸地域で反乱が起きた．反乱は鎮圧されたが，スペインの威信は減じ，ふたたびスールー，マギンダナオの「海賊」がビサヤ地域を襲うようになった．さらに，1655年にはブアヤンのラジャ・バラタマイ Balatamay がイエズス会士ふたりを殺害し，翌56年にクダラトがジハードを宣して，ほかのムラユ地域のスルタンに結束をよびかけた．それまで伝統的関係や互いの利害関係から同盟を結ぶことはあったが，イスラームを前面に出して同盟をよびかけることはなかった．もうひとつ注目されるのは，それま

でスルタンという称号のなかったマギンダナオ社会で，クダラトがスルタンを称するようになったことである．

いっぽう，「モロ戦争」において，カトリック修道士の影響を無視することはできないだろう．修道士は自ら危険なイスラームの地に入り，熱心に布教したばかりでなく，情報をスペイン軍にもたらし，助言を与え，イスラーム地域平定のために積極的に加担した．たとえば，17世紀半ばごろのサンボアンガには6人のイエズス会士がいた．ひとりは海軍付き従軍神父，ひとりは要塞内の神父として兵を鼓舞し，平定した土地で布教にあたった．残り4人はそれぞれルタオ Lutao（おそらくサマル人），スバヌン人 Subanun，バシラン島，スールー諸島のそれぞれの住民の布教にあたった[De la Costa 1967: 445]．条約締結，戦闘など，イスラーム教徒とスペイン人との接触において，つねに修道士の姿があった．宣教師として，捕虜としてイスラーム教徒の前に姿を現したとき，つねにキリスト教の「正しさ」を説いてまわった．これらの修道士の存在は，逆にイスラーム教徒にイスラームを自覚させることになったに違いない．少なくともこの時期になって，マギンダナオの支配者層のあいだで，キリスト教／教徒と対抗するという意味で，イスラーム教徒としての自覚が生まれてきたことは確かであろう．

その後，大きな戦闘のなかった1663年から約半世紀間，イスラーム地域はイスラームを意識して内部の結束を固めていった．マギンダナオはイラヌン人，マラナオ人を掌握して，スルタネイトをより強固なものにした．スールーは，スールー諸島やバシラン島ばかりか，姻戚関係にあったブルネイの内紛に乗じて北ボルネオのサバ Sabah をも支配するようになった．このふたつのスルタネイトにたいし，スペイン側もミンダナオ島北部の非イスラーム地域でキリスト教の地盤を固め，フィリピン諸島はしだいにイスラーム地域とキリスト教徒地域とにはっきり二分されるようになった．

ミンダナオ島のキリスト教（カトリック）化は，イエズス会がサンボアンガとダピタン Dapitan を中心に，レコレクト会 Recollect がブトゥアンとスリガオを中心に布教し，各々その成果を得た．しかし，これらの地域は，イスラーム勢力下にあったとはいえ，住民は非イスラーム教徒で，多くはビサヤ諸島と

共通性の強い民族集団に属していた．そして，17世紀半ばすぎまで，それほどキリスト教，イスラームという宗教的意識はなく，18世紀においてもカガヤン・デ・オロ付近では，低地のキリスト教徒と高地のイスラーム教徒が仲良く暮らしていたという[Forrest 1971: 249]．したがって，イスラーム教徒がキリスト教に，キリスト教徒がイスラームに改宗したこともしばしばあった．それを端的に示したのが，1663年のサンボアンガ砦放棄のときであった．それまでサマル島のスムロイの反乱のときなど，スペイン軍の一翼を担っていた約6,000人のキリスト教改宗民は置き去りにされ，その一部はビサヤ諸島やダピタンに移住したが，大部分はサンボアンガに残り，2～3カ月のあいだに3分の2のキリスト教徒がイスラームに改宗したという[Majul 1973: 164-65]．このように「辺境」に位置した地域の住民の「苦心」がうかがえるいっぽう，これらの地域の住民が普遍宗教といわれるキリスト教やイスラームを土着の信仰と同列に考えていたのではないかと推測することもできる．そして，カトリック布教に燃える修道士は，終始イスラーム教徒の反抗がイスラームに根ざしたものではなく，権威失墜を恐れたイスラーム支配者とパンディタ pandita（宗教指導者，マギンダナオではウラマーと同意）の抵抗であり，一般民衆のイスラーム信仰はかれらの首長に追随しているだけで表面的であるとして，マギンダナオやスールーのイスラーム教徒はキリスト教に改宗可能であると主張しつづけた．スペイン人にとって，カトリック教徒にならないことは，スペインにたいする敵対行為にほかならなかった．

3 スルタン・クダラトの時代

　スペイン植民主義との戦いを通して，マギンダナオ社会はスルタン制「国家」へと形態を整えていった．とくに，クダラトの統治時代(1616-71年)に大きな変容を遂げた．ここでは，経済力，軍事力，血縁関係，領土，宗教（イスラーム）の5つに分けて，マギンダナオ王国の成立要因を探ってみる．

　まず，経済力からみる．1597年のマギンダナオ遠征まで，スペイン人はプラギ河流域を肥沃な土地だと思っていた．しかし，この遠征の報告のなかに

「住民は報告されていたよりかなり少なく,すべての者がたいへん貧しい.……金20テールを集められる首長はひとりもいない.米はほとんどない」[26]という記述があるように,スペイン人は一時マギンダナオ平定への熱意を失う.このことから,当時のマギンダナオがほとんど貿易をしておらず,貧富の差もあまりなかったことがうかがえる.ところが,17世紀になってマギンダナオにオランダがやってくると貿易が活発になった.貿易品は,マギンダナオから初期には米と奴隷,後にタバコと蜜蝋が加わった.オランダからは布がおもな貿易品であった.とくに,1653年9月から58年1月のスペイン軍の攻撃を受けるまで,オランダはシムアイに商館を建て,直接取り引きしていた.その後も,マギンダナオとテルナテあるいはバタビアのあいだをマギンダナオとオランダの双方の商船が往復していた[Laarhoven 1989: 213-21].1657年当時,オランダはマギンダナオとの貿易量を,慢性的に米が不足するマルク諸島への米1,000ラスト(1 last: 1,976 kg)と蜜蝋200〜300ピクル(1 picul: 60 kg余)と見積もっていた[Laarhoven 1989: 48].この両者のあいだの貿易の主導権ははじめマギンダナオが握っており,1621年にはスペインとの和平条約を理由に,オランダにたいして奴隷を売ることを断っている.しかし,1660年になると,それまでアンボンに輸出していた米をオランダが禁止し,貿易を統制しようとするオランダ側の一方的な希望で,その後は蜜蝋,タバコがマギンダナオの主要輸出品となった.オランダはスペインとの対抗上マギンダナオに軍事援助したが,同時に1666年までその独占権を守るため,マギンダナオの香料・金貿易を妨害した[Mastura 1979: 64].クダラト自身,オランダをけっして信用せず,軍事的,貿易上の利害で一時的な協力関係を築いていたにすぎなかった.その後,オランダはムラユ世界での地域間貿易を嫌ったため,マギンダナオとの貿易はある一定の枠内で取り引きされることになった[Majul 1973: 88].そして,理由は定かではないが,1653年以来シムアイに常駐しておこなっていた貿易を,オランダは80年に一時停止した[Laarhoven 1989: 64].いっぽう,スペインはマギンダナオの外国貿易を妨害しようとしたが失敗し,逆に平和になった1663年以降サルセド総督の政策もあって,マギンダナオと貿易するようになった.1686年7月,マギンダナオを訪れ,約半年間滞在したイギリス

人ダンピアは，マギンダナオ船がマニラで蜜蝋と砂金をキャラコ，モスリン，中国絹と交換していたと述べている[27]．

ほかのムラユ世界との交易も活発におこなわれた事実として，マギンダナオでは，マギンダナオ語のほかムラユ語も通用していた[28]．1637年に，スペインの遠征隊は，キリスト教徒の奴隷を乗せ，マギンダナオを出発しようとしていた数隻のジャワ船があったという報告を受けている．さらに別の日，数隻のジャワ船を目撃し，つぎのように報告している[29]．

> 大型，中型，小型の30隻以上の船が停泊していた．それらの大部分は，多くの荷を載せていた．とくにジャワから来た5～6隻の超大型船は，蜜蝋，油，米やそのほかの商品を満載していた．

マギンダナオ商人自身，毎年中国人船主 nakoda の下，テルナテ，マニラにしばしば赴き，アンボン，バタビア，スマトラ，ジャワ，マカッサルなどとも貿易をおこなっていた．マギンダナオの貿易の活発化において，中国人の存在を無視することはできない．マギンダナオの中国人コミュニティはしだいに大きくなり，マギンダナオの娘と結婚した者はそのままマギンダナオ社会のなかに融け込んでいき，貿易・商業活動に携わった[Laarhoven 1987]．

このような諸外国との貿易のなかで，クダラトは貿易からの富を独占するため，統制貿易をおこなうようになった．サランガニ，ダバオ地域で蜜蝋貿易する者にたいしては，まずシムアイに来港するように命じ，マギンダナオから奴隷を無断で輸出することを禁じた[Laarhoven 1987: 36-37]．そして，スルタンの館の近くに商館を建て，商人をもてなした[30]．その結果，マギンダナオの海外貿易は1661年から1701年のあいだに拡大し，スルタンの収入も大いに増加した[Mastura 1979: 63]．貿易のほか，スルタンはビサヤ遠征のさいにかなりの戦利品を得ていた．

第2に，軍事力について考えてみる．四方を海に囲まれたフィリピン諸島において，重要となる軍事力は海軍力であった．この海軍力の中枢となった海洋民で，とくに航海技術に秀でていたのがイラヌン人とバラギギ・サマル人であ

った.イラヌン人はマギンダナオ王国,バラギギ・サマル人はスールー王国の海軍の主力となった.これらの海軍力を使って,イスラーム教徒はスペイン支配下の集落を襲い,略奪し,追手が来ればマングローブや珊瑚礁へ逃げ込むという戦術をとった.そして,スペイン軍のミンダナオ遠征隊にたいしては,正面からの戦いを避け,後背地の山に退き,ゲリラ戦によって,敵の戦力を弱め,いずれ敵の退却のときを待つという戦術がとられた.しかし,スペインとの戦いが激化し,テルナテ,マカッサルなどのムラユ諸国やオランダの援助,指導がおこなわれるようになると,1首長の指揮下,2～3隻による襲撃から,数十隻,数千人による襲撃へと変わっていった.また,自分たちの支配地域では,砦が建設され,大砲が備えられ,塹壕が掘られた.このようにして大規模な遠征隊を指揮し,スペイン軍を迎え討つにたる有能な指導者,組織が必要となった.ブイサンのような海軍大臣カピタン・ラウト kapitan laut の出現は,このような事情からであり,スルタンの後継者ラジャ・ムダ raja muda や総理大臣ググ gugu も組織の確立,拡大にともなって必要になってきた.また,1628年のオランダの報告によると,クダラトはすでに tsiera atas (bichara atas) という長老会議を設置していた[Majul 1973: 129].そして,クダラトのような指導者の下には,ルタオとよばれる「海の民」や逃亡奴隷が集まり,海軍力を補強していた.そのなかには,アラブ人やインド人の血を引く者もいたという[31].また,クダラトが海軍力を重視したことと,主都をイラヌン人の地であるラミタン Lamitan やシムアイにおいたこととは無縁ではなかっただろう.

　1688年に,シムアイ河口には400家族のバジャオ人がいたが,集落 negeri に居住することは許されなかった.バジャオは蜜蝋やタバコなどをダバオ湾岸などから集荷し,サランガニ諸島の倉庫に運んだりした.スルタン・アンワール Anwar (在位1702-11年) がシランガンに居を構えたとき,1,000人のバジャオ人が付き従った[Laarhoven 1989: 112, 114].バジャオ人は,差別的な扱いを受けることもありながら,「海の領主」の「力」の源泉だった.

　第3に,血縁関係について考察する.マギンダナオでは親族内の血縁関係がひじょうに密接であった.このことは,マギンダナオ人のあいだでまたいとこ

婚が望ましいとされることと無関係ではないだろう[Stewart 1977: 296, 300]. また, イスラーム教徒は, 複数の妻を娶ることが許されるため, 血縁関係が多岐にわたった. これらの婚姻は, 民族集団の支配者層のあいだだけでなく, マギンダナオ内部の有力者や一般人のあいだでもしばしばおこなわれ, 内部結束の強化に役立った.

ここではマギンダナオの王統系譜にそって, カブンスワンからクダラトまでの血縁関係を整理してみる. まず, カブンスワンはイラヌン人の首長の姉/妹と結婚し, 2代目マカ-アランをもうけている. つづいて, マカ-アラン, バンカヤ, ディマサンカイ, ブイサンのマギンダナオの歴代の首長は, ビラン, マタンパイ, スラガン, シムアイなどプラギ河下流域出身の娘と結婚し, 後継者をもうけた. ここで注目されるのがクダラトの母の出自である. タルシラのなかでインバン Imbang, イバン Ibang あるいはアンバン Ambang とよばれるこの女性は, スラガン出身のタブナワイの子孫であるといわれている. したがって, ここにおいてはじめてアラブの家系と土着の首長ドゥマトゥ一族の家系が現実に結ばれ, 首長となる子をもうけたことになる. 家系においても, クダラトは最高の支配者となったわけである[章末・系図2].

マギンダナオとスールーの支配者層のあいだの婚姻は, 16世紀のググ・サリクラにはじまった. クダラトの生母インボグ Imbog は, スールー出身の娘であったともいわれている[32]. そして, クダラト本人もクダラトの息子もスールーのラジャ・ボンスの娘と結婚した. また, クダラトはマノボ人の首長モナキオールと義兄弟であったことから, 1645年のスペインとの条約でモナキオールをかばっている. いっぽう, モナキオールの兄/弟マカドゥーラ Makadula とブアヤンのマプティの姉/妹クダウ Kdaw とのあいだにバラタマイが生まれていることから, ブアヤンは, 当時マノボ人と結びついていたと考えられる. このバラタマイは, ボンスの息子スルタン・バクティアール Baktiar の姉/妹と結婚しており, バラタマイの娘はイラヌン人の首長と結婚している[章末・系図3].

これらの血縁関係を時代順にまとめてみると, マギンダナオの場合, すでに述べたようにまず最初に地固めとしてイラヌン人と結び, さらに勢力拡張のた

めにプラギ河下流域の首長と姻戚関係を結んだ．そして，スペインが侵攻して
くると，それに対抗できるより強固な連合を求めて，スールーとの姻戚関係を
結び，さらに，マギンダナオ王国を強化するため，プラギ河流域周辺の首長と
姻戚関係を結んでいった．そして，ここで重要なことは，マギンダナオ社会に
おいて血筋がひじょうに重んじられていたことである．管見のかぎり，上位の
血筋にたいする反乱は1度も起こっていない．首長層が血縁関係を通して支配
権を拡張し，より強固にし，より安定させていったのにたいして，一般民衆も
「分」をわきまえ，首長層に従っていたことが想像される[33]．

　ここで疑問となるのは，マギンダナオと深い関係にあったテルナテとの血
縁関係歸である．マフールはしばしばあったと述べているが[Majul 1973: 69;
Casiño 2000: 33]，本章で扱う範囲ではその事実を示す史料はみあたらない[34]．
少なくともマギンダナオ王国の首長に関係のある婚姻関係はない．マギンダナ
オにとって，スールーよりむしろ密接な関係にあったテルナテとの血縁関係が
ないことは何を意味するのだろうか．ひとつは，17世紀はじめころからテル
ナテの力が弱まり，その必要がなかったと考えられる．もうひとつは，スペイ
ンに対抗するという意味で，マギンダナオとスールーとの政略結婚は意味があ
ったが，オランダの支配下に入ったテルナテとの共通の利害が少なかったこと
が考えられる．そして，いまひとつはもともと現在のフィリピン諸島とは違う
文化圏であるマルク世界にテルナテが属しており，両者のあいだに婚姻にさい
してなんらかの障害が存在していたということも考えられる．いずれにせよ，
この時代ころから，フィリピン諸島のマギンダナオと後のオランダ領東インド
のテルナテが，それぞれ別の政治体制を意識しつつ歴史を歩みはじめることに
なる．

　第4に，領土について考察する．ヨーロッパ人の概念で考察すると，マギン
ダナオの領土とは，スペインの侵攻時において首長が掌握していた集落だけで
あり，1579年のスペインの遠征隊の報告では人口700人であった．それが，
スペイン人が侵攻してくるにしたがって，集落間の連絡が密になり，マギンダ
ナオやブアヤンを中心とする連合が成立するに及んで，その領域はしだいに拡
大していった．はじめプラギ河流域を中心としていたマギンダナオ王国の支配

は、やがてイラヌン人・マラナオ人居住地域，サランガニ湾岸地域まで及び，ブトゥアン（アグサン河流域），カラガまで勢力を伸ばしつつあった．このイスラーム勢力の拡大は，スペイン勢力の進出のため拒まれた，という見方ができる．しかし，これはあくまでもヨーロッパ流の考え方であって，マギンダナオ側からみれば，別の捉え方ができるだろう．そのひとつの例証として，スペイン軍は何度もマギンダナオの主都を占領し，平定を宣言したにもかかわらず，マギンダナオ側にとってスペイン側が想像した以上に打撃が少なかったことがあげられる．そこには，領土という概念の相違があったからにほかならない．

マギンダナオの地域概念は，つぎの5つの範疇に分けて考えることができるだろう．第1に自分たちの居住する集落，第2に網の目のように絡みあった血縁関係が存在するプラギ河流域，第3に血縁関係があり有事に同盟するイラヌン人・マラナオ人居住地域，第4にマギンダナオ王国の勢力下にあり，ときに血縁関係にもあったサンギル人，カラガ人，マノボ人，ティルライ人，ブキドゥノン人などの居住地域，第5に自由に通商し，略奪できるミンダナオ島北部を含むビサヤ地域である．これらを仮に第1から第3までを血縁地域，第4を勢力下地域，第5を通商・略奪地域とする．これらの地域をめぐるスペインとの戦いは，それぞれ「モロ戦争」の1要素となっていた．1599年から1604年にかけては，通商・略奪地域をめぐる戦いだった．確かに引き金として，1596年から97年にかけてのスペインのマギンダナオ遠征も考えられる．しかし，1603年にブイサンがレイテ島の首長と話しあい，血盟を結んでいることから考えて，一時的にせよビサヤ地域をスペイン植民支配下から切り離し，協力してスペインと戦おうとした様子がうかがえる．そして，ブイサンはビサヤ地域から徴税することを考えていた．つぎに，勢力下地域についてみると，1625年から26年にかけてその攻防がおこなわれた．カラガ地域，サランガニ地域がその対象となり，クダラトはサランガニ地域をその支配下におくことに成功した．しかし，カラガ地域では，スペインのタンダグ砦建設とキリスト教化を許してしまう．血縁地域の防衛は，1637年から40年にかけておこなわれた．

以上みてきたように，マギンダナオ王国はそれぞれの地域を守るために，スペイン軍と戦ったという見方ができる．そして，マギンダナオ支配者層のあい

だでは，それまでの土地にたいする執着心のないヒトの統治から，自分たちの生活圏を守るためには，確固たる土地の支配も必要であるということに気づきはじめていたと思われる．それが顕著なかたちとなって現れたのも，やはりクダラトの時代だった．クダラトは，ゆるやかな連合体であり，必要に応じて結束することが可能であった血縁地域で，恒久的，中央集権的政治支配を考えたはじめてのマギンダナオ首長であっただろう．何度かのスペインとの和平条約を通じて，ヨーロッパ式の領土意識に似たものがマギンダナオ支配層に認識されるようになったと考えることができる．1579年にスペインの遠征隊が来たとき，ディマサンカイは住民とともに内陸に退いた．クダラトも1637年主都ラミタンを棄て，転々としながらスペイン軍と戦った．しかし，政治，経済，社会の中心である主都の必要性と，米などの産物を生み出す土地にたいする意識は，確実にマギンダナオの首長層にも芽生えてきていたと考えられる．そして，それまで下流域のマギンダナオの人，上流域のブアヤンの人，さらに奥地のタウランの人 Taulan（おそらくマノボ人の1グループ）などとよび，よばれてきた人びとが，クダラト支配下の住民としてプラギ河流域全体のイスラーム教徒住民をマギンダナオン Maguindanaon とよぶようになり，今日のマギンダナオ人（民族言語集団）を形成するようになったと考えられる．因にクダラトに納税していたのは，マギンダナオ人，イラヌン人，マラナオ人のほか，サンボアンガからダバオの海岸部の住民で，1663年のサンボアンガ砦の放棄後もカトリック修道士のいたダピタンとカラガを除いて，ミンダナオ島ほぼ全域の住民がクダラト支配下にあったと考えられている[Majul 1973: 172-73].

　最後に，宗教すなわちイスラームについて考察する．イスラームの本格的な導入は，16世紀前半，カブンスワンによってもたらされた．そして，マギンダナオ王国の定着および拡張にともなって，イスラームはおもに血縁関係を通じて周辺地域に広まっていき，マギンダナオはイスラームの地方の中心地として重要な役割を担うようになった．しかし，イスラームがマギンダナオの社会にいつ根づいたか，またどの階層まで浸透したか，判断することはひじょうに難しい問題である．

　支配者層においては，1579年マギンダナオの1首長がバンカヤならいざし

らず，ディマサンカイはすでにイスラーム化し，キリスト教への改宗は無理であろうと報告されていることから[35]，このころにはイスラームはマギンダナオ首長層に浸透していったものと考えられる．そして，スペインとの戦いを通して1645年ころにスルタンという称号を使用し，56年にジハードを宣言することによって，イスラームの敵(Dar-ul HarbまたはDar al-Harb)と対抗した．また，クダラトはイスラーム法にも通じており，高名なパンディタとしても知られ，王名はNasir ud-Din(イスラームの支援者)を名乗った[Majul 1973: 18]．当時，マギンダナオは一時的にオランダやスペインと協力関係を結ぶことはあったが，あくまでも便宜的なものであり，イスラームとキリスト教という対立を超えての関係ではなかった．

　いっぽう，民衆レベルにおいては，サンボアンガ周辺の住民をとりあげることで，宗教意識の問題を考察することができる．すでに述べたようにサンボアンガ周辺の住民は，スペインが砦を築く前はイスラーム教徒であったが，スペイン軍が駐屯するとキリスト教に改宗し，さらに1663年にスペイン軍が撤退するとふたたびイスラーム教徒に戻った．このように支配者層はスペインと対抗するために，イスラームを通して，より強固な連合を求めたのにたいし，一般民衆は伝統的社会のうえに自分自身を擁護するために，その場に応じて改宗していったものと考えられる．すなわち，一般に首長が改宗すると，民衆はそれに追随するという傾向があった．そして，フィリピン諸島が，スペイン植民支配下のキリスト教徒地域とイスラーム地域にはっきり二分され，固定されるに至って，イスラーム地域の住民もしだいにイスラーム教徒としての自覚を強めていったと考えられる．1686年，ダンピアは貴族層が熱心なイスラーム教徒になっており，学校[36]では読み書きとともにクルアーン(コーラン)が教えられ，人びとはアラビア語で挨拶を交わしていたと述べている[Dampier 1971: 49-50；ダンピア 1992: 372]．少なくともプラギ河下流域では，このころまでにイスラームが日常生活に浸透しており，「平和の地」マギンダナオのイスラーム社会(Mandanawi Dar-ul SalamまたはDar al-Islam)が形成されていたことがうかがえる．また，周辺のマノボ人らの一部は，イスラーム化することによってマギンダナオ人になっていった[Casiño 2000: 253]．マギンダナオ人とは，

イスラーム教徒を意味することになったのである.

以上のように,マギンダナオ社会の変容を経済力,軍事力,血縁関係,領土,宗教の5つの要素に分けて考察した.そして,これらのすべてがクダラトの統治時代に顕著に起こっており,同時にスルタネイト形成に大きな役割を果たしたと考えられる.クダラトはマギンダナオで最初にスルタンを名乗ったばかりでなく,「啓明を受け,法律に通じた人」を意味するQudi-l Qudratとも名乗った.また,マルク諸島で王族に使われていたkatchilという称号を若いときに使用していた[Mastura 1979: 55].マギンダナオでは,すでに17世紀前半にウラマーがおり,ほかのムラユ世界のウラマーとの交流を通じてより広い世界の情報をマギンダナオ社会にもたらしていた[Majul 1973: 95-96].オランダ人は,17世紀後半になってそれまでミンダナオとよんでいた地名をマギンダナオとよぶようになった[Laarhoven 1989: xvii].このことは,オランダがマギンダナオ王国の存在を認めたからにほかならないだろう.マギンダナオは,スペインとオランダの植民地に挟まれた,いわば緩衝地帯であり,また,香料や金を大量に産出しない,換言すれば膨大な富をもたらす土地ではなかったため,16～17世紀のヨーロッパ勢力の争奪の対象にならなかった.そして,周辺地域のムラユ・イスラーム諸王国,テルナテ,ティドレ,マカッサル,ブルネイ,スールーなどが,スペイン,オランダとの戦いによって衰退していったのにたいし,マギンダナオは決定的な打撃を蒙ることもなく,独立を保ちつづけた.その背景には,貿易をおこない,海軍力をもつ狭義のマギンダナオと農業生産力と後背地に森林産物をもつブアヤンが,相補い勢力を蓄えていったということがあるだろう.このような状況のなか,クダラトの統治時代にバランガイ社会からイスラームを意識したスルタン制部族国家へと移行し,国家財政,法[37],官僚制を整え,国家としての外交をおこなうようになった[Mastura 1979: 60].そして,このスルタネイトは,血筋を重んじる人びとによって途絶えることなく代々受け継がれ,確立していった.しかし,このスルタネイトも17世紀においてはその限界があり,そのためマニラに本拠をおくスペイン植民地政府を圧倒するだけの力をもちえなかった.

その第1の限界として,ヨーロッパ植民主義によるアジア世界への領土拡張

の認識が乏しかったことがあげられる．イスラーム世界の一員としての認識をもちはじめ，近隣ムラユ・イスラーム世界との交流，協力関係はあったものの，ヨーロッパ勢力を従来の「よそ者」と同列にしかみていなかったと考えられる．したがって，時と場合に応じて，敵対関係，援助・協力要請，和平条約，同盟関係を繰り返している．現代の一部のフィリピン人は，クダラトをヨーロッパ勢力に対抗したフィリピン人の英雄のひとりとして評価し，キリスト教徒対イスラーム教徒の対立の壁を超える国民統合のシンボルとみている[38]．しかし，現実にはクダラトの時代に「フィリピン諸島の住民」を統合する原理はなく，クダラト自身マギンダナオ王国を越えた領土・社会の形成への自覚も行動もなかった．すなわち，一貫した政策として，首長制社会の範囲を越えることはなかった．また，当時イスラーム世界全体がヨーロッパ植民主義にそれほど危機感をいだいていなかったこともあり，イスラーム世界がひとつになって，キリスト教国・社会と戦うという意識もそれほどなかった．

　第2に，漠然とした領土の認識は生まれてきていたものの，明確な領土が確立しなかったことがマギンダナオ王国を安定させなかった．土地ではなくヒトの支配の認識のほうが大きかったため，はっきりした国境線が存在しなかったばかりか，主都さえはっきりしていなかった．クダラトは，1658年のスペインとの生涯最後の戦いにおいても，再建するだけの充分な木材があることを理由に主都を放棄し，内陸部に退いている[Majul 1973: 162]．婦女子を含むスルタン軍の移動や集落すべての住民の移動は，同時に紛争，人口減少，自然災害，疫病の流行，そして，中央からの支配の弱体化を招いた．そして，この領土認識の曖昧さは，主従関係にも影響を与えた．マギンダナオの主従関係は，必要に応じての納税と参戦によって成立していたが，必ずしも定期的に義務付けられたものではなかった．すなわち，ひじょうにゆるやかな関係であり，スルタンの力が弱まり，人心がスルタンから離れれば自然と主従関係は解消される性質のものだった．したがって，主従関係を断ち切るための反乱は，マギンダナオでは起こっていない[Mastura 1979: 33]．また，クダラトのような偉大な指導者の死後に，スルタネイトから離れる者も少なくなかった[Mastura 1979: 65]．

第3に，血縁関係の重視があげられる．血縁関係の重視は，スルタネイトの結束を固めるのに役立ったいっぽう，内紛の原因にもなった．中央集権化が徹底せず，スルタンはたんに首長制社会の連合体の第一人者にすぎなかったことから，首長間にはつねに緊張関係が存在し，いったん紛争が起こると血縁関係によって，敵と味方に分かれた．また血縁関係によって社会的地位が決められたため，それにたいする非礼が紛争の原因ともなった．しかし，これらの紛争は，逆に新たな血縁関係によって修復されもした．

　第4に，奴隷の不足がある．イスラーム教徒のビサヤ諸島への襲撃がもっとも激しかった1599年から1604年まで，毎年のように数百人またはそれ以上の捕虜奴隷がマギンダナオ社会にもたらされた[39]．これらの捕虜奴隷はカラコア船の漕ぎ手として重要であったばかりでなく，遠征留守中の農作業の重要な労働者であり，マギンダナオの軍事活動と農業生産力向上に大いに貢献した．そして，奴隷のもたらした新しい文化の導入は，社会の活性化に役立ったと考えられる．これらの捕虜奴隷は，1620年ころからのちのオランダ領東インド諸島の労働市場に売られるようになるが，それまではもっぱら自給されていた．しかし，これらの奴隷がイスラームに改宗し，マギンダナオ社会の成員になると，奴隷の増員なくして社会は維持できなくなった．にもかかわらず，スペイン軍の警備の強化と度重なるイスラーム地域への攻撃は，奴隷の補給を思うようにさせなかった．その結果，マギンダナオの攻撃力，生産力は低下し，悪循環に陥ることになった．

　そして，最後にテルナテなどほかのムラユ・イスラーム世界の勢力低下をあげることができる．テルナテやマカッサルとは軍事援助や貿易を通して友好関係にあったが，オランダの勢力拡大と貿易制度の確立にともなって，その支配下に入ったテルナテやマカッサルからの軍事援助はもはや期待できなくなった．そればかりか，貿易さえもオランダの妨害にあって制限された．そして，オランダとスペインに挟まれたマギンダナオは，しだいにほかのイスラーム世界から孤立しないまでも，遠い存在になる恐れがあった．

むすびにかえて

　本章では，マギンダナオ王国の成立過程について論じてきた．「はじめに」で問題提起したように，その統合原理の一端を解明するのが目的であった．しかし，充分に議論できなかったことも多々ある．ここでは，不充分ながら，スルタネイト成立の統合原理について考えてみよう．

　東南アジアの国家論については，関本照夫氏の「東南アジア的王権の構造」(1987)において，ひじょうによく整理された議論が展開されており，マギンダナオのスルタネイトの成立を議論するにあたってもその指針とすることができる．しかし，ヒンドゥー教や仏教が実体として入ってこなかったミンダナオ島を含むフィリピン諸島，王権が成立しなかった大部分のフィリピン諸島において，東南アジア大陸部やマレー半島，ジャワやスマトラで議論された国家論や王権論はあてはまらない．伝統的といわれている社会の議論においても，それはヒンドゥー化された「伝統的社会」の議論であると思えることがままある．ヒンドゥー化されず，ヒンドゥー化された地域から直接影響を受けることもなく成立したスルタネイト，関本氏の便宜的呼称でいえば「くに」であるマギンダナオは，この東南アジアの国家論のなかでどのように位置づけされるのであろうか．

　タンバイアS. J. Tambiahが東南アジア前植民地期の国家モデルとして提示した「銀河系的国家galactic polity」を，関本氏はつぎのように要約している[関本 1987: 15].

　　つまり個々の天体が作る重力圏が，中心は規定できても外側の境界を持たないように，それぞれの「くに」には，王宮や王都という中心はあっても明確な国境は存在せず，中心の力が強ければ勢力圏もより広い範囲におよぶものの，中心から遠ざかるほど影響力は弱まり，やがてどこからともなく消えてしまうといったものだった．

このモデルはマギンダナオにおいても大いにあてはまる．しかし，ひとつ違うところは，冒頭で述べられている「中心」が規定できないことである．マギンダナオの主都は何度も移動した．そして，その「中心に位置するもの」の周りを回転する「小さな同型物」も，しばしば居住地を放棄した．マギンダナオ王国の中心自体が恒久的な王宮や王都をもたず，主都の境界すら定かでなかった．マギンダナオ王国の中心とは，境界が曖昧なプラギ河流域の集落連合「くに」群全体であり，そのどこかに人びとを結びつけるスルタンが存在していた．そして，土地の占領ではなく人口の確保が支配の要であったことは，マギンダナオにおいてもあてはまり，スルタンは血縁関係の拡大による親族的紐帯，「海賊行為」を通しての武勇と暴力によって人びとを引きつけ，さらにイスラームの導入によって宗教的権威による支配権の正当性をもつようになった．

マギンダナオ王国の主都シムアイは，1680年代に10,000戸，人口25,000人を擁していた．そして，スルタンの死とともに半分の5,000戸が主都を離れたという[Laarhoven 1986: 38]．このことは容易に信じ難い．しかし，もし本当ならスルタンの個人的な人格の力――カリスマ性――によって5,000戸，12,500人の人びとが集まっていたことになる．経済的功利主義的な考えだけでは説明しきれないことである．スルタンによる保護が住民の日々の生活の安寧をもたらしていたからこそ，人びとはスルタンの下に集まったのだろう．

フィリピン諸島全体にいえることだが，人びとのアイデンティティの所在は，まず血族・姻族からなる親族集団にある．つぎに親族集団を基本とする集落，換言すれば，顔見知りの集団，そして同じことばを理解し意思疎通のできる集団，すなわち，同じ言語集団にある．まったく接点をもたない人にたいしては，ひじょうな警戒心をいだき，敵意さえ表す．マギンダナオ王国は首長層の婚姻関係を通して親族関係を拡大し，集落連合「くに」群の礎を築き，マギンダナオ民族言語集団をひとつのスルタネイトの下に結集させた．その統合原理としてイスラームが果たした役割はひじょうに大きかっただろう．イスラームという共通要素があったからこそ，マギンダナオ人は，ほかのフィリピン諸島の民族言語集団と異なり，キリスト教国スペインと対抗するひとつの政治的共同体を成立させることができたのであろう．

しかし，そのイスラームは，民族言語集団を超えた，言い換えれば「知らない人」をも含む政治・社会的統合をもたらすには至らなかった．地理的にいえば，プラギ河流域社会とその周辺を越えることはできなかった．親族的紐帯を維持する密なコミュニケーションの手段としての舟の便が，必要であったのであろう．マラナオ人のようにイスラーム化した民族言語集団も，スルタネイトの影響下に入ったものの，直接支配を受けるようなことはなかった．マギンダナオ王国の成立の原理は，前イスラーム社会の親族関係であり，地域としてのプラギ河流域にあったのではないだろうか．そして，イスラームはマギンダナオの基層社会の結合，拡大にともなう問題を抑える新たな統合原理としての役割を果たしたのではないだろうか．しかし，イスラームがもたらしたこの統合の原理は，あくまでも首長層のあいだの一時的なものでしかなかった．状況が変われば，基本となる首長制社会同士の利害が剥き出しになり，イスラームは統合の原理としての役割を失い，イスラームの首長が非イスラームのスペインやオランダと結ぶことがしばしばあった．今日においても，フィリピン共和国のイスラーム教徒がマニラの中央政府にたいしてなかなか結束できないのは，イスラームが外圧による結束の1統合原理にはなりえても，建設的な意味で内発的要求にたいして結束する原理になっていないからではないだろうか．換言すれば，イスラームは基層社会を超えることができず，土着化することによって受け入れられ，広まっていったということができるのではないだろうか．このことは，イスラームがマギンダナオに導入されたとき，土着の社会制度を破壊することなく，そのうえにかぶさるように新しい社会制度が成立したことと無縁ではないだろう．そして，イスラームだけでなく，中国文化も中国人がマギンダナオの娘と結婚することによってマギンダナオ社会のなかに融け込んでいき，必要なところだけマギンダナオ社会に利用されたということはできないだろうか．

　たしかに，スルタン・クダラトの統治時代を通してマギンダナオ王国は成立した．しかし，その内実はイスラーム国家というより，むしろイスラームを導入した首長制社会の連合した「くに」群ということができ，イスラームはそれより上位の政治・社会的統合をもたらさなかった．マギンダナオ王国は，海域

東南アジア世界で形成され，拡大していった「港市国家」群の辺境に位置し，イスラーム化し，国際的貿易網に繰り込まれた．しかし，16世紀以降ヨーロッパ勢力の侵出によって，この「港市国家」をセンターとする海域東南アジア世界が侵食され，分断されるにおよんで，マギンダナオ王国はその再編成のなかで，緩衝地帯として植民地化を免れ，ほかの海域東南アジア世界との連携を保ちながらも，独自色を強めていった．そして，18世紀後半の一時期，海域東南アジア東部で最大の勢力を誇るイスラーム王国に発展したが，それも長くはつづかなかった．

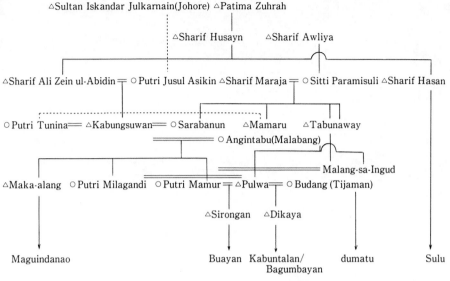

系図1 マギンタナオ王統系譜
△は男，○は女，( )内は出身地を表す

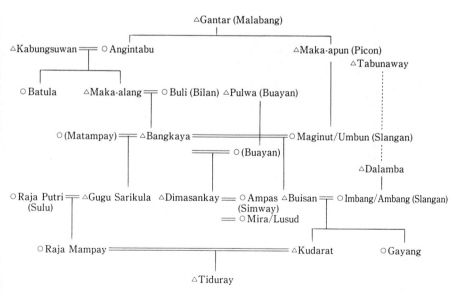

系図2 マギンタナオ王統系譜
△は男，○は女，( )内は出身地を表す

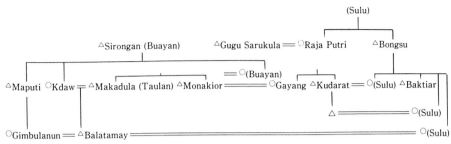

系図3　マギンタナオ王統系譜
△は男，○は女，( )内は出身地を表す
備考：系図1〜3，著者作成

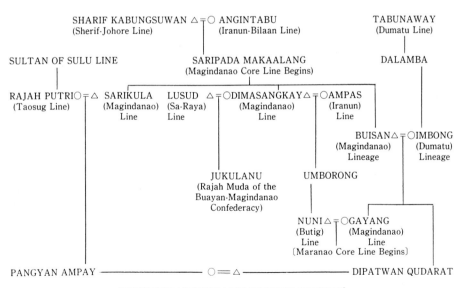

系図4　マギンタナオ王統系譜
出典：Mastura 1979: 52.

第3章
サンギル小王国の林立

はじめに

　サンギル人 Sangir は，現在おもにフィリピン南部ミンダナオ島とインドネシア北部スラウェシ島のあいだに位置するサンギヘ諸島 Sangihe（サンギヘ島 Sangihe，シアウ島 Siau，タグランダン島 Tagulandang などを含む）に居住している[1]．フィリピン側のサンギル人はミンダナオ島南岸に居住し，人口 7,483 人（1990 年）でイスラーム教徒である．いっぽう，インドネシア側はサンギヘ諸島（人口 192,744 人：1990 年）を中心に居住し，そのほとんどがキリスト教徒である．現在国境で分断され，同一民族としての意識の薄いサンギル人は，16 世紀ごろから世界史に巻き込まれた．

　サンギル人のことが文書記録に残るようになるのは，ヨーロッパ人が来訪してきた 16 世紀になってからである．しかし，その記録は断片的で，偏りや偏見がみられる．海域世界は流動性を特徴とする故に，文書記録や碑文を残すようなことはなかった．文書記録に縛られることによって，その柔軟性が失われることを嫌ったためとも考えられる．そこで，本章では，王統系譜や伝承などの口伝史料を加えて考察する[Hayase et al. 1999]．このような海域世界において，口伝史料は，文献史料を補うものでもなければ比較の対象でもなく，海域世界の論理そのものを理解するために不可欠のものとして，文献史料とは違った次元の重要性をもつ．

1　マルク（香料諸島）への中継地

　サンギヘ諸島が重要性をもったのは，丁字（丁子，丁香，クローブ）を産するマルク諸島[2]への中継地としてであった．丁字は，宋代までチャンパやスリウ

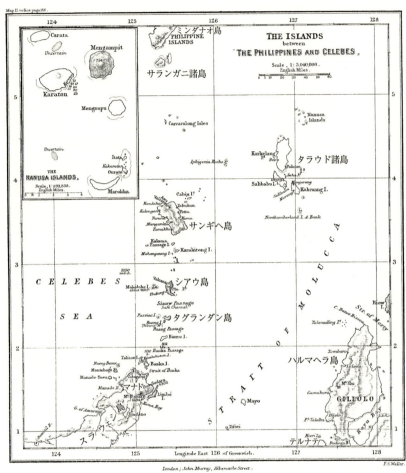

図6 サンギヘータラウド諸島
出典：Sydney J. Hickson, *Naturalist in North Celebes*. London, 1889.

ィジャヤの朝貢品として中国にもたらされ，北マルクから直接もたらされることはなかった[Ptak 1993]．しかし，元代になると南中国海からスールー諸島，サンギヘ諸島を経由して，北マルクに至る直接ルートで，丁字が中国にもたらされるようになった[Ptak 1992]．このころまで，丁字はおもに中国で消費され，薬用と焚香料として使われた．それが，鄭和の遠征(1405～33年)の刺激などに

図7　サンギヘ島
出典：DM III, 1984.

よってインド洋貿易が活発化し，ヨーロッパでのクローブ（丁字）の需要が高まると，インド人やアラブ人イスラーム商人によってジャワ海，ムラカ経由でも取り引きされるようになった．そして，サンギヘ諸島は，イベリア半島のカトリック王国ポルトガルとスペインがクローブ貿易に参入してから，その重要性を増していった．

　1512年に，ヨーロッパ人のなかで最初に北マルクに到達したポルトガルは，はじめジャワ海経由で南からやってきてテルナテ島を中心に貿易をおこなった．北からマルク諸島にやってきた最初のヨーロッパ人はスペイン隊で[3]，サンギヘ諸島を通過し，つぎのような記録を残した［『航海の記録』1965: 602-03：キッコウは訳者補足］．

　　この島には四人の王がいる．すなわち，ラジャ・マタンダトゥ，ラジャ・ララーガ，ラジャ・バプティ，およびラジャ・パラブで，いずれも異教徒であった．島の位置は北緯三度三十分で，サランガニ島から二十七レーガ〔約一五〇キロ〕の距離にあり，島の名をサンギールという．

　　〔一五二一年十一月〕さて，われわれはあいかわらず南南西へむかって進

み，ケアマ〔チェアマ〕，カラチタ，パラ，ザンガルラ，シアン〔シアウ〕
——この島はサンギール島からおよそ十レーガ〔約五十六キロ〕離れており，高い山があるが面積は大きくはなく，王の名はラジャ・ポントという——，パギンザラ——この島はシアン島から八レーガ〔約四十五キロ〕の距離にあり，高山が三つあり，王の名をラジャ・バビンタンという——の以上六つの島の付近を通過し，またタラウト〔の付近も通過した〕，それからパギンザラ島の東のほうに，およそ十二レーガ〔約六十七キロ〕の地点で，あまり大きくないが，ゾアルとメアン〔ロバートソン版はメアウ〕の二つの島をみつけた．

　これら二つの島を通過すると，〔一五二一年〕十一月六日水曜日に，東の方へ十四レーガ〔約七十八キロ〕の地点にわれわれは四つの高い島の姿を望見した．船に抑留していた水先案内人が，あれがマルーコ〔モルッカ〕島だ，と告げた．

　この水先案内人は，サランガニ島で捕まえられた者で，スペイン隊はその前に乗員18人のマギンダナオ船を拿捕して，マルク諸島への航路を確認している．当時，ミンダナオ島やサランガニ諸島の住民にとって，マルク諸島が身近な存在であったことがわかる．また，サンギヘ島には4人，シアウ島には1人，タグランダン（パギンザラ）島には1人のラジャがおり，ダト dato を中心とする首長制社会 kedatuan より発展した小王国クラジャアン kerajaan が成立していたことがわかる．したがって，ヨーロッパ人が渡来する以前に，すでにこれらの島々が交通の要衝として，発展していたことがうかがえる．

　スペイン隊は，テルナテ島を拠点として貿易活動をおこなっていたポルトガルにたいして，隣のティドレ島に拠点を構えた．しかし，その後のスペイン遠征隊は失敗を繰り返し，1571年にマニラに根拠地を構えた後6度（1582, 1582-83, 1584, 1585, 1593, 1602-03年）のマルク遠征は，大きな成果をあげることができなかった．

　いっぽう，ポルトガルは1522年にスペインに対抗すべくテルナテ島に本格的な城壁をもった砦を築き，26年にブルネイ，スールー諸島，サンギヘ諸島

経由で北マルクにいたるルートを開発した[Ptak 1992: 45]．以後，ポルトガルの王室船隊は，ほぼ毎年インドのゴアを出帆して Goa-Cochin-Malacca-Brunei-Ternate-Ambon-Malacca-Cochin-Goa を，順調にいけば23カ月かけて周航した[DM 1974: I, 9*][4]．このルートは，往きにアラブ，インド，ジャワなどからのイスラーム商人とジャワ海で遭遇しないことを意味し，しかも早かった．ブルネイは，ポルトガルのムラカ占領後イスラーム商人などで賑わったが，ポルトガル船の寄港によってさらに繁栄することになった．

ポルトガルは，テルナテ王と契約を結んで，クローブ貿易の独占をはかろうとした．両者の関係は複雑で，いいときもあれば悪いときもあったが，テルナテ王はポルトガルの存在を利用して，支配地域を拡大・強化していった．その関係が決定的に悪化したのは，1570年にテルナテ王ハイルン Hairun がポルトガル人に殺害されてからで，75年[5]にポルトガル人はテルナテ島から追放された．その後，ティドレ島に拠ったポルトガルは1578年に砦を築いたが，それも1605年にオランダ東インド会社[6]に占領された．

そこで，スペインは1580～1640年のあいだ同じ王を国王に戴く同君連合のポルトガルを支援するため，1606年に遠征隊を派遣しテルナテの占領に成功した．しかし，テルナテと結んだオランダは，スペインに対抗してすぐにテルナテ島はじめ各地に砦を築いて，クローブ貿易の独占をはかった．両者の対抗関係は，スペインが1663年に鄭成功のマニラ侵攻の恐れなどのために，北マルクから撤退するまでつづいた．

1599年にはじめてマルク諸島に到達したオランダは，1602年にオランダ東インド会社を設立して，貿易を活発化させた．カルヴァン派の新教を信仰する者の多いオランダは，ポルトガル・スペインのようにキリスト教布教と貿易を並行してすすめなかったため，イスラーム教徒を敵とすることもなかった．オランダは，1619年にジャワ島のバタビアに根拠地をおいてから，ジャワ海での貿易活動を有利にすすめ，北マルクでも優勢になっていった．

ポルトガル・スペインの後退，オランダの進出は，サンギヘ諸島の重要性を減じることになった．それは，たんに交通の要衝としてだけではなかった．ポルトガル・スペインの影響を受けた地域は，すでにカトリックを受容していた

ところがあり，オランダと与したテルナテ・イスラーム王国の脅威にさらされることになった．つぎに，カトリックの影響について，概観する．

2 カトリックの影響

ポルトガル人やスペイン人の来航は，同時にマルク諸島の住民のカトリック化を意味しなかった．遠征隊には聖職者が同行していたが，かれらのおもな任務は隊員にたいするもので，布教活動には従事しなかった．というより，当時のマルク諸島は，カトリックの布教活動が簡単に許される状況ではなかった．

15～16世紀に，マルク諸島ではイスラームが広まりつつあった．テルナテ王国には，1460～70年ころジャワ，ペルシャ，アラブのイスラーム商人によってもたらされたといわれている[Jacobs 1971: 83-85; DM 1974: I, 6]．イスラーム王は，クローブと交換に手に入れた武器・弾薬によって武力を強化し，勢力を拡大していった．しかし，イスラームの布教活動については，カトリック修道士の報告等に断片的にみられるだけで，詳細についてはわからないことが多い．

マルク諸島でのカトリック布教は，1534年のハルマヘラ島北東部のモロ地区Moroにはじまり，38年には南部のアンボン島でもはじまった[DM 1974: I, 13; Platenkamp 1993]．カトリック布教が本格化するのは，イエズス会が設立され，創設者のひとりであるザビエルが1546年にマルク諸島を訪れてからであった．イエズス会は，貿易の仲介をとるなどイスラームの布教活動に通ずる方法をとった．その後バチャンやブルBuruなどでも入信者を得たが，ポルトガルの影響力の低下，さらには修道士の日本や中国への関心が高まると，ポルトガル系のイエズス会の活動は人員・資金ともに不足し，困難をきたすようになった．そのようななかで，スペインの影響下にあったスラウェシ島北部のマナドManado周辺のミナハサMinahasa地方およびサンギへ諸島の住民が，カトリックに入信していった．

スラウェシ島北部やサンギへ諸島でカトリック布教がはじまったのは，1563年のことであった．イエズス会は，テルナテのスルタンによるスラウェシ島北

部へのイスラーム伝道活動の計画を知ると,その前にマガリャンイス神父Fr. Diogo de Magalhãesを同地に派遣し,マナドとシアウのラジャの入信に成功した.さらに1568年にマスカレンハス神父Fr. Pero Mascarenhasを派遣し,サンギヘ島のコロンガンKolongan(カロンガKalonga)のラジャが入信した.しかし,シアウではラジャのカトリック入信に反対する勢力が反乱を起こし,ラジャはテルナテ島のポルトガル砦に助けを求めて亡命した.これにたいし,ポルトガルは1568年,69年に相次いで遠征隊を派遣して反乱勢力を抑え,ラジャの帰還を助けた[DM 1974: I, 63*].その後,シアウは1579年にテルナテを撃退し,84年にイエズス会の布教基地の設立を受け入れ,87年にふたたびテルナテの攻撃を受けた[DM 1980: II, 18*; Henley 1993: 41].いっぽう,シアウのラジャは1586年以前に2度マニラのスペイン勢力に助けを求めたのにつづいて,93年にはラジャ自らがマニラに行き,相互防衛協定を結んだ[DM 1980: II, 222, 381-82; De la Costa 1967: 130; Foreman 1980: 73-74].

しかし,スペイン・ポルトガルの支援は軍事的にも宗教的にも充分でなく,シアウのラジャは1601年にティドレ島のポルトガル砦に助けを求めた[DM 1980: II, 10*].そして,1606年にスペインは36隻,3,095人からなる遠征隊を派遣してテルナテを占領すると,シアウはマニラから北マルクへの中継基地となり,クローブの栽培地となった.そのため,シアウは1607年に同盟を結んだオランダとテルナテの攻撃目標となり,12年につづいて14年にも攻撃され,翌15年には450人ほどがバンダ島に強制連行されてナツメグ農園で働かされた[Henley 1993: 42][7].1614年に,シアウのラジャはマニラに援軍を請いに行っており,20年になってようやくシアウ島に帰還した[DM 1984: III, 17-18*, 297; Laarhoven 1989: 60].1620年代にシアウ島ではフランシスコ会の修道士が布教活動にあたり,24年に就任したラジャは長年マニラで生活していた.いっぽう,サンギヘ島西岸のカトリック教徒のなかには,テルナテと同盟関係にある東岸のイスラーム教徒に対抗するため,1614年にオランダに服従を申し出る者がいた[Henley 1993: 50].

スペイン系の修道会のマルク諸島での活動は,1606年のスペインのマルク遠征を契機とし,同遠征隊にはアウグスティノ会,フランシスコ会の修道士が

同行した．しかし，ともに大きな成果をあげることができず，アウグスティノ会は1622年ころに撤退した．イエズス会は，依然ポルトガル系が中心であったが，1608年にマルク諸島全体で修道士が6人から2人に減じ，09年にはバチャン，13年にはモロから撤退した．スペイン系がポルトガル系にとってかわり，マルク諸島がフィリピン管区 Philippine Province に属するようになったのは，1654年になってからであった[DM 1984: III, 10*, 14*]．シアウほかのカトリック教徒には，満足な教会もなく，常駐する修道士もまれにしかいなかった．

シアウがカトリックの布教基地となり，マニラとの関係を深めたのにたいして，隣のタグランダンはイスラームを受け入れ，1587年のシアウ攻撃以来テルナテに与していた[Henley 1993: 43-44]．また，サンギヘ島のカンダヘ Kandahe は，ミンダナオ島のブアヤン・イスラーム王国とラジャを共有するなど，ひじょうに密接な関係にあり，サランガニ諸島のバルット島 Balut を本拠としていた1575年に，テルナテと同盟を結んでいた[Laarhoven 1989: 16, 60]．

その後，スペインとオランダ，テルナテと17世紀になって勢力を拡大したマカッサル[Villiers 1990; Reid 1999]との均衡状況のなかで，スラウェシ島北部やサンギヘ諸島には，カトリックとイスラームのラジャが混在していた．そのような状況のなか，1637年にサンギヘ島のコロンガンとタブカン Tabukan の使節がマニラに来て宣教師を求めた．それに応じて，1639年に4人のフランシスコ会士がマニラを発ち，コロンガンとタブカンでそれぞれ2人ずつ宣教活動をはじめた．また，コロンガンとタブカンのラジャは，1644年にスペインにたいする反乱のためにミナハサを追われたフランシスコ会士イランソ Juan Yranzo を保護した．1655年当時コロンガンには10～12人のスペイン兵がおり，ラジャ支配下のコロンガンとタルナ Taruna の2つの集落の，少なくとも800人のカトリック教徒を守っていた[DM 1984: III, 518; Gutiérrez 1999: I, 256-57; Pérez 1914: 644-53; Henley 1993: 52; Hayase et al. 1999: 157, 214]．シアウ島にはかつて11,700人のキリスト教徒がいたが，1656年には4,000人もいないと報告された．タラウド諸島には約11,000人が居住しており，首長はキ

リスト教徒であった．かつて400人のキリスト教徒のいたマナドは，オランダとテルナテの攻撃のためにほとんどいなくなった[B&R: XXVIII, 100-01]．1662年にはサンギヘ島のタブカンとマンガニトゥManganituがテルナテを表敬訪問している[Andaya 1993: 84]．このようにカトリック勢力やテルナテに保護を求めた背景には，勢力を拡大するマギンダナオがあった．

　このような関係に変化が現れたのは，1660年代になってからだった．1663年にスペインがテルナテはじめマルク諸島から撤退し，サンギヘ諸島には修道士とわずかのスペイン兵が残された．そして，マカッサルが1666〜69年のオランダとの一連の戦いに敗れ，1667年に結ばれたブンガヤ協定でマナドまでテルナテの所属とされた[Andaya 1981: 305-07]．その結果，サンギヘ諸島のタルナ，サワンSawang，シアウは1667年にオランダに保護を求め，1669年にはタルナとサワンが服従を受け入れたと報告された[DM 1984: III, 648, 662]．サンギヘ島には，1674年にオランダのカルヴァン派の宣教師が入った．いっぽう，1670年にマニラを訪れたシアウのラジャの弟または息子が，20人のスペイン兵とともに翌年帰還した後，スペイン系のイエズス会の布教が活発化し，72年にはサンギヘ島のタマコTamako，74〜75年にはタラウド諸島で入信者が増加した．シアウの王族は，マニラのカレッジで学んでいた[DM 1984: III, 2*, 44*, 656, 673, 717; De la Costa 1967: 438]．

　そのようなとき，1675年に即位したテルナテのスルタン・アムステルダムSultan Amsterdam (Kaicili Sibori)はサンギヘ諸島に親征し，タグランダン島，サンギヘ島リマウLimauやタブカンで歓待され，贈り物を受け取った[8]．それにたいして，スルタンはインド布とラジャの称号を与えた．タブカンのラジャはこれを機にイスラームに改宗したが，改宗を拒否したマンガニトゥのラジャは殺害された[Andaya 1993: 177-78; Hayase et al. 1999: 196-99]．シアウは依然スペインの保護を期待し，いったんテルナテの支配を受け入れたサンギヘ島のラジャたちは，その後その支配を嫌った[9]．そこで，オランダは，1677年に1,180人からなる艦隊をサンギヘ諸島に派遣した．この艦隊には，テルナテ人のほかカラコア船2隻100人のマギンダナオ人，ふたりのバジャオ人首長，タグランダン，サンギヘ，スラウェシ島北部のブランBulan，カイディ

図8 テルナテのスルタンのカラコア船
出典：Heuken 2002: 35
(Neck & Warwijck, *Tweede Schipvaerd*, Amsterdam, 1646, reprint n.d. からの引用)

パン Kaidipan, ゴロンタロ Gorontalo, リンボト Limbotto からのカラコア船が含まれていた．シアウには17人のスペイン兵，3人のイエズス会士がいたが[Laarhoven 1989: 59]，11月1日オランダーテルナテ連合に敗れた．オランダは，11月3日タブカン，9日シアウ，12月7日カンダへ，10日マンガニトゥの各ラジャと協定を結び，その影響下に繰り入れた[CD 1934: III]．しかし，このことは，サンギヘ諸島がオランダの植民地になったことを意味しなかった．サンギヘ諸島の小王国は，ラジャが交代するたびに新たに協定を結び直した．オランダとの協定は，国家間の協定ではなくラジャ個人との協定であり，それほどの拘束力をもっていなかったと考えられる．カンダヘータルナ，タブカン，タグランダン，マンガニトゥ，シアウの各ラジャは，1910〜13年にあいついで簡易宣言を受け入れ自治領を確認するまで，小王国の主権を維持した[ENI][10]．

1675〜77年の混乱のなか，サンギル人のフィリピン諸島への移住がみられた．イスラーム教徒はサランガニ諸島やミンダナオ島に，シアウ島民などカトリック教徒はマニラなどに移住した[11]．1677年にシアウにいたイエズス会士のひとりは，その後イロイロ島のアレバロ Arevalo に移り，そこで89年にシアウ島民の来訪を受け，支援を要請された[DM 1984: III, 44*; Henley 1993: 46][12]．17世紀はじめに3人のフランシスコ会士を殺害し，イスラームを固持していたタグランダンでもキリスト教への改宗が進み，17世紀末までにすべての住民がキリスト教徒になった[Henley 1993: 50]．1695年の統計では，タグランダンのキリスト教徒人口1,764，シアウ3,934，サンギヘ11,034，タラウド

のカバルアン島 Kabaruan 1,164 となっている[Valentijn 1856: I, 596]．1749年にはカトリシズムは一掃されており，マニラに貿易にやってきたシアウ人は熱心なプロテスタントだと証言した[De la Costa 1967: 455]．

　以上が，ヨーロッパ側の文献からわかる 16〜17 世紀のサンギヘ諸島の概要であるが，サンギヘ諸島に伝わる王統系譜や伝承からはどのようなことがわかるのだろうか．つぎの節でみていく．

3　サンギヘ諸島の諸小王国の成り立ち

　サンギヘータラウド諸島の人びとは，周辺海域のみならず中国，日本，アラブ，ヨーロッパなどからの祖先をもつと信じている．アラブやヨーロッパとの関係は初期近代になってからの貿易や宗教との関係と考えられるが，中国や日本との関係は太平洋での遭難による漂流民の可能性もある[13]．しかし，永住を目的として移住してきたのは，周辺海域からであった．

　言語的にみて，サンギル語はフィリピン語族に属し，シアウ島やタグランダン島には独自の方言がある．サンギル語は，タラウト語 Talaut（地名は Talaud），ミナハサ諸語のベンテナン語 Bentenan やバンティック語 Bantik，ついでトンセア語 Tonsea，スールー諸島の言語に近く，スペイン語やテルナテ語の借用語がある．タラウト語地域にはナヌサ諸島 Nanusa やミアンガス島 Miangas（フィリピン名パルマス Palmas）が含まれている．また，ササハラ Sasahara やササリリ Sasalili という特別な用語がある．ともに海上での災いを忌避するために使われ，ササリリは朗詠歌に用いられる[14]．これらのことから，サンギル言語集団とその類縁言語集団の地域的分布がわかり，ササハラやササリリの存在からサンギル人が頻繁に海上活動をおこなう民族で，朗詠歌の交換をする文化を有していたことがわかる．

　つぎに，王統系譜やそれにまつわる伝承からみると，サンギル人はスラウェシ島北部とくにボラアン-モンゴンドウ Bolaang-Mongondow 地域のモリバグ Molibagu とミンダナオとの結びつきが強かったことがわかる[15]．"Story Why Datuk Mokodoludugh Left Molibagu Bolaang-Mongondow"から，ス

ラウェシ島北部に居住していたサンギル人が民族間の抗争や海賊の害を逃れて転々とした様子がうかがえる．つぎに，"Mokodoludugh and Baunia Descendants from Molibagu/Bowontehu"から，スールーやサンギヘ島タブカン沖のブキデ島 Bukide 出身者と婚姻関係が結ばれ，シアウ，タグランダン，マンガニトゥの首長国 kedatuan が形成されたことがわかる［Hayase et al. 1999: 152-56］．

ミンダナオ島コタバトからやってきた伝説上の人物については，グマンサランギ Gumansalangi の物語として知られる．ミンダナオ王の息子のグマンサランギは，ミンダナオを追放され，サランガニ諸島，タグランダン島，シアウ島を経て，サンギヘ島に至り，後のタブカン王国の基礎を築いた．ミンダナオ島トゥギス Tugis を支配したことも伝えている［Hayase et al. 1999: 172-85］．ミンダナオ島との関係は，さらに歴史時代になってもつづけて語られている．"History of Kendahe Village"では，カンダヘがミンダナオ島のトゥビス Tubis と密接な関係にあり，ミンダナオからやってきたラジャに支配され，1711年の火山の噴火でラジャが死ぬとトゥビスから新ラジャを招いたと語っている［Hayase et al. 1999: 207-11］．このことは，マギンダナオ・イスラーム王国の王統系譜と符合する．マギンダナオのスルタン・バラハマン Barahaman（在位1671-99）は，サンギル人のラジャの娘と結婚し，その息子マナミル Manamir はマギンダナオのスルタン（在位1712-33）であり，サンギル人のスルタンでもあったと伝えている［Laarhoven 1989: iii-iv］．また，"Rajas of Manganitu and Their Biography"では，18世紀後半にマンガニトゥのラジャがスペインと戦うためにサランガニ諸島に行き，そこで死んだことを伝えている［Hayase et al. 1999: 199-202］．

さらに，これらの王統系譜をみると，サンギヘ島，シアウ島，タグランダン島のラジャの家系でさかんに婚姻関係を結んでおり，その密な関係がわかるが，ほかのラジャに娘を差し出すなどタグランダン島のラジャがいちばん弱いようにみえる．また，タラウド諸島にはラジャとよばれる首長は存在せず，サンギヘ島やシアウ島のラジャに分割・支配されていた．

サンギヘータラウド諸島と周辺海域との関係は，友好的な関係だけではなか

った.これらの伝承から,しばしば海賊の被害にあっていたことが読みとれる.もっとも悪名高き海賊はスールーからのものであったが,ほかにミンダナオ,ナヌサ諸島,ハルマヘラ島北西部のロロダ Loloda,スラウェシ島中部のモリ Mori なども知られていた.もっとも,サンギル人自身も海賊行為をおこなっていた.とくに16～17世紀にカトリック化したフィリピン諸島中・北部を襲ったマギンダナオ,スールー,ブルネイ,テルナテのイスラーム教徒の一団に,サンギル人も加わっていた[B&R: XI, 297; XVII, 250; XVIII, 104; XXII, 224].

4 領 域

海域東南アジアは,人口密度が低かった世界として知られる.そのようななかで,サンギル人の居住する地域はひじょうに人口密度が高い地域であった.ヘンリィの推定人口[Henley 1994]から人口密度を計算すると,サンギヘ島,シアウ島,タグランダン島の18世紀初頭の人口密度は39～59人となり,インドや中国本土の1700年当時の推定,ともに38人より多いことになる.当時の海域東南アジア東部では,円錐型の火山島に人口が集中していた.その理由は,豊富な地下水,マラリアなどの風土病忌避,交通の利便,展望が利き避難場所になる山の存在などのためであった.クローブの原産地として名を馳せた北マルクの4島テルナテ,ティドレ,モティ,マキアンも,そのような火山島であった.

一般に人口希薄な世界では,土地の支配よりヒトの支配が重視され,領土・領域の境界についての意識は低いといわれている.しかし,人口密度が高く穀物栽培に適した平地の少ない火山島に居住するサンギル人にとって,領土・領域はどういう意味をもったのだろうか.

伝承では,早くから領域のことが語られている.たとえば "History/Saga/Legend of the Previous Tabukan Rimpulaeng(Kerajaan Tampungang-lawo)" のなかで,15世紀はじめに成立したとされるサンギヘ島北東部のサハベ小王国 Kerajaan Sahabe は,"from the Salimahe Bay to the Lehe Bay" と "Nusa, Bukide and Buang" の島々をその領域とした.同じころ成立した

サンギヘ島南東部のサルラン小王国 Kerajaan Salurang は,はじめ"the Lehe Bay through Punguwatu"と"Marore, Kawio, Kemboleng, Memanu, Matutuang and Dumaraehe"の島々を領域としていたが,征服や結婚,相続などによって拡大,縮小,分割したことが語られている[Hayase et al. 1999: 180].

サンギル人はもともとミンダナオ島南岸・東岸にも多く居住し,サンギヘ諸島とミンダナオ島とのあいだに民族的分布の境はなかった.両者の分断は,1625年にはじまった.マギンダナオのクダラトがサランガニ諸島を急襲し,そこに拠を構えていたカンダヘのマンガダ Datu Mangada はミンダナオ島南岸を経て,サンギヘ島に移った.当時カンダヘは,サランガニ諸島,ミンダナオ島南岸からダバオ湾岸地域にかけての地域を影響下におき,200人のバジャオ人成人を含む4,000人以上に支援されていた[Laarhoven 1989: 27].サランガニをおさえたクダラトは,ダバオ湾岸地域をも支配下におき,徴税と蜜蝋貿易の独占をおこなった.クダラトは,バジャオなど海洋民・漂海民を領域内に確保することによって,サランガニ諸島からダバオ湾にかけての海域をおさえた."History of Kendahe Village"でも,カンダヘのラジャがミンダナオから来て,ミンダナオ島トゥビスと密接な関係にあったことを伝えている[Laarhoven 1990: 166; Hayase et al. 1999: 207-08].

このような領域は,オランダの影響下に入るとオランダによって認知されることになった.1688年にカンダヘのブイサン Datoe Boeisan はミンダナオ,ブトゥアン湾(ダバオ),サランガニのすべての権利,土地のオランダへの委譲,保護の協定を結んだ.このことは,カンダヘがこれらの地域を領域と考えていたことを示している[CD 1934: III, 470-71; Laarhoven 1989: 203-04].事実,1680年代ころのカンダヘ一族には,ブアヤンの支配者やダバオ湾岸地域の首長がおり,スルタンを含むマギンダナオの王族と婚姻関係にあった.また,タブカンのラジャもダバオ湾岸地域やミンダナオ島東岸に一族がいた.これらのサンギル人は蜜蝋などの貿易に従事するとともに,クローブの密貿易にも携わっていた[Laarhoven 1989: 65, 100-01, 117].しかし,その支配権はマギンダナオのスルタンが握っており,1703年のタブカンのラジャへの手紙でもダバオ

の支配権を主張した．カンダヘは「失地」の回復ができないまま1711年の火山の噴火で決定的なダメージを被り，衰退していった[Laarhoven 1989: 156; 1990: 173]．その後もサンギル人は，サランガニ諸島，ミンダナオ島南岸やダバオ湾岸地域に居住し，サンギヘ諸島と貿易などで交流を保った．そして，19世紀後半になると，これらの地域にマギンダナオ王国の弱体化にともなって新たなイスラーム社会の建設を求めるマギンダナオ王族が移住するようになった[Hayase et al. 1999]．

　伝承から，18世紀になると，サンギヘ諸島内で領域の問題が生じたことがわかる．1729年に結ばれたシアウとマンガニトゥの和平条約は，シアウの住民がマンガニトゥの住民を殺害した結果で，シアウの住民の食物採集の場所であったサンギヘ島のタマコにシアウとともにマンガニトゥの住民が居住でき，両王国のラジャの許可を得てココナツなどを採集できることを明記した[CD 1938: V, 50-52; Hayase et al. 1999: 196]．また，1752年にタルナとマンガニトゥ間で結ばれた和平条約は境界問題で，標識を設置し，タラウド諸島の互いの領域外の集落に舟を乗り入れないことを申し合わせた[CD 1938: V, 578-79; Hayase et al. 1999: 215]．さらに，1851～80年のあいだにカンダヘとタブカンとのあいだで領域の再配置がおこなれ，1880～94年のあいだにはマンガニトゥとシアウのあいだで境界問題がおこっている[Hayase et al. 1999: 157-58, 201]．

　これらのことから，サンギル人の境界とは湾，岬，岩など海から見えるものであったことがわかる．そして，かれらが領域を重要視したのは，食物採集の権利のためであり，その許可を与えたのがラジャだった．人口密度の比較的高いサンギヘ諸島にあって，サゴ，イモ類，果物などの食物を採集する領域を確保することが重要で，人びとは舟を使ってタラウド諸島などに収集に出かけていった様子がうかがえる．また，1880～94年のあいだにおこったマンガニトゥとシアウの境界問題など，紛争の解決に王統系譜が利用された．王統系譜が語り継がれる意味は，こういうところにもあった．

むすびにかえて

　伝承から，はじめサンギル人，とくに南部のタグランダン島およびシアウ島の住民はスラウェシ島北部のミナハサ地方，北部のサンギヘ島の住民はミンダナオ島との関係が深かったことがわかる．やがて，中国人が直接北マルクで丁字貿易をおこなうようになると，サンギヘ諸島はその中継地として知られるようになり，貿易が活発化したためか，15世紀ごろ相次いで首長国が成立し，首長間での婚姻関係が密になった．ヨーロッパ人がはじめてやってきた16世紀はじめには，サンギル人はマルク諸島やフィリピン諸島を活動の場としていた．

　16世紀後半になってポルトガル・スペインがカトリックを布教し，相前後してイスラームの布教が活発になると，サンギヘ諸島は分裂した．カトリックに入信したシアウのラジャなどはポルトガル・スペインに接近したが，カトリック勢力はサンギヘ諸島を重要視しないまま100年あまりして撤退した．それまでサンギヘ諸島のカトリック教徒は，テルナテやティドレのポルトガル・スペインの砦を訪れ，マニラで教義を学んだ．スペインが去り，オランダと与したキリスト教徒は貿易活動をともにしたり，オランダに反してクローブの密貿易をしたりした．

　イスラームは，テルナテ，マカッサル，マギンダナオなどに広まり，イスラーム王国として発展してサンギヘ諸島にも影響を及ぼした．しかし，マカッサルは1666～69年のオランダとの戦争で敗れ，テルナテは17世紀になるとオランダに従属するようになり1683年にその保護国となって，影響力を低下させた．1677年のオランダとサンギヘ諸島のラジャとの一連の協定後，サンギヘ諸島のイスラーム教徒は弱体化し，17～18世紀に勢力を拡大したマギンダナオにその勢力範囲を奪われた．1780年代になると，マギンダナオはティドレの王族ヌク Nuku やイギリスと与してオランダの香料貿易の独占を覆し，海賊行為などで脅威を与える存在になった[Andaya 1993: 220; Roessingh 1967: 384]．しかし，1780年代をピークとしたマギンダナオの繁栄が，19世紀になって急

速に衰退すると,今度はスールーが中国市場向けの海産物の集積地,奴隷市場としてにぎわった.サンギヘ諸島やマルク諸島はその後背地となり,繁栄から取り残され,海賊の奴隷狩りの犠牲となった[16].すでにクローブの重要性が低下して久しく,蝋燭やバティックの原料となった蜜蝋の需要も大きく伸びなかった.サンギル人は,テルナテやマギンダナオのようにイスラームを受容することによって民族をまとめ,首長制社会から大きく脱することはなかった.また,スールーのようにサマル人,イラヌン人,バジャオ人といった海洋民・漂海民と組んで海域世界に一大勢力を築くこともなかった.また,サンギル人自身が強力な海軍力を組織したわけでもなかったし,漂海民のように流動性を自在にいかしたわけでもなかった.サンギヘ諸島には,クローブのような産物はなく,プランテーション経営をするだけの平地もなかった.鉱山も油田も発見されず,近くに巨大市場もなかった.首長制社会から脱することができず,「商業の時代」後の社会に対応できなかったサンギル人の活動範囲は,自ずから収縮していった.しかし,その後も貿易活動は継続しており,1915年のカンダヘータルナの人口は6,000,若干名のヨーロッパ人のほか中国人300人,アラブ人50人が居住していた[ENI].

　1824年にサンギヘータラウド諸島はマナドと同じ理事州に含まれ,翌年行政上テルナテから切り離された.サンギヘ諸島は,1677年以降結びつきが強くなっていたテルナテにかわって,マナド(ミナハサ地方)との結びつきが強くなった.そして,サンギヘ諸島が大きな変貌を遂げるようになるのは,1831年からのミナハサ地方につづいてサンギヘータラウド諸島でも91年以降急速にオランダ系のプロテスタントが広まってからだった.学校教育を受けたサンギル人は,オランダ植民地政府の行政官,軍人などの公務員として雇われた.また,キリスト教布教のためにイスラーム地域に移住したり,ミナハサ地方など開発地域に移住したりして,オランダ領東インドのいたるところでサンギル人がみられるようになった.しかし,イスラーム教徒からは植民地政府の手先としてみられ,1945〜49年の独立戦争時には,多くのサンギル人の王族などがオランダに亡命した[Schouten 1998; Henley 1996].

　ミンダナオ島との関係は,奴隷貿易が衰退して疎遠になった.オランダは

1859年に奴隷制を廃止し，スペインとともにその取り締まりに蒸気船を導入した．さらに，ミンダナオ島がアメリカ領になった1899年以降，近代的な行政制度が導入され，国境線が確定されると，分断されたサンギル人は別々の国民になっていった．それでも，タブカンのラジャがイスラームを学ぶために1917年にミンダナオ島トゥビスに人を派遣したり[17]，価格差に目を付けた国境貿易がおこなわれたりした．1960年代ころからポスト・アメリカ植民支配下でフィリピンが経済的に繁栄するなかで，1万を超えるサンギル人がミンダナオ島に移住したともいわれている[Tan-Cullamar 1989]．しかし，1980年代のフィリピンの政情不安のために多くがインドネシアに引き揚げ，さらにインドネシアの開発政策にのってハルマヘラ島など各地に四散した．

　そして，近年アンボン島やハルマヘラ島北東部のモロ地区など，かつてザビエルの時代にキリスト教化した地域で，イスラーム教徒とキリスト教徒との抗争が激化するなか，それらの地域に移住していたサンギル人が新たな移住先を求めている．サンギル人は，時代の状況にあわせ，その活動範囲を膨張，収縮して，その流動性の特長をいかしてきた．インドネシアという国民国家の形成のなかで移動したサンギル人が，いま国家の束縛から離れて活動する時代になった．

インタールード（幕間）

　歴史学研究の成果を，読者に伝えることは簡単なことではない．とくに，社会史では，著者本人が理解し，得たイメージを表現することは難しいことである．学術研究を基本とするからには，根拠を示すことが必要で，根拠のないものについては根拠が不明確であることを明記したうえで，語らざるをえない．そして，そのことは同時に，記述した内容全体にたいする信頼性を失うことにもなりかねないことを意味している．このようなことから，学術書より歴史小説のほうが，生き生きと読者に伝えることができることがある．たとえば，テルナテの歴史ではマングンウイジャヤ著『香料諸島綺談——鮫や鰹や小鰯たち』がある．しかし，ここで歴史小説を書くわけにはいかない．そこで，この時代を生きた人びとの記録を3つ紹介し，それにかえることにする．まず最初に，1764〜71年に漂流し，ミンダナオ島からスールー諸島へ，さらにボルネオ島南部のバンジャルマシンに奴隷として売られた日本人の記録，つぎに1774〜76年にわずか10トンほどの船でボルネオ島北部からニューギニアまで周航したイギリス人とブギス人の記録，そして1838〜39年にイラヌン海賊の捕虜となったスラウェシ島北部在住のオランダ市民と思われる人物の記録である．これらの記録の紹介によって，これまで語ってきた歴史とこれから語る歴史が，読者に，より生き生きとみえるようになることを期待している．

1　1764〜71年日本人の南海漂流記

　山下恒夫再編『石井研堂コレクション　江戸漂流記総集』には，ミンダナオ島付近に漂着したものと思われる記録が2篇掲載されている．「吹流れ天竺物語」と「南海紀聞」である．ともに同じ漂流者の話をもとにしているが，「南海紀聞」が実録であるのにたいして，「吹流れ天竺物語」は読み物風に仕立てられている．「南海紀聞」は，その序に「青木定遠，「南海紀聞」を作り，未だ

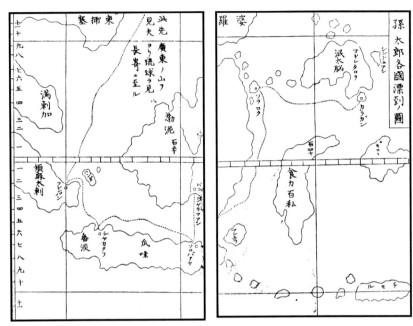

図9 孫太郎各国漂到ノ図
出展:『石井研堂コレクション
江戸漂流記総集』第2巻

成らずして没す．梶原士啓，校して之を成し」とあり，1819年に完成された．凡例に「一，世に九年録〔前掲「吹流れ天竺物語」等の写本類〕と云へる雑書あり，その説杜撰(ずさん)はなはだ多し，凡そこの書，洩(もれ)たる事九年録に見へたるは，皆虚妄なり，見人惑(まど)ふことなかれ」とあるが，「吹流れ天竺物語」はまったく荒唐無稽な話ではない．しかし，漂流帰還者，孫太郎を家に数回よんで仔細を聞いてまとめた「南海紀聞」のほうが忠実・詳細に記録しており，また東京都立中央図書館加賀文庫所蔵の底本があることから，ここでは「南海紀聞」をもとに話をすすめることにする．

　1763年に筑前韓泊の船主が新造した伊勢丸は，倉米千数百石などを載せて，九州から大阪，江戸，青森，函館まで回船していた．翌1764年10月15日(陽暦11月8日)に仙台の岬小淵を出港して，水手孫太郎(当時21歳)ら20人の船員と木材を載せて江戸に向かった．しばらくして嵐に巻き込まれ，3日3晩漂

蕩したあげくに舵を破砕して漂泊することになった．101日後の閏12月29日に島をみつけ，1765年元日に碇を下ろして船を捨て，伝馬船に道具一切を積み込んだ．オランダ領だというこの島には，上陸することなく，東方数里にある大きな島に上陸した．住民100人ばかりが伝馬船の道具を盗み，衣服も剥ぎ取られたが，イモを食べさせてもらえた．この島は「マギンタロヲ」といわれ，住民はナマコをとり，イリコをつくるために仮住居に住んでいた．そこから5昼夜順風にのって「カラカン」というところに連れていかれた．カラカンは川幅5〜6町，川を遡ること5〜6里の位置にあり，200〜300戸が川筋沿いに建ち並んでいた．役所にはオランダ人に従って長崎に行ったことがある老人がおり，はじめて日本人であることがわかってもらえた．30日ほどたって，頭目の命によりそれぞれの主人に引き取られていったが，近所であったため常に会うことができた．

　　［解説］これらの情報から，日本人漂流民がどこに上陸し，連れていかれたのかを断定することはできないが，少なくともミンダナオ島からサンギヘータラウド諸島のどこかということはできるだろう．カラカンは，ミンダナオ東岸，ダバオ湾岸のどこかであろう．本書第4章で述べる通り，18世紀半ばからカラガ地方は，マギンダナオ支配下のダバオのイスラーム教徒が支配していた．場所はともかく，すでにこの地域でナマコが重要な商品になっていたことがわかり，住民のなかに長崎まで行ったことがある者がいたことは興味深い．当時は，漂流民は奴隷となり，船荷は漂着した土地のものになるのが，一般的だった．

　話を続けよう．奴隷となった日本人漂流民は，イモや貝を採集させられたり，船を漕がされたりした．やがて死亡する者が出たり，日本へ返すといって連れ去られたりして，7月までに9人と死別，4人と生き別れになった．残る7人は，「ソヲロク」から「芭蕉子陶物」を交易に来た商船に売られ，沿岸沿いに西に向かった．14〜15日後，給水で上陸した土地で生き別れのひとりを見かけた．さらに3昼夜して，川幅1里の川を3里遡って，港に到着した．400〜500戸が川沿いに建ち並んでいた．7人は直ちに別々に使役された．孫太郎は，

幸五郎とともに連れてこられた商船の船頭コロウの奴隷となった．コロウは店を構え，方々に商船を出して「芭蕉子（ばしょうのみ），蜀稜（もろこし），莉藤（とう），海参（いりこ）」などを商い，孫太郎は水手として各地にお供した．1766年正月はじめのころ，ボルネオ島南部のバンジャルマシンに大量の「芭蕉子，甘蔗」とともに孫太郎を含む男22人，女8人が売られた．30人それぞれ出身地が違い，ある者は「マニラ」と名乗り，別の者は「ホケシ」と名乗った．「ソヲロク」に残った5人の日本人とは生き別れ，バンジャルマシンに行く途中に幸五郎が死んで，孫太郎はひとりになった．航行すること42日にして，川幅3里もある川に入り，10里ほど遡って支流に入ると大きな港，バンジャルマシンがあった．

　　[解説]「ソヲロク」は蘇禄，つまりスールーである．甘蔗はおそらくビサヤ諸島やルソン島からのものであろう．かなり交易活動が活発であったことがうかがえる．奴隷の出身地もかなり広域であった．

　バンジャルマシンの港は，中国船，オランダ船のほかいろいろな国からの船でにぎわっており，400～500戸の中国人商店が軒を連ねていた．やや離れておびただしい数の現地住民の家が並び，川を隔ててオランダの商館があった．孫太郎は，「表面に騎馬の紋ある銀銭」30文で漳洲出身のタイコン官という名の中国人に売られ，早速「鳥銃一門，剣一口，槍一根」を与えられ，「日本」とよばれた．この地の治安は悪く，奴隷でも武器は必携だった．日本人が30文で買われたことを知ったオランダ人は，日本人を本国に連れて帰れば褒美がもらえると知っていて，100文で買おうとしたり，脱走をそそのかしたりしたが，実現には至らなかった．孫太郎は，奴隷として格別の扱いを受け，食事なども中国人に準じ，主人やふたりいた中国人番頭に従い，商品を運び，水手となった．タイコン官の店では，「綱緞（どんす），陶器等」を売買し，客人にはまずアヘンをすすめた．タイコン官は，隔年，戸籍改めと商品仕入れのために，半年かけて中国を往来した．バンジャルマシンから川を遡ること14～15里のところにカイタンというところがあり，ラト（ダト，ラジャ）の支配下に1万余戸があった．ラトの前に出た孫太郎は，「我何ゆへ黒坊を拝せん」といって合掌を拒んだ．

[解説] 上記のことから，バンジャルマシンの繁栄ぶりやオランダ銀貨が通用していたことがわかる．バンジャルマシンには，1603年以来オランダ，イギリス，ポルトガルが商館をおいたときがあり，デーン人，フランス人，スペイン人が貿易にやってきたが，オランダは1747～1809年に商館をおいていた[Knapen 2001: 69]．また，中国人の生活ぶりもわかり，すでにアヘンが流布していた．中国人商人が，定期的に本国に帰っていたこともわかる．交易でにぎわう外国人が多数居住する港町と原住民の町のツインになっていたのは，ほかのところでもみられた．オランダはこの地域を支配しているわけでもなく，治安維持に貢献しているわけでもなかった．奴隷は，特別の技能をもった者は重宝されたが，そのほかの者は漕ぎ手となって酷使されるなど，消耗品扱いであった．孫太郎が，なぜ特別扱いされたのかは，よくわからない．孫太郎は，終始一貫して現地住民のことを「黒坊」とよんで，蔑視していた．日本人の東南アジアの住民にたいする偏見は，すでにこのころにあったことが確認できる．

タイコン官に仕えて7年，中国語や現地のことばもだんだんわかるようになり，日本にいたときよりいい生活をしていたが，望郷の念にかられ，両親に会いたいと懇願するようになった．ついに孫太郎の帰国を許可したタイコン官は，まず福州船に頼んで乗せようとした．しかし，孫太郎は，髪を剃って弁髪にし，中国人を装うことを拒んだ．結局，オランダ船で帰国の途についた．バンジャルマシンを出発したのは1771年4月14日，河口で3日間荷積みをした後7～8日してスラバヤに到着し，ジャガタラに向かった．5月2日にジャガタラに到着，港には「蛮船・唐船」など1,000とも2,000艘とも思えるおびただしい数の船が停泊していた．翌日，市街地を通ってゼネラアルに会いにいった．市街地には，オランダ人，中国人などいろいろな国の人びとでにぎわい，綢緞，鉄器，陶器，魚屋，野菜屋などの専門店が，軒を連ねていた．オランダ船は，毎年5月初旬に長崎に向けて出発していたが，この年は5日であった．孫太郎は，2艘のうちの本船に乗った．乗組員は，上官8人，上官使役の「黒坊」10人，マタロス（水手）134人で，孫太郎を加えて153人だった．3昼夜してフレ

ンバン(パレンバン)に到着，航海の安全を祈り，長崎に向かった．途中，「紅質白文の十字」の大船に遭遇した．フランス船と勘違いしたオランダ人は，大いに驚き，とてもかなわぬ相手とみて，「十字の標旗」を立てて同国船を装い，無事にやり過ごした．6月16日(陽暦7月27日)に無事長崎に到着し，孫太郎は検問され，入牢後8月21日に許されて故郷の韓泊に帰ることができた．孫太郎を送還した褒賞として，ジャガタラのゼネラアルに米50苞，カピタンに30苞，船頭に20苞が長崎鎮台より与えられた．

[解説] スラバヤやパレンバンが，オランダ船の寄港地となっていたことがわかる．滞在日数が短かったため，バタビア(ジャガタラ)の様子はよくわからないが，自由な交易が各地からの商人と商品を惹きつけていたことが感じられる．フランス船と勘違いした船は，デンマーク船であったようだ．海戦を回避するために，同国船を装うのは興味深い．「解題」によると，孫太郎の帰国は，時の長崎奉行夏目和泉守信政をふたつの点で戸惑わせた．まず，漂流民の帰国は，清国貿易船に限られ，オランダ船でははじめてであった．しかし，バンジャルマシンのオランダ人は，日本人漂流民を送還すれば，褒美がもらえることを知っていた．つぎに，当時，日本人は，ミンダナオ島，スールー諸島，ボルネオ島にかんしての知識がなかったことである．それにたいして，これらの土地の者のなかには，日本に行き日本人を知る者がいた．日本人が海外のことがわからなくなっていたあいだにも，東南アジアの人びとのなかには，日本や日本人のことを知る者たちがいたのである．27歳で帰郷した孫太郎は船乗り渡世を禁じられ，女房ももたず寡孤貧困のうちに，1808年，64歳で死亡した．

2 1774〜76年イギリス人・ブギス人の
　　ボルネオ島北部からニューギニアへの周航

イギリスがボルネオ島沖のバランバガン島に商館をおいていた1774年11月9日，イギリス人フォレスト Thomas Forrest は，ブギス人トゥアン・ハジ Tuan Haji とともに，ニューギニアのナツメグやクローブを求めて，バランバ

ガン島を出帆した．ここでは，1969 年に復刻されたフォレストの航海記 *A Voyage to New Guinea and the Moluccas 1774-1776* をもとに，当時の海域東南アジア東部世界をのぞいてみよう．タイトルにはないが，フォレストは 1775 年 5 月から翌 76 年 1 月までマギンダナオにもっとも長期間滞在し，その記述も詳細にわたっている．

この航海記が，ひじょうに重要な意味をもつのは，わずか 10 トンのタルタル・ガレイ号 *Tartar Galley* で航海したことである．乗組員はわずかに 21 人で，白人は 3 人しかいない．フォレストは，途中トゥアン・ハジと共同所有の船をもち，かれのアドバイスのもとに航海した．したがって，より現地側の視点で，この地域をみることができる航海記を残したといえる．フォレストの記録が信頼できるのは，かれが直接見たことと伝聞を明確にわかるように記述していることである．伝聞については，誰から聞いたものであるかも明記している．書籍から得た情報についても，同様に根拠をあげている．

では，フォレストの記述の順番に従って，かれが実際に見て，聞いた社会をみてみよう．フォレストの記述は，日記風に日付ごとに記した部分と，その土地の風土などをまとめて解説した部分からなる．フォレストについては，この復刻版のバセット D. K. Bassett による「序文」のほかにも詳しい説明がある [Bassett 1961]．なお，地名などの表記は，現代のカタカナ表記に原文のスペルを付すことにした．ただし，「モルッカ」「セレベス」や現代の表記のわからないものは，フォレストの用いたものに従った．

イントロダクションでは，1511 年にヨーロッパ人がはじめてこの海域に到達して以来の航海の歴史が記述されている．フォレストの研究熱心なことが，このイントロダクションからわかる．また，フォレストの記述には，孫太郎のような偏見がみられない．現地の人びとと文化を，文明的で尊重に値するものとしてみている．

1774 年 8 月の終わりころ，ミンダナオのスルタンの後継者からの使者が，バランバガンのイギリス人のもとにやってきた．ブギス人で，バチャンのスルタンとつながりのあるイスマエル・トゥアン・ハジ Ishmael Tuan Hadjee だった．トゥアン・ハジは，長くオランダ人に仕え，モルッカ諸島に詳しく，パ

プアとよばれるニューギニアまで知っており，そこにはナツメグが生育している，と報告した．当時，ニューギニアは，オランダがヨーロッパ諸国にたいして独占権を主張していない土地だった．

　フォレストは，ニューギニア探査にあたり，わずか10トンのスールー船を選んだ．オランダ船が警戒にあたるモルッカ諸島を気づかれずに通過するためと，狭い水道も難なく通過し小回りがきくためであった．タルタル・ガレイ号と名付けた船は，20人が座って漕ぐことができた．乗組員はおもにムラユ人で，アチェ岬の東の島々の出身者，キリスト教徒のビサヤ人，マギンダナオやモルッカ諸島のイスラーム教徒，それにトゥアン・ハジの従者や奴隷だった．白人はフォレストのほかにふたりで，ひとりは航海士，もうひとりは砲手だった．ヨーロッパ人をたくさん乗せると，ムラユ人との争いのもとになると考えてのことだった．

　　[解説]スールー船を選んだことは，スールー船がオランダ影響下の海域を自由に航行していたことを意味する．16世紀の100年間にヨーロッパ船と海域東南アジア現地の船の大きさは逆転した．ヨーロッパ船が世紀末までに1,000トンと大型化したのにたいして，現地船は100トン未満に小型化した．ヨーロッパの武装船に，対抗できなかったためである．しかし，このことは，現地船の重要性が低下したことにはならなかった．現地船は小さくなったが，数は増えたと考えられる．また，ヨーロッパ船の大型化は寄港地を限定することになり，その分現地小型船の活動の場は増えた．

　出発直後に通過したスールー諸島では，マンガイオmangaioとよばれる武装船（海賊船）を見かけた．なかには，ボルネオ島北東部を根拠地とする非イスラーム教徒のテドン人 Oran Tedongの小型マンガイオ船もあった．ナツメグとメースを積んだマルク船2艘が，スールーに入港したのを聞いて立ち寄ったが，実際には1艘だった．その後，セレベス海を横切りサンギヘ島の南を通過した．トゥアン・ハジの従者のひとりは，このあたりにいたことがあり詳しかった．テルナテの手前にミョー島Myo（マユ島）という無人島があった．かつてはティフォレ島からとあわせてテルナテのスルタンに400兵を提供し，クロ

ーブを生産していたが，このときはオランダが居住を禁止していた．そのため，香料の密貿易基地となり，トゥアン・ハジによるとオランダ人の知らないところで香料の木が生育しているという．

[解説]無人島はオランダの眼の届かないことを意味し，海賊の基地としても利用された．こういう「無人島」が各地にあることが密貿易，海賊の横行の原因となったが，オランダにとっても交易の活性化のためにプラスになる面もあったため，黙認されていたと考えられる．

当時，テルナテのオランダ要塞は，350人のヨーロッパ兵で守られていた．テルナテのスルタンの支配地域は，ジャイロロ島 Gilolo 北部の大半，セレベス島の北東部の大半(マナドとゴロンタロにはオランダ居住区があった)，サンギヘ島と周辺の島々を含み，かつて以下の通り90,700兵が各地に割り当てられていた：From the sixteen burgs of Ternate, 3,000; Island Motir, 300; Gazia, 300; Xula, 4,000; Bouro, 4,000; Veranulla near Amboyna, 15,000; Buana and Manipa, 3,000; Myo and Tyfory, 400; Bao and Jaquita on Gilolo, 1,000; Bata China on ditto, 10,000; The north east part of Celebes gave from Tetoli and Bohol, 6,000; Kydipan, 7,000; Gorontalu and Llboto, 10,000; Tomine, 12,000; Dondo, 700; Labaque, 1,000; Japua, 10,000; Island Sangir or Sanguir, 3,000. テルナテ島にはモスク Missigy が3つあって，ふたりのカリフ Calipha，4人のイマーム Imum などの聖職者がいた．キリスト教会はオランダ人用にひとつあったが，ポルトガル人用のはなかった．ポルトガル人はこの島にたくさん残っていたが，現地住民のように黒くなっていた．テルナテ王国は，5つの地域に分けられ，それぞれサンガジ Synagee の支配下にあった．また，スルタンの船団を指揮するキャプテン・ラウト Captain Laut，政治を司るググ Gogo がいた．

[解説]17世紀はじめテルナテにはオランダ東インド会社の職員75〜150人がいた．17世紀半ばには400〜500人に増加し，1699年には749人の職員と支配下に2,660人がいた[Laarhoven 1989: 20]．ポルトガル人私貿易商人やその混血者が各地に居住し，交易で重要な役割を果たしていた．

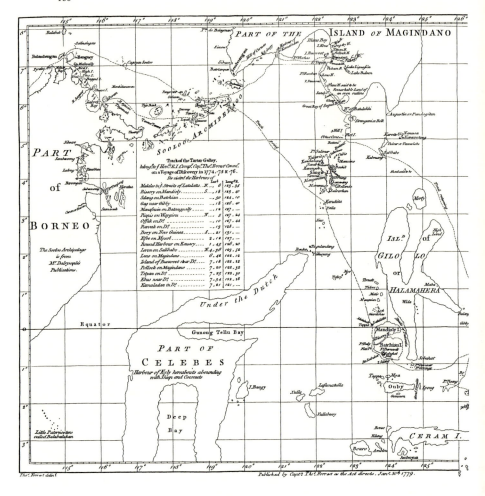

　テルナテにはスールー船がしばしば入港し,中国製品をもたらし,米,ナマコ・フカヒレ・亀甲・真珠などの海産物と交換した.オランダ市民や中国人居住者がスールーに船を出すことはなかった.オランダ市民は,ニューギニアにも船を出すことはなかった.中国船は中国からテルナテに来ることを許されなかったが,マカッサルにはやってきた.パドゥアカン paduakan とよばれるブギス船はジャイロロには来たが,オランダの許可証が必要だった.

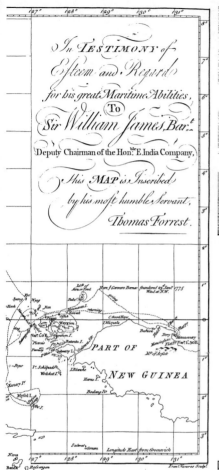

図10　タルタル・ガレイ号の航路

[解説]オランダがテルナテにやってきたとき,すでに多くの中国人居住者がいた.かれらは,フィリピンから来ていた[Laarhoven 1989: 9].このように交易船を指定することによって,オランダは交易をコントロールしようとしていた.しかし,これらの規制は大型船に限られ,小型船はかなり自由に往来していたと考えられる.これらの小型船の存在なくして,商品の多様化に対応することはできなかっただろう.

ティドレ島は人口がひじょうに多く，25以上のモスクがあり，ひとりのカリフと4人のイマームがいた．スルタンは，ジャイロロ島南部や東部の大部分を支配し，ニューギニアへの島々(Waygiou, Mysol, and Batanta)の支配権も主張していた．しかし，サルワティ島は自立したラジャがおり，前のラジャは喜望峰に流され，オランダと敵対していた．

[解説]ティドレ島のモスクの数がテルナテ島よりはるかに多いことは，反テルナテーオランダ勢力がティドレ島に結集していたことを想像させる．出身地ごとにモスクがあったことも考えられる．イマームの数は4人で同数だが，カリフの数がテルナテ島の2人にたいしてティドレ島は1人であることから，テルナテ島のほうがこの地域のイスラームの中心地であったことがうかがえる．

バチャンのスルタンは，10～12年前の事件以来，オランダを信用していなかった．オランダ人は大規模な軍でマンディオリ島 Mandioly のスルタンの館を夜半に急襲し，スルタンはブギス人の通告で難を逃れ小舟でなんとか脱出した．その後，両者の関係は改善されて，バーネフェルト砦近くの館に8～10人のオランダ兵が駐留していた．スルタンは，バチャン諸島だけでなく，オビ島，セーラム島，ゴロン島 Goram の主権をも主張し，ゴロン島には13のモスクがあった．

[解説]バチャンは，長年にわたってテルナテとマルクの主導権を争った．17世紀前半に，オランダと与したテルナテと対抗するために，ポルトガルやスペインと与し，カトリックに改宗するなどしたが，敗れた．しかし，その後も機会をみてオランダに対抗したが，天然痘による人口の減少やスルタンの専横のために衰退した[『バチャン諸島誌』1943]．

バチャン諸島に到着したフォレストは，ここかしこにクローブやナツメグの木があることを知った．この地域では，米のほかにサゴ澱粉が重要な食糧で，フォレストも必要に応じて買い入れた．バチャンのスルタンは，ふたりの臣下を遣わし，バランバガン島に帰還するまで同行するよう指示した．フォレスト

は，2艘の船を購入した．1艘はバチャンのコロコロ船(コラコラ船，カラコア船)で，ボルネオ号と名付けた．もう1艘はニューギニアの通訳として雇い入れたマレカ Captain Mareca の古い船で，バゲイ号 Banguey と名付け，トゥアン・ハジと共同所有になった．トゥアン・ハジは，ニューギニアの住民は獰猛で敵意を現し，人喰いの風習があると，繰り返し述べた．

　[解説] テルナテ島から 200 キロも離れていないバチャン諸島のあちこちにクローブやナツメグの木があったことは，オランダが事実上香料の木(生産)を管理していなかったことを意味している．人食いの風習は，よそ者を寄せ付けないために意図的に各地で語られた[弘末1999]．

パプアの住民は，魚と亀が豊富なため，農業を軽視していた．ファン諸島 Fan などには，かなり北方のパラオ Palaos とよばれる島々から，亀を求めてしばしばやってくる長髪の黄色人種がいたという．オランダ旗を掲げたティドレからの大型コロコロ船とも遭遇した．パプア人はティドレ人が嫌いなようだった．このコロコロ船は，さらに東のサオ島 Sao，サバ島 Saba の交易に向かった．パプア人は鉄製の道具，包丁，斧，ビーズ，食器などを中国人から買い，中国人は樹皮，奴隷，龍涎香，ナマコ，亀甲，真珠，極楽鳥および各種鳥の剥製などを手に入れた．パプア人は，鳥を剥製にする特殊な技能をもっていた．オランダ人は，テルナテやティドレの住民がニューギニアに船を出すことを許可しなかったが，中国人はティドレのスルタンの許可証をもってオランダの旗を掲げて往来した．パプアにはナツメグの木があり，フォレストは 100 株ほど採取してバランバガン島に持って帰ろうとした．パプアを離れるときコロコロ船ボルネオ号を失い，5人のバチャン人を雇い入れたため，フォレスト一行はバゲイ号の 19 人のほかに 29 人となった．

　[解説] パラオとの関係が語られている，貴重な記録である．

帰路ミソール島 Mysol に立ち寄ったとき，クローブとナツメグについての情報を得た．ミソール島にはないが，セーラム島やオビ島にはクローブの木が生育しているという．オビ島には，テルナテなどからの逃亡奴隷が居住してお

り，ブギス人以外とは交易しなかった．オビ島はバチャンの支配下にあると主張されるが，スルタンは沿岸の真珠採取しかしていなかった．また，オビ島の西側にはオランダの小さな砦があった．3月から4月にかけて，ニューギニアやサルワティ島のパプア人が大挙して，ジャイロロ，セーラム，アンボイナ，アンブロウAmblouからスラ・ベシXulla Bessyまで襲うという．1765年ころには，ブル島近くのアンブロウ島が襲われ，多くの住民が連れ去られた．

　[解説] ムラカから東へ行くほど未開であるというムラカ中心主義のイメージがあるが，パプア勢力も侮れない勢力であったことがうかがえる．主権とは，具体的には交易権であったり，食糧などの採取権であったりしたようだ．とすると，オランダの主権の主張も，現地ではこの程度に考えられていた可能性がある．

　ミソール島沖エフベ島Ef-beにティドレからの大型船が入港し，オランダ人がフォレスト一行を追跡するためスループ型帆船をジャイロロに向かわせた，という知らせをもたらした．この港を出立する日の朝，トゥアン・ハジはサルワティ島のラジャの配偶者の訪問を受けた．夫のラジャがオランダによって喜望峰に流されていた．かの女によると，1770年ころの春分近くにニューギニア，アル島，サルワティ島，ミソール島のパプア人の船100以上が集まり，バチャンとジャイロロとのあいだの海峡を北上した．敵対行為はなく，2～3日間漁や狩猟をして，それぞれ帰った．その後，サルワティ島のラジャはだまされてテルナテに呼び出され，逮捕されて流された．

　フォレストは，その後ジャイロロ島の東を北上し，オランダの旗を掲げてタラウド諸島のリルンLeronの港に入った．盲目で流暢なムラユ語を話す中国人との応答の後，トゥアン・ハジとふたりのバチャン人はサリバブ島Salibaboの何人もいるラジャのなかのふたりに会いにいった．この島の住民は，南は隣接するカバルアン島Kabruangの住民と敵対していた．リルンの住民は，はじめフォレスト一行をミンダナオの海賊と疑っていた．これらの島々はテルナテの属国のサンギル人の支配下にあった．住民はコラノとよばれる首長の圧政にあっていた．また，防御が弱いことから海賊に襲われ，奴隷とし

て売られていた.

　リルンを出帆した後,サランガニ諸島を通過し,ミンダナオ島南岸のバトゥラキ Batulakki が見えた.トゥアン・ハジによると,数年前オランダ人はバトゥラキに居住区をつくろうとしたが,ミンダナオの住民に追い払われて失敗したという.スグド・ブアヤン Sugud Boyan,いまのサランガニ湾に入ったとき,トゥギス Tugis から数隻の船が小さな白旗を掲げてやってきた.乗員は以前からトゥアン・ハジと顔見知りで,丁重に挨拶した.

　[解説] 1689 年にオランダ東インド会社,94 年にイギリスが,マギンダナオ支配下の土地に砦を築きたいと要望したが,実現しなかった.トゥギスは,古くからあるミンダナオ島南岸のサンギル人の集落.

　ミンダナオ島は,ミンダノ Mindano またはシランガン Selangan に居住するスルタンの支配下の地域,移住してきたキリスト教徒ビサヤ人の居住する北岸地域,ラナオ湖周辺に居住するイラヌン人の地域の 3 つに分けられる.スペイン人は自分たちの支配地域を大きくみせるために,ミンダナオ島をフィリピンの一部あるいはフィリピン諸島に隣接した島である,ということもあるが,フランス人の D'Avitay はフィリピンの 1 島ではないと記述していた.マギンダナオ語には,中国語のイディオムが多くみられる.王家の旗の色は黄色である.銅鑼でこぶのあるものはジャワ島のチレボンから,こぶのないものは中国から来ていた.内陸の住民は鉄をほしがり,金,蜜蝋,シナモンと交換した.

　[解説] 17 世紀のオランダの地図には,マギンダナオがテルナテの一部として描かれており,フィリピン諸島には属していなかった [Laarhoven 1989: xvii].

　1775 年 5 月 5 日,フォレストは,プラギ河に入った.川岸にある王宮は城壁で囲まれ,対岸に一般個人の住居が建ち並んでいた.王都シランガンには,数本の曲がりくねった道に 200 戸ほどが軒を連ね,中国人も多く居住していた.中国人の多くは,大工や酒醸造者,精米業者であった.スルタンの後継者としてラジャ・ムダ Rajah Moodo がおり,さらにその後継者としてワタママ

Walamamaがいた．ともに，選挙で選ばれた．最近ラジャ・ムダに選ばれたキバド・サーリヤル Kybad Zacharielは，王都の近くでプラギ河に支流のメランピ川 Melampyが流れ込む地点に，2～3年前から新たな町のコト・インタン Coto Intang (Diamond Fort)を建設しはじめた．すでに150戸があり，日々増えていた．中国人は少なく，多くはマギンダナオ人の工員，造船業者と商人であった．かれらは奴隷狩りと略奪のために，フィリピン諸島だけでなくジャワ島沿岸，セレベス島やボルネオ島まで出かけた．

　[解説]このラジャ・ムダの中国人を寄せ付けない政策が，マギンダナオのその後の衰退につながったのかもしれない．キバド・サーリヤルは，1780年ころスルタン位に就き，1805年ころまで統治した．

プラギ河およびその支流には，多くの集落があった．プラギ河の南の支流はリガシン湖 Liguassin，さらにブルアン湖 Buloanに通じていた．このあたりはブアヤン Boyanのラジャの支配下で，マギンダナオ人は内陸のイスラーム教徒 Oran Selam de Oolo (inland Mussulmen)とよんでいた．約2万の兵力をもつ．

　[解説]1628年ころ，ブアヤン支配下には25の集落があり，それぞれ50～300の兵力，計100艘のカラコア船を擁していた[Laarhoven 1989: 29]．

マギンダナオの外港ポロック Pollock近くの火山が，10年ほど前に噴火し，その火山灰はスールーにまでおよんだ．とくにイラヌン人地域の被害が大きく，集団でスールー諸島やボルネオ島西岸に移住した．

　[解説]マギンダナオ社会に，火山の爆発が与えた影響はかなり大きい．イラヌン人は，マカトゥリン火山 Mt. Makaturingの爆発のためにラナオ湖周辺からイリャナ湾岸，プラギ河流域に移住したという[Casiño 2000: 40]．

マギンダナオのスルタン位は，一般に父から息子に受け継がれ，ブルネイ，スールー，イラヌン，サンギルの王族と婚姻関係で結ばれていた．数年間つづ

いた内戦が30年ほど前に終息し，現在のスルタン・パハル・ウッディン Paharadine は敵対していた王族の娘と結婚した．ラジャ・ムダは，スルタンの兄の息子にあたる．スルタンの息子や王妃一族は，勢力を拡大するラジャ・ムダとその父を，快く思っていなかった．

　[解説]マギンダナオとブアヤンの内戦は，1701年から49年までつづいた．スルタン・パハル・ウッディンは，1755年ころスルタン位に就いた．ミンダナオ島で正式なスルタン位はマギンダナオ王だけであったが，各地の首長がスルタンを名乗ることがしばしばあった．

　フォレストは，トゥアン・ハジの助言で，スルタンより先にラジャ・ムダの砦を訪れた．そこは，後で訪問する王宮よりにぎわっており，ラジャ・ムダの勢力のほうが大きいことがわかった．護衛は，ビサヤ人奴隷30人だった．バゲイ号は，タルタル・ガレイ号がシルンガンに到着して2〜3日後，バチャンの旗を掲げて到着した．フォレストがすぐにイギリス旗に替えようとしたので，トゥアン・ハジは不快感を表した．フォレストはラジャ・ムダにトゥアン・ハジの部下に替わる乗組員を求めた．ふたりの関係は決定的に悪化し，フォレストはトゥアン・ハジとその部下を解雇した．すると，トゥアン・ハジはバゲイ号の所有権を主張し，結局フォレストが半分の所有権を買い取ることで決着した．トゥアン・ハジは，フォレストと対等であると主張した．6月10日，トゥアン・ハジとバチャン人が去っていった．この後8月に，トゥアン・ハジは，ラジャ・ムダの妻の姉妹で，タクラン Tukoran のスルタンの娘と結婚した．

　[解説]バセットは，1969年の復刻版の「序文」に，トゥアン・ハジのことを説明している．それによると，トゥアン・ハジは，1776年2月12日にバランバガンの先の長官ハーバート John Herbert に手紙を書き，フォレストがバチャンのスルタンの名代の自分を召使いのように扱った，と不満を述べている．フォレストへの協力に見合う充分な報酬が得られなかったとも述べている．その後のトゥアン・ハジについては，1795年6月にマカッサルのオランダ砦に滞在中のウッダード David Woodard が伝えている．かれは60歳くらいになっていて，西セレベスの村ドンガラ

"Dungally"に住んでいた.そして,フォレストと別れた後,マルク地域のオランダを攻撃するために1776年にシランガンに戻ってくるとラジャ・ムダと約束していたこと,87年5月にシンガポールの南のリアウにあったオランダ砦を襲撃したブギスーイラヌン連合の1艘を指揮し船が沈没して貧しくなったこと,ベンガルからムンバイを経由してメッカに巡礼したこと,などを語った.トゥアン・ハジのような人物が,この海域世界を動かしていた原動力であったことをうかがわせる.

マギンダナオに滞在中のフォレストに話を戻そう.あるとき30トンばかりのマンガイオ船をメランピ川で見かけた.片側に16人の漕ぎ手が乗っていた.2~3日後,オランダに対抗するためにタラウド(カラケラン島)Tulourからセレベス島沿岸に向けて出帆した.マギンダナオを出発した船は,北東モンスーンにのってサランガニ諸島を通過し,3時間でKalingal,それから1日で無人のKabio,さらに1日かけてサンギヘ島北岸近くのKabulusu島に到着した.さらにカラキタンKarakitaまで1日,シアウまで1日,半日かけてタグランダン,そしてバンカ島を通って,セレベス島北岸近くのタリセイ島Tellusyangに到着した.セレベス島では,オランダ領であれば,イスラーム教徒でさえ捕まえた.翌月末,オランダ船と一戦を交え,70人の捕虜奴隷を持ち帰ったラジャ・ムダの義兄弟所有の大型船を見た.オランダとの関係が悪化して,ここ数年間海賊戦争ともいえる状況だった.ラジャ・ムダと敵対するグループは,イギリス船も襲っていた.1775年6月8日,ダト・テティンTetingがバランバガンを奪ったことを非難するスールーのスルタンからの手紙を受け取った.その後も,イギリス船はスールー海域に出没していた.そして,1775年9月12日に,フォレストはラジャ・ムダからブラギ河口沖のボン島Bunwootをイギリス東インド会社に譲渡させることに成功した.

ラジャ・ムダの父ファキモラノFakymolanoによると,ブラギ河口から南下する左側の沿岸地域はビワンBewanとよばれる.ビワン地域districtはサランガニ湾北入口のグランGlangで終わり,つぎの9つの集落Nigrisからなる:Kabug, Tenawan, Muttubul, Tubuan, Leno, Krang near Pulo

Dunnowan, Tuna, Looan, and Glang near Sugud Boyan. いっぽう，サランガニ地域は，Tugis, Balchan, Nea, Pangean, Batulan, where is the harbour of Batulakki, Louang, Balangannan, the islands Belk and Serangani からなる．カラガ地域は聖アウグスティン岬の西と北に分かれ，西はパンダガン Pandagan とよばれ，Kasaraddan, Dabow, and the island Bunwoot からなり，北は Eu, Sumoolug, Tukka, Baloe からなる．これら3つの地域はマギンダナオの支配下にあった．

　[解説]ビワン地域とサランガニ地域は，集落が入り乱れている．ブアヤンの衛星集落スグド・ブアヤンも入っていない．ビワン地域の集落はマギンダナオ人の集落，サランガニ地域の集落はサンギル人の集落と考えていいだろう．孫太郎が漂着した「カラカン」はマギンダナオ支配下で，ナマコ漁のために一時的にマギンダナオ人が来ていたことも考えられる．ダバオの後に出てくる Bunwoot 島とは，ダバオ湾内にあるサマル島のことである．ビワンにたいして河口から右へサンボアンガにかけてのモロ湾沿岸の地域をカワナン Kawanan という．マギンダナオには，プラギ河の上流と下流 sa-raya・sa-ilud，河口の右・左のふたつの地域概念があった [Casiño 2000: x-xi]．

　かつて，サンギル人のラジャの孫娘 Sembassin がマギンダナオのスルタン Abdmraman と結婚し，かの女の兄弟でサンギル人のラジャはサリバブ島とカラケラン島の4カ所を与え，甥のファキモラノが相続した．1773年にファキモラノの兄弟がカラケラン島で殺害されたが，厳しい税の徴収のためだと考えられていた．カラケラン島には9,730人の住民がおり，20人のコロノ（首長）が治めていた．サリバブ島の人口は1,610，シアウ支配下のカバルアン島の人口は2,070，ナヌサ諸島の人口は1,300であった．ナヌサ諸島は，優れた造船で知られていた．

　テルナテは戦争にさいして，サンギへ島の4小王国から合計コロコロ船16艘，兵士800，シアウの3集落から合計9艘，450人を要求した．シアウ島には，オランダ人の教師（牧師）と数人の兵士が駐在していた．タグランダン島に

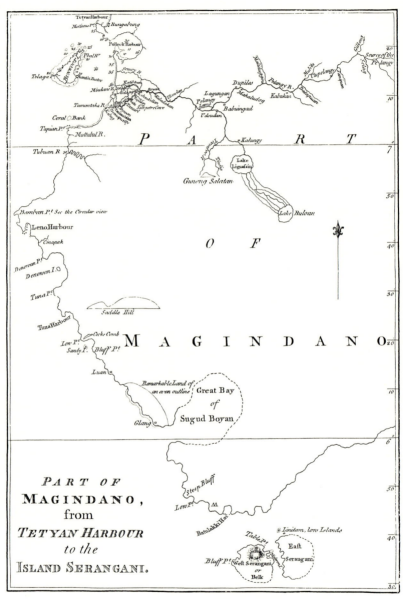

図11 プラギ河沿いの集落(マギンダナオ)と河口から南の沿岸ビワン地域

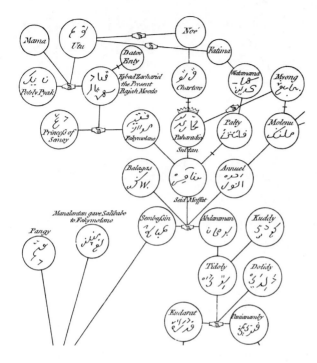

図12 マギンダナオの王統系譜．下から上に年代が下る．右上のほうにラジャ・ムダの名がある．

は約2,000人が居住し，オランダ兵が駐在し，教師がキリスト教を教えていた．バンカ島やタリセイ島には，マギンダナオからだけでなく，スールーからのマンガイオ船がしばしば停泊していた．

マギンダナオ地域とイラヌン地域の境界がはっきりしていないため，もめごとの原因となった．たとえば，貴重な巨大魚の歯がイラヌン地域にうちあげられたが，マギンダナオ人がもっていったために紛争となった．ラナオ湖東岸に約3万の住民(マラナオ人)がおり，マラウイ Moraway 近くには石造りのモスクがあった．ラナオ湖周辺には人口100人から10,000人の集落が33あり，総人口61,300をスルタン16人，ラジャ17人が治めていた．湖の北岸から北へ海岸に出ると20隻のスペイン船を擁するイリガン Eligan がある．

[解説]人口において，イラヌン人のほうがマギンダナオ人よりかなり少ないにもかかわらず，対等に権利を主張している．マラナオ人の集落は規模の大小はあれ，それぞれ自治をもつ「村落国家」であった．首長は，その

規模と血統によって，スルタンやラジャを名乗っていた．イリガンは，イスラーム教徒の「海賊」を見張るスペインの基地になっていた[Historical Conservation Society 1991]．

マギンダナオの基本的貨幣にあたるものは，中国製のカンガン kangan とよばれる布であった．カンガンはスールーからもたらされた．スペインは長年，アモイからマギンダナオに向かおうとする中国のジャンク船のサンボアンガ沖の通行を妨害してきた．そのため，マギンダナオの貿易は活発にならず，インドからやってくる船もなく，華僑も少なかった．たまに，スールー人が米を買いにやってきて中国製品をもたらすが，スールーはけっしてマギンダナオの米に依存していなかった．市場で手っ取り早い貨幣代わりになるのは，米であった．奴隷も重要な商品として，貨幣の代わりになった．穴の空いた中国銭は，マギンダナオでポウシン pousin とよばれるが，あまりでまわっていなかった．スールーではペティス petis とよばれる銅銭が使われていた．

　[解説]マギンダナオが，スールーに比べて経済的に発展していなかったことがわかる．南のオランダ人の活動が活発なときは，マギンダナオは地の利を生かした活動ができたが，中国人の貿易活動が活発になるとスペインやスールーのほうが有利になり，マギンダナオは後背地に退いた．マギンダナオの繁栄は，マルク諸島でのオランダの活動に支えられていたということができるだろう．

フォレストは，7カ月間滞在したマギンダナオを離れることになった．ラジャ・ムダは，河にたくさんいるスールー人やフォレストを快く思っていないマギンダナオ勢力に気づかれないよう，密かに出港することを勧めた．また，ポロック港周辺では，天然痘が流行っていた．出港にあたってラジャ・ムダとかれの父と会談してわかったことは，かれらがイギリスのマニラ占領やアンソン提督のガレオン船捕獲のことなど，よく知っていたことだった．ラジャ・ムダは，ラテン語の語彙をいくつか知っており，スペイン語で書くことができた．計算ではアラビア数字よりローマ数字を好み，バイオリンを弾いた．

［解説］1743年6月20日，アンソン提督が指揮するイギリス船は，スペインのガレオン船を捕獲し，多くの富を手に入れた．1686年7月18日から翌87年1月14日まで，マギンダナオに滞在したダンピアWilliam Dampierも，老人の住民がスペイン語をよく話し，王族が高い教養を示したことを記録している［ダンピア1992］．

　1776年1月8日，フォレストはマギンダナオを出帆して，スールーからボルネオに向かった．12日，サンボアンガのスペイン砦に向かうトゥアン・ハジを見かけた．ホロ島Soolooには6万人が居住し，かれらはスマトラ島，ジャワ島，マラッカ，タラウド諸島などに出没した．イラヌン人居住区もあった．香料の木はないがシナモンがあり，野生の象がいた．イスラーム王国は，スルタンのほか約15人のダトの合議制で治められていた．スルタンはダトの2倍の投票権をもつにすぎなかった．スールーの旗は，白地に赤のメッカの門が描かれていた．スルタンもダトも，商人であった．年に2艘，アモイからジャンク船がやってきて，中国製の布や陶器などをもたらし，ナマコ，真珠母貝，ツバメの巣，亀甲などの海産物，蜜蝋などを持ち帰った．ともに2倍ほどの値で売られた．マギンダナオでもスールーでも，中国人を奴隷としないきまりがあった．スールーは，マギンダナオに比べてかなりすすんでいた．船は精巧に造られ，市場では銅銭が使われていた．スールーにはたくさんのビサヤ人や何人かのスペイン人奴隷がいた．かれらは，イラヌン人やマギンダナオ人から買われ，ボルネオで売られたりした．容貌の美しい女性は，バタビアで売られた．ビサヤ人の奴隷は，しばしばバイオリンを奏でた．スールー人は，ヨーロッパの音楽が好きであった．スールーのことばは，ビサヤ語やほかのフィリピン諸語の影響をかなり受けていた．

　［解説］川原慶賀が描いた蘭館絵巻などには，バタビアから連れてこられたと思われるムラユ系の人びとが，給仕をしたり子どもの世話をしたりしている姿がみえる．石崎融思「蛮酋飲宴図」には，ヨーロッパの楽器を演奏する一団の姿が描かれている．詳しくは，長崎市出島史跡整備審議会編『出島図――その景観と変遷』（長崎市，1990年改訂，初版1987年）を参照．

1773年にいたスールーのカリフはトルコ人で，ヨーロッパをよく旅行したことのあるひじょうに教養高い人物であった．ブギス人は勇ましい人びとで，スールーで諍いがおきたとき40人ほどで戦った．バジャオ人漁民はたくさんおり，ダトの配下にあったが，もともとはジョホールから来たといわれている．バジャオ人はボルネオ島やセレベス島沿岸にも多数おり，塩をつくって売っている者もいた．かれらは，イスラーム教徒であった．ボルネオ北東岸にテドン人という野蛮な海賊集団がいたが，最近スールーの配下に入った．テドン人は人肉を食べるともいわれるが，サゴ澱粉を大量に生産し，安く売ることでも知られていた．

ボルネオ島北部は，かつて中国人の支配下にあったといわれた．1775年には，中国からジャンク船7艘がブルネイにやってきて，家具用の黒檀やラタンなどを買っていった．ブルネイの近くでジャンク船が造られることがあり，フォレストは500トンほどのを見た．このあたりには多くの中国人が居住し，コショウ農園を経営していた．ブルネイ王国の支配は，マギンダナオやスールー同様，複合的で，まずEang de Patuanが最上位にあり，つぎにスルタン，そして約15人のパンゲランPangaran貴族がいた．かれらは，しばしば住民に圧政を加えていた．

> [解説] アモイからやってくるジャンク船が，スールーへの年2艘にたいしてブルネイへは7艘で，当時はまだブルネイのほうが貿易港として魅力があったことがわかる．ジャンク船は，ブルネイだけでなく，シャムでも建造されていた [永積2001: 65]．また，中国人のコショウ農園経営がさかんで，労働者としての奴隷が求められていたことがわかる．スルタンの上位であるというEang de Patuanは，スルタンと同格であるYang di Pertuan Besarのことであろう．

その後，フォレストはマラッカ海峡から3月末にケダ，さらに6月1日にベンクーレンに至った．タルタル・ガレイ号は船底の虫食いがひどく，ベンクーレンで公開入札され売却された．

3 1838〜39年スラウェシ島北部の捕虜奴隷の記録

1838年5月17日にメナド Menado（マナド）からゴロンタロ Gorontalo に向かったピーテルス C. Z. Pieters は，途中海賊船の襲撃にあい，捕虜奴隷となって売られ，翌39年6月27日にメナドに帰還した．1年間余の体験が，*Tijdschrift voor Indische Taal-, Land- en Volkenkunde* (Batavia, 1855) に掲載され，さらに英訳されて *Journal of the Indian Archipelago and Eastern Asia*, Series II, No. 2 (1858) に掲載された．記述された順に，かれの体験をみていこう．

商品を積んでメナドを出港したカッター（小艇）は，23日ケマ Kema に入港し，25日に出帆したが，ひどい向かい風のために舵が折れ，30日にケマに戻った．修理を終えて6月1日に再出帆し，5日に米を得るためにベラン Belang に寄り7日に出帆，9日にコタブナ Kotabuna に到着し，11日にゴロンタロに向けて出帆した．

14日夜9時ごろプラウ船を見つけ声をかけたが返事がなく，接近したのを見るとバラギギ海賊船だった．まもなく，発砲と同時に合図の照明弾があがり，ほかの船がそれに応えた．見ると10艘のプラウ船が周囲にいた．翌朝10時ころまで大型5艘，小型5艘による追跡がつづき，船員ふたりが死亡し，漕ぎ手ふたりが重傷を負った．海賊たちは，2〜3度，乗船を試みたが，ピーテルスは左腕に重傷を負うまでそれを拒んだ．海賊たちは，ひっきりなしに投石し，発砲してきた．もはやこれ以上戦えないことがわかったので，武器を捨て，側に火薬の樽を置いた．その火薬に葉巻きの火がついて，海賊たちが一目散に逃げた．その後のことは，覚えていない．

気がつくと，裸で縛られていた．新しい捕虜は，主人が決まるまで日々違う人に使われた．18昼夜たってスラウェシ島北東岸沖のバンカ島に着いた．リクパン Likupang 沖で，10艘のプラウ船の捕虜100人が，海賊たちに分配された．捕虜は，テルナテ，ティドレ，ブトン，バンガイ，サンギへ，マカッサルとゴロンタロ出身であった．ピーテルスは，バルディン Baludin とよばれ

る男のものになった．名前を訊かれたので，ジュマート Jumaat と答えた．

　バンカ島からバラギギまで，8日間強い向かい風と高波に苦しめられた．バラギギに着くと，どこの出身かと訊かれたのでカンダン Kwandang とゴロンタロのあいだのムラン Murang と答えた．会社が駐留しているアムラン Amurang とは違うと説明した．さらに，カッターで死亡したのが，会社の人間と自分の主人だったと答えた．

　［解説］ピーテルスは，尋問にあたって本当のことを言っていない．地図を見ても，カンダンやムランがどこなのかわからない．会社とは，オランダのことを指していると思われる．イギリスは，ナポレオン戦争に乗じて1801年にマナドを占領するが，翌年オランダに再占領された．1810年にイギリスは再びマナドを中心とするミナハサ地方を占領したが，17年に再度オランダに帰した［Schouten 1998: 50-51］．

　主人とその妻が職業を訊くので，商品管理と帳簿，病人に薬を与えていたと答えると，主人はどんな病も治せる奴隷を得たと吹聴してまわった．すると，手相を見てくれ，脈をとってくれといって，大勢の人がやってきた．ピーテルスは厚遇され，病人を診る以外になにもしなくてよかった．

　スールーからの貿易船が，しばしばやってきた．そのなかに，中国人の妻がいた．どこの出身かと訊かれたので，「メナド」と答えると，自分もいたことがあり，ピーテルスを買ってやろうといってくれた．ピーテルスは，スールーの中国人に薬を注文するといって，オランダ語，英語，ムラユ語で，かれとかれの部下5人を買って助けてくれるよう，手紙を書いた．そして，主人にスールーで売ってくれと頼んだ．同意した主人は，3日かかってスールーに連れていった．先の中国人の妻の夫ウンクッド Unkud が，コルネリス Cornelis かどうか何度も訊ねたが，否定した．中国人の妻に，自分がコルネリスだと告げると，隠すよう忠告された．というのも，ボルネオ王国の者が殉死用に高値で買おうとしているからだと告げた．この女性のお陰で，かの女の夫が買ってくれた．

　翌日の8月9日，ピーテルスは中国人商人のところに連れていかれ，仕える

気があるかどうか訊かれたので,否定した.つぎにスペイン船に行ったが船長がスペイン語しか話せなかったので,アメリカ船に行った.名前を訊かれたので,メナドのピーテルス Cornelis Zacharias Pieters と答えた.アメリカ船の船長ソミス M. A. Somis は,ピーテルスの手紙を受け取っていた.ピーテルスは,そこで以前ウンクッドを通して買われた甥 Abraham Schults に会った.30分くらいで,交渉は決裂した.ウンクッドが1,000ドル以上を要求したのだ.そこで,ピーテルスは仮病を使うことにした.食事もとらず,コレラにかかったようにした.3日目に交渉がまとまり,300ドルで決着した.

ピーテルスはサンボアンガに行き,メナド行きの捕鯨船を探したが出帆した直後だった.そこで,いったんスールーに戻り,ソミスとともにマニラに行き,メナド行きの船を待った.数ヵ月間して,ようやく見つけ,1839年6月27日にメナドに帰ることができた.かれは,バラギギ島にふたつの砦で囲まれた集落とそのほかの6つの集落があったことを報告した.

[解説] コルネリス・ザカリアス・ピーテルスの国籍,履歴については,最後まで記されていない.マナド居住の私貿易商人で,オランダ人だと思われる.襲われた船の持ち主であり,乗組員のうちふたりは死亡,5人は助かってバラギギまで連行された.捕虜奴隷本人の交渉で,解放される様子が具体的に語られている.すでにプランテーション栽培がはじまり,コーヒー,カカオ,米の輸出の重要性がたかまっていたにもかかわらず,1830～40年代のマナドは貿易港としてあまりにぎわっておらず,ゴロンタロからの船も滅多にこなかった.周辺海域は,スールーやマギンダナオからの海賊が横行していた.ケマ港は安全で,イギリスやアメリカの捕鯨船が定期的に立ち寄っていた.こうした状況も,1851年にマナドとケマが自由貿易港となってから変化し,交通量が増加した.1856年以降になると,蒸気船が導入されたこともあって,海賊の被害は稀になった[Schouten 1998: 56].

第Ⅱ部
海域イスラーム世界の衰退と
マイノリティ化

第4章
ミンダナオの近代

はじめに

　フィリピン南部ミンダナオ(ミンダナオ島，スールー諸島およびパラワン島)は，イスラーム教徒を含む分類・分布の把握がきわめて困難な数多くの民族言語集団が分散居住し，近代になって「約束された土地」とよばれるフロンティア社会を形成した地域である．また，今日までイスラーム教徒が分離独立・自治を要求し，先住民 Lumad が民族自治・固有の文化・領域の保持を要求して，反政府活動をおこなうなど，治安の不安定な地域である．

　近代マニラの中央政府にとっての「ミンダナオ問題」は，ミンダナオがフィリピンという植民地国家・国民国家に編入・同化しないことだった．同化政策はアメリカ植民統治期前半の 1899～1920 年に本格的におこなわれ，今日までつづく「ミンダナオ問題」の出発点となった．しかし，その戦略的同化政策によって生じた数々の問題は，初期近代イスラーム国家として繁栄したマギンダナオ王国やスールー王国にとっての基本的な社会の問題でもあった．本章では，まずイスラーム王国マギンダナオを中心にミンダナオの社会が，近代との遭遇によって動揺し，すでに 19 世紀に衰退に向かっていたことを明らかにする．つぎに，マギンダナオ王国の衰退によって生じた周辺地域の状況を，南部ダバオ湾岸とサランガニ湾岸地域に注目して把握する．しかし，これら周辺化された地域の史料は，植民地政府やキリスト教宣教師などの記録がわずかに残されているにすぎず，住民の史料は皆無に近い．そこで，ここではこれら両湾岸地域の人口統計とイスラーム教徒の系譜・歴史的伝承を「付録」として章末に加える．そして，首長制社会を基本とするミンダナオのイスラーム社会が，アメリカ植民地支配のもとで解体され，近代植民地国家形成のなかでマイノリティ化していく過程を考察する．

1 マギンダナオ王国の衰退

 従来,キリスト教徒によるミンダナオの経済開発は,アメリカ植民地支配下に入ってすすめられたといわれてきた.本格的にはそうであるが,マギンダナオ王国の衰退とともに,すでに19世紀後半からスペインの近代植民地支配の現実化とともにはじまっていた.スペインは16世紀末以来,何度かミンダナオの占領を計画した.しかし,それはキリスト教の布教とマルク(モルッカあるいは香料)諸島への進出の足がかりとしてであった.ところが,19世紀になると,西欧諸国が開発をともなう植民地を求めて東南アジア各地に進出し,ミンダナオ島,スールー諸島,パラワン島もその標的にされた.それにたいして,スペインは武力でもって,ミンダナオの制圧に乗り出した.そして,そのもっとも大きな障害となったのが,ホロ島を中心とするスールー王国とプラギ河(ミンダナオ大河)流域を基盤とするマギンダナオ王国のふたつのイスラーム王国だった.

 1876年,激しい戦闘の末,スールー王国の主都ホロがスペインによって陥落した.このことによって,スールー王国が滅亡したわけではなかったが,スールー諸島におけるスペインの優位は決定的になった.それにたいし,マギンダナオ王国のスペイン占領は,スールー王国より以前に大きな戦闘もなく容易にすすんでいた.それは,19世紀になって急速に衰退したマギンダナオの歴代スルタンが,その地位を維持するためにむしろすすんでスペイン勢力を招き入れたためだった.本書「インタールード(幕間)2」で登場したラジャ・ムダは,その後第16代スルタン・サーリヤル Kibad Sahriyal(在位1780?-1805?年)となり,1794年にスペインと通商条約を結んだ.つぎの第17代スルタン・アンワール Kawasa Anwar ud-Din(在位1805?-1830?年)は,1805年のスペインとの協約でスペインのいかなる敵も領域に入れないと約束した.さらに,第18代スルタン・ウントン Iskandar Qudratullah Jamalul Alam Untong(在位?-1853?年)は1837年にスペインとの友好協定を締結し,45年の協定でコタバトにスペインの商館を建設することを許可して,事実上スペインの保護下に

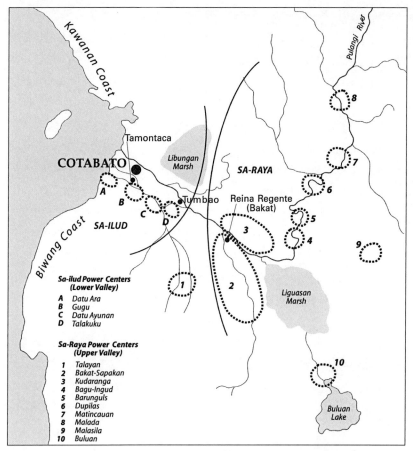

図13　19世紀末のマギンダナオ
出典：Casiño 2000

入った[Majul 1973: 269-70].

　このときすでにマギンダナオ王国は弱体化し，スルタンの権威は名目的なものになっていた．「海賊」として名高いイラヌン人は，マギンダナオ王国の海軍力として重要な存在であったが，その支配・影響力から離れ，スールーに移動するなど独自の行動をとるようになっていた．イラヌン人だけでなく，これらのスペインとの協定を機にマギンダナオ人のなかにもスルタンを見限る者が続出し，その衰退に拍車をかけた．また，イスラーム教徒の「海賊」に悩まさ

れつづけたスペイン海軍は，蒸気船の導入によって，その優位を不動のものにした．マギンダナオのスルタンは，スペインの庇護下での延命策を選択し，1851年にスペインの11人の将校，7人の行政官，医務官，252人の兵士と160人の労働者がポロックに到着，翌年1月までに海軍基地を建設することを許した．さらに，スペインは，1857年に戦略的にひじょうに重要なプラギ河の2大支流が合流するトゥンバオ Tumbao を押さえていたカブンタランのスルタンと友好協定を結び，1861年第19代スルタン・マカクワ Mohammad Makakwa（在位1854?-84?年）の歓迎の下，コタバトを占領した［Majul 1973: 288; Villano-Campado 1982: 91-95］.

コタバトの占領に先立って，スペインは1854年8月と55年2～3月の2度にわたって遠征隊を派遣し，プラギ河流域の調査をおこなった．その結果，従来の下流域のマギンダナオ，上流域のブアヤン，その中間の中流域のカブンタランの3王国のほかに，9つのスルタンを名乗る首長を中心とする王国の存在を確認した．そのなかには，1848年のスペインのダバオ占領にともなって移動して王国を築いたカバカン王国 Kabakan があった．マギンダナオ王国の弱体化とスペインの侵入にたいして，イスラーム教徒勢力を結集する動きはみられず，1852年にスグット Sugut，61年にパガルガン Pagalungan，66年にスパガ Supanga，シムアイ Simuay などで，局地的散発的なホラメンタド juramentado（狂信的殺人者）的な動きがあったにすぎなかった．ミンダナオ島での抵抗が激しくなるのは，ウト Dato Uto がブアヤン王国の実権を握った1875年以降で，1886～87年には激しい戦闘が展開された［Villano-Compado 1982: 92-93, 103］.

いっぽう，スペインは着実に行政機構を整えていった．1851年のポロック占領にともないコタバト郡 Distrito de Cotabato を創設し，コタバト占領の前年の60年にはミンダナオ軍政府を設立，サンボアンガ，スリガオ，ミサミス，ダバオ，コタバト，バシランの6郡を設け，コタバトを中心郡とし長官が常駐するようになった．マギンダナオのスルタンは「タモンタカの領主」の称号を与えられ，「中将」としてスペインの軍組織に組み込まれた．また，1871年8月のスペイン王の布告でコタバトはミンダナオの主都となったが，同年

12月8〜9日の地震で，ポロックとコタバトの建物は全壊し，75年11月の布告で主都はサンボアンガに戻された[Majul 1973: 288; Villano-Compado 1982: 108]．

イスラーム教徒の抵抗がそれほどでもないと感じたスペイン人は，1861年にクエバス神父 Fr. Cuevas の発案による異教徒の子どもや購入奴隷からなる共同社会農園の建設を実行すべく，4,500ペソの資金を得て，72年9月に4人の子どもを購入し，翌73年2月に30人の解放奴隷に洗礼を施す最初のフィエスタをおこなった．1872年7月の天然痘の流行や飢饉などのため，イスラーム教徒が奴隷や子弟さえ手放す機会はあるとみられていた[Schreurs 1994: I, 125-35; Villano-Compado 1982: 119-22]．しかし，実際には宣教師の熱心な布教にもかかわらず，1893年までにわずか566人の洗礼しかおこなうことができなかった．宣教活動に固執することに利点が少ないと感じたテレロ総督 Emilio Terrero y Perinat（在位1885-88年）は，イスラーム教徒の存在を容認したうえで，植民地支配をおこなう政策変更を提案し，1887年7月の王令で正式に認められた．このことによって，ミンダナオのイスラーム教徒は，武力で改宗を迫られることはなくなった[Villano-Compado 1982: 144-45, 152; Schreurs 1998: III, 401]．

いっぽう，1866年にはビサヤ諸島のボホール島やルソン島北部のイロコス地方からミンダナオ占領地への移住者を誘致し，軍の農業コロニーを築く計画が立てられた．スペインによるミンダナオの将来像は，コタバト郡の主要な街となったポロック，コタバト，タモンタカの1870年の人口分布からみてとれる．2,999人の人口のうち，スペイン人はわずかに50人，イスラーム教徒は800人で全人口の4分の1をわずかに超えたにすぎなかった．それにたいしてキリスト教徒は2,129人で全体の71％を占めていた．また，中国人は220人で，経済的活動がかれらによって担われていたことが想像される．これらの中国人のなかには，18世紀半ばにあいついでマニラを追放された未改宗者の子孫が含まれていた[Villano-Compado 1982: 105-06]．

ウトに率いられたスペインにたいする大規模な反抗は，1883年9月の奴隷にたいする政策変更に起因していた．新しくコタバト郡知事として赴任してき

たロルダン Leopoldo Roldan は，スペイン支配下に逃亡してきた奴隷は自動的に解放するとし，元のイスラーム教徒の主人にその代価を支払う必要はないとした．それにたいし，ウトは逃亡奴隷を即座に殺害することでこたえた．フィリピンのイスラーム社会は，奴隷労働によって支えられていた．奴隷は，遠征のときの漕ぎ手として，また留守中の農業耕作者としてなくてはならない存在だった．また，オランダ領東インドの奴隷市場への輸出は貴重な収入となり，その見返りとして大砲などの武器・弾薬，真鍮製品，布などを購入することができた．スルタンの勢力とは奴隷を何人もっているかだった．ウトは4,000～5,000の奴隷を抱えていたといわれる[Villano-Compado 1982: 116, 127]．

ミンダナオ島の奴隷貿易の中心は，1862年にはプラギ河流域からサランガニ湾とサランガニ諸島に移っていた．ルター Owen Rutter は，その状況をつぎのように述べている[Rutter 1986: 49]．

> ……いっぽう，ミンダナオ島沖のサランガニ島は，奴隷貿易の中心のひとつとして知られ，いたるところから奴隷を求めて商人がきている．スペイン人やフィリピン人の奴隷の多くがこのようにして売られ，ボルネオで再度売られたが，若い女性，とくに容貌の優れた者はバタビア市場用に留め置かれた．諸島での中国人はつねに女性奴隷の熱心な買い手であったが，それは本国の法律で女性出移民が禁じられていたからであった．

また，ブリエル Burriel も1862年にサランガニ湾が「奴隷の主要な市場」になっていることを観察している．サランガニ湾からブアヤン王国支配下のブルアン湖 Buluan へは，マトゥトゥム山 Matutum 西山麓を通って馬で約14時間の道のりであった[Ileto 1971: 36; Schreurs 1998: III, 432]．これらの奴隷は，フィリピン諸島に加えて，スラウェシ島北岸からも集められた[Warren 1981; PNA, Mindanao y Sulu, 1863-1893, Exp. 19: 168-89]．そのサランガニ湾へ勢力を伸ばしたのが，ブアヤンからブルアン湖を経て進出したウトであった．ウトは穀倉地帯であるプラギ河上流を押さえたうえに，貿易によって勢力を拡大した．しかし，1886～87年にかけてのスペインとの戦闘の結果，配下のダトら

がつぎつぎに降伏し，また86年9月にサランガニ湾がスペインに占領されて，ウトは貿易港を失った．同時に，スペインはサランガニ湾岸のダトたちと友好関係を築き，中立化を確立した．そして，1890年9月までにミンダナオ第5郡のコタバトの新境界が決められ，イリャナ湾・サランガニ湾司令部の管轄下に入った[Villano-Compado 1982: 133, 139-40]．また，影響下にあったマラナオ人は1891年に中心地マラウイをスペインに占領され，95年に反撃したが撃退された．ウトの後，ミンダナオ島ではイスラーム教徒をまとめるだけの指導者が出現せず，1888～96年のあいだマギンダナオは新しいスルタンを決めることさえできなかった．

スルタンの力が低下したもっとも大きな要因は，スルタンの政治力・経済力の元である海外活動が抑えられたことだった．ヨーロッパ列強はつぎつぎに蒸気船を導入し，スペインも1848年に沿岸警備用に3隻を導入した．近代的海軍力・海運力の前に，従来の奴隷を漕ぎ手とする船では立ち向かえなくなった．その奴隷も，スペインやオランダの領土支配が強化され，蒸気船の警備艇に阻まれて獲得できなくなった．奴隷は土着の支配者，中国人商人のほかヨーロッパ人のあいだでも私的に使用されていたが，奴隷制廃止の世界的な動き（オランダ領では1859年）と，プランテーション用クーリー労働の普及により，奴隷貿易は急速に衰退した．

海外活動の抑制は，協定を通じてもおこなわれた．1836年にスールーのスルタンはスペインと対等な通商協定を結んだが，51年の協定で外国との通商協定や海賊行為を禁止され，さらに78年の降伏文書では船の港の出入りが統制された．船の統制は，1887年のブアヤンのウトとの降伏文書にも記載された[USNA RG 350-5075]．

マギンダナオの弱体化にともなって，周辺地域の民族との共存のバランスが崩れた．奴隷獲得が困難になったマギンダナオは，ティルライ人 Tiruray など周辺民族を奴隷にし，ダバオ地方やカラガ地方にも川を遡って内陸から季節を問わず襲撃を繰り返し，海からは季節風を利用して海岸の集落を襲った．それにたいし，スペインは1848年にダバオを征服し，カラガ地方では80年ころからキリスト教化がすすんだ[Schreurs 1989]．

マギンダナオ王国の衰退にさらに拍車をかけたのは，オランダによるサンギヘ諸島のサンギル人への支配強化とキリスト教の普及であった．サンギル人はスラウェシ島北部のミナハサ地方などオランダ植民支配下で開発がすすんだ地域へ大挙して移住し，各地へ四散した．そして，1910年から13年にかけて，サンギヘ諸島の諸小王国はつぎつぎに簡易宣言によって自治領を確認され，ミンダナオとの関係は疎遠になった．

スルタン主導の外交・外国貿易が衰退し，都を占領されたスルタンに残された権威は，宗教的指導者としてのものだけだった．しかし，世界的なイスラーム世界の低迷のなかで，キリスト教世界の近代化に対抗できるものを，スルタンに求めることはできなかった．

2 19世紀のダバオ湾岸・サランガニ湾岸地域のイスラーム教徒

1860年に軍政郡が設立されて以来，郡毎に住民などの実態調査がおこなわれた．はじめダバオ郡は東は太平洋に面したマヨ湾 Mayo からダバオ湾さらにサランガニ湾を越えてポロ Polo までであったが，のちにサランガニ湾以西はコタバト郡に編入された．したがって，ダバオ湾岸地域のイスラーム教徒の分布は，ダバオ郡知事と同じく郡単位で活動していた宣教師の記録が，おもな史料となる．しかし，この地域のイスラーム教徒は，スペイン人が引いた境界を遥かに越えて，活動していた．

18世紀後半から19世紀にかけてマギンダナオ・イラヌンの襲撃は遥かパプア・ニューギニアにまで及び，テルナテを支配下においたオランダに対抗すべく，ティドレのヌク Dato Nuku やイギリスと結んで，海域東南アジア全域で活発な活動を展開していた[Andaya 1993: 214-39]．当時マギンダナオ王国は1,000隻の船を擁し，スラウェシ島北西部でさかんに造船をおこない，マルク諸島全域を支配する勢いがあった[Schreurs 1989: 212]．

1754年に，ミンダナオ島東海岸のスペインの砦タンダグ Tandag は，1,000人のイスラーム教徒に攻撃され，陥落した．その前後から東海岸は頻繁にマギンダナオ，イラヌン，マラナオ，スールーのイスラーム教徒の襲撃にあった．

図14 ダバオの風景・村(1880)
出典：Schreurs 1994: I, 102. "Voyage aux Isles Philippines et en Malaisie" by J. Montano. Pre-published in "Le Tour du Monde" 1882 からの引用.

スペインの保護を得られないと見極めた住民は，自らイスラーム側につき，カトリック信仰を捨て，イスラームに貢税を払った．タンダグのスペイン砦占領のさいにも，住民の協力があった．1815年，カラガ地方のスペインの行政はまったく麻痺し，同年から34年までタンダグに任命された宣教師は，だれも赴任しない状況がつづいた．18世紀半ばから，カラガ地方はマギンダナオ王国支配下のダバオのイスラーム教徒が事実上支配し，住民を属民とみなし，貢ぎ物を徴収していた．東海岸には毎年5月にイスラーム教徒が現れたが，マギンダナオ王国支配下のイスラーム教徒は，季節性と危険をともなう海からだけでなく，プラギ河，ヒホ河Hijo，アグサン河などの大河からそれぞれの支流，さらに沢，尾根伝いに陸路から，季節を問わずいつ襲ってくるかわからない存在であった[Schreurs 1989: 210, 81, 299]．

しかし，1848年にダバオがオヤングレンJosé Oyangurenによって占領されてから，事情は異なってきた．ダバオのイスラーム教徒はスペインの支配に服従するか，コタバトまたはサランガニ方面へ移動した[Schreurs 1989: 283]．イスラーム教徒の支配・襲撃から逃れたカラガ地方のマンダヤ人などの小民族は1880年ころから海岸地帯に降りてきて，定住し，キリスト教に改宗した．ダバオでも，1892年にウリオス神父Fr. Saturnino Uriosが赴任してからイスラーム教徒を含むダバオ湾岸地域の住民のキリスト教への改宗がすすみ，1894年には2,774人の洗礼を記録した[Archives of Philippine Province, Ateneo]．そ

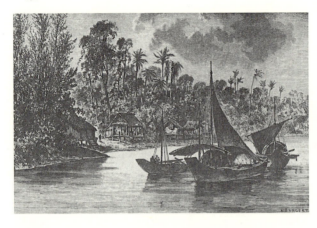

図15 ダバオの風景・川辺(1880)
出典：Schreurs 1994: I, 103. "Voyage aux Isles Philippines et en Malaisie" by J. Montano. Pre-published in "Le Tour du Monde" 1883 からの引用。

の結果，ミンダナオのキリスト教徒は，1881年の194,314人から12年後には302,173人に増加した．増加は，自然増27,919人，移住と改宗79,942人によるものだった[Schreurs 1989: 343]．移住者のなかには，ダバオ，コタバト，ホロに流刑された政治犯やその他の囚人が含まれていた[Schreurs 1994: I, 33]．改宗がすすんだのは，たんにイスラーム教徒の支配を脱しただけでなく，当時地震，飢饉，疫病が流行していたこととも無縁ではないだろう．当時の宣教師が固執したことは，おもに奴隷制廃止と人身供犠の廃止だった[Schreurs 1994, 98: I-III]．

　ダバオ湾岸地方の具体的な民族分布および人口調査は，1870年のものが最初だと思われる．この年，郡知事，宣教師，海軍が27日間にわたって調査し，「集落，民族，首長の階級，戸数，人口」を記録している．ダバオ湾岸地域は，さらに西岸，東岸，湾内のサマル島に分類され，合計43集落，2,965戸，17,363人，129首長が記録された．西岸ではサランガニ諸島を含む28集落，2,078戸，12,429人，113首長が記録され，北部ではバゴボ人が多く，ギアンガ人Guianga，アタ人Atta，カラガン人Calaganに加えてイスラーム教徒が居住していた．マララグMalalag以南の南部では，タガカオロ人Tagacaolo，マノボ人Manobo，ビラアン人Vilan，イスラーム教徒が散在しながら順に記録されている．東岸では，12集落，686戸，4,116人，10首長が記録され，民族別ではビラアン人，マノボ人，マンダヤ人が居住していたが，イスラーム教

徒がかなりの勢力をもっていたことがうかがえる．ダバオ湾内のサマル島では，3集落，201戸，818人，6首長が記録されたが，民族名は記入されていない．人口は，一部を除いて戸数を単純に6倍しただけで，正確な数値ではない[PNA "Memoria de Davao, 1870-1890"]．さらに，1879年にダバオ湾西岸を調査したモレ神父 Fr. Moré は，"Tibongoy: 100 families, Tubalan: 200, Lecarón: 200, Malita: 500, Tingulo: 25, Lais: 200, Talagútum: 200, Lama: 50, Lapuon: 50, Calián: 100, Loayon: 200, Mangili: 100, Culaman: 100, Caburan: 150, Magolibas: 116, Talayon: 200, Sugal: 100, Nuin: 150, Batulaque: 150, Banguián: 70, Baliton and Glan: 250"，合計3,211家族を記録している[Schreurs 1994: I, 319]．

ダバオ湾岸地域のイスラーム教徒は，約4,000人と推定され，海岸付近や舟barotoで航海可能な河口や川辺に居住していた．しかし，かれらは農業をおこなわず，いつでも移動する性格のもので，居住形態を把握することは困難であった[Schreurs 1998: II, 39]．ダバオのイスラーム教徒は基本的にマギンダナオ王国の影響下にあったが，オヤングレンによるダバオの占領後，トゥガナイ Tuganay，タグム Tagum，ヒホ，スムログ Sumlug 河口を中心に勢力を保ち，カラガ地方を支配下において貢税を徴収し，奴隷狩りの供給地としていた．その前哨基地は，マヨ湾にあり，ダトは「入り口の見張り人 arit sa pinto」のタイトルを有していた[Schreurs 1998: III, 120-121]．

ダバオ湾岸・サランガニ湾岸地域には，サンギルとよばれるイスラーム教徒が散在していた．サンギル人の多くは，現在インドネシア領のサンギヘ諸島に居住し，17世紀後半以来オランダの影響下にあって，住民の多くがキリスト教に改宗し，イスラーム教徒は少数派になったが，マギンダナオ王国との関係はつづいていた．ミンダナオ島南部では，サランガニ諸島の海岸部を中心に居住していたが，サランガニ諸島が19世紀後半に奴隷貿易の基地になったこともあって，マギンダナオ人やタウスグ人も居住していた．サランガニ諸島の内陸部には，ビラアン人が居住していた．

サランガニ湾岸地域の人口統計は，1880年調査のものがある．添付された地図をみると，「廃棄 abandonada」「焼却 quemado」と記入されたものがあ

り,集落が恒久的なものではなかったことをうかがわせる.海岸部はマギンダナオ人が居住していたが,集落は東海岸にみられ,西海岸は現在「リトル・サウジ」とよばれるように,降雨量が少なく,集落はみられない.東海岸の南から北にかけて,つぎのような人口統計が記録されている."Glan Masila 200, Glan Parido 200, Sapo Parido 250, Marapatan 400, Loong Parido 300, Buaya-an 150, Mulug(10 small barrios) more than 2000"[PNA, Mindanao y Sulu, 1861-1897, Exp. 31: 341-66].地図では,湾の西側にはトゥギス Tugis に集落が記入されているだけである.トゥギスには,サンギヘ島から来たイスラーム教徒のサンギル人が居住しており,ヤマロ Dato Yamalo がミアンガス島 Miangas(フィリピン名パルマス Palmas)からやってきたオランダ商人を殺害し,商品を強奪した事件が起きていた.さらに,イスラーム教徒は40〜50人でグランの駐屯地を襲う計画を立て,1898年7月に司令官を殺害した.かれらは武器の没収に反発し,イスラーム宗教指導者 Pandita Cali はカトリック宣教師の活動を排除しようとしていた[Schreurs 1998: III, 239-41; Arcilla 1990: I, 395-97].

以上の人口分布は,けっして恒久的なものではなく,移動が頻繁にあったことから,一時の状況を示したにすぎなかった.イスラーム教徒も非イスラーム教徒も,しばしば個々人で,家族で,集落仲間と,ときには集落ごと,移動することがあった.その理由は,飢饉,疫病,地震,洪水,襲撃などさまざまであったが,イスラーム教徒はこの時期政治的理由で,集団で移動していた.たとえば,つぎのような例が,報告されている[Schreurs 1998: II, 43, 277]

1884年10月グランから約50人のモロがダバオにやってきて,ダロン Daron に居住する許可を知事に求めた.かれらは,ピンソン Pinzón〔郡〕知事殺害に連座して元の集落を追われ,今度またサランガニのモロやビラアン人の侵入に追われて,〔ダバオ〕湾に戻ってきた人びとだった.ダバオの〔郡〕知事ピンソン José Pinzón y Purga を残酷に襲い,殺害したのは,タグム川のモロだった.

アブドゥル Datu Abdul は，1889年末まで有名なウトと張りあっていた．その理由は，ウトがすすめたウトの娘との結婚を破談にしたからだった．そのため，アブドゥルはすべての財産と約1,000人のかれの住民とともに集落を引き払い，家さえいかだに乗せて，レイナ・レヘンテ Reina Regente のすぐ下に移住した．そこは，トゥンバオの〔スペイン軍〕駐屯地の対岸で，かれは敵の襲撃を恐れてスペイン軍によって守られることを期待して移ってきたのだった．

19世紀後半，ミンダナオ島南部には少なくとも3つのグループのイスラーム教徒が移住してきた．マギンダナオの王族で新たな王国を築こうとした者，ミンダナオ島とサンギヘータラウド諸島を頻繁に往復するサンギル人，奴隷貿易の活発化とともにスールー諸島など各地からやってきたイスラーム商人，である．かれらのなかには，定住傾向の強い者とマギンダナオ王国支配下のスルタンや有力ダトの居住区に生活の基盤をもちながら仮住まいをしている者，転々と移動を繰り返す者がいたことが想像される．奴隷貿易に従事する者はスラウェシ島などにも活動範囲を広げていた［PNA, Mindanao y Sulu, 1863-1893, Exp. 19: 168-89］．毎年サランガニ諸島，ダバオ湾に貿易にやって来たというタラオ Talao の人びとというのは，おそらくタラウド諸島の人びとで，移住を希望していたという報告もあった．かれらはイスラーム教徒やマノボ人を恐れて湾内に入ってくることはなかったが，布や各種マットを売っていた［Schreurs 1998: II, 42］．貿易業者として，さらに重要な役割を果たしたのは中国人で，ホロ，ブルネイ，さらにはシンガポールを往き来しており，イスラーム教徒は武器，米，肉，カカオなどを輸入していた．中国人はつねにイスラーム教徒に与していた［Schreurs 1994: I, 22-23; 1998: III, 428-29］．

　非イスラーム教徒についても，その移動はいくつかに分類できる．バゴボ人，マンダヤ人などは，限られた地域を状況にあわせて移動し，キリスト教化した者は海岸部に移動した［第5章付録3］．しかし，クラマン海岸 Kulaman のクラマン人やタガカオロ人，マノボ人のなかにはイスラーム教徒と同様に，貿易や奴隷狩りに従事し，サランガニから武器・火薬を手に入れ，周辺民族に恐れら

れた者もいた[Schreurs 1994: I, 332; 1998: II, 47, 53, 365].

　非イスラーム教徒の地域には，マギンダナオ王国の衰退とともに移住してきたイスラーム教徒が海岸に集落を築き，またスペインの征服とともにカトリック宣教師がやってきたものの，それほど大きな影響力を受けることもなく，首長制社会を基本とした独自な社会を保っていた．それが，アメリカ植民地支配下に入り，しばらくすると大きな変化に直面することになった．

3　近代植民地国家の成立とマイノリティ化

(1) アメリカのミンダナオ統治

　スルタンは所詮外向きの権威をもっていただけだった．内向きの権威は各ダトがもっていた．そのダトの権威も，アメリカがもたらした近代的植民地支配のために失墜していった．

　1898年12月のパリ条約によって，スペインからフィリピン諸島を譲渡されたアメリカ合衆国は，南部に別のイスラーム教徒の主権が存在することを認めた．人口約30万と推定されたイスラーム勢力は，全人口のわずか4％にすぎなかったが，かれらが支配・影響下においていた地域は全土の3分の1にのぼり，軍事的にもけっして侮れない存在だった．そこで，アメリカ軍はフィリピン—アメリカ戦争突入後の1899年8月にベイツ協定 Bates Agreement（1904年3月一方的に破棄）を結んで，スールーのスルタンにアメリカの宗主権を認めさせ，スルタンを媒介とした間接統治を実施した．ミンダナオは直接アメリカの軍政下におかれ，1899年10月のミンダナオ・ホロ軍管区 Military District of Mindanao and Jolo, 1900年3月のミンダナオ・ホロ軍管区 Military Department of Mindanao and Jolo につづいて，03年7月にモロ州 Moro Province が設立された．モロ州の設立目的は，世俗主義の原理に基づいてイスラームの政治制度や社会制度を解体することにあった．そして，「後れた地域」を「文明化」し，「進歩」させることだった．

　モロ州設立後，イスラーム教徒には人頭税が課せられ，「人道的」見地から「奴隷制」が廃止された．また，「海賊行為」の禁止やイスラームの教えに則っ

た一夫多妻制が廃止され，アメリカ的概念の発展と文明化がおしすすめられた．これらのアメリカ・インディアンを手本とする同化政策に，イスラーム教徒は激しく抵抗した．「奴隷制」廃止にたいして，スールーでは1903年から05年にかけてパンリマ・ハッサン Panglima Hassan, ダト・ウサップ Dato Usap, ダト・パラ Dato Pala らが相次いでアメリカ軍に戦いを挑み，マギンダナオでもダト・アリ Dato Ali が04年3月から05年10月まで抵抗した．また，1905年1月にスールーで導入された人頭税にたいして，イスラーム教徒1,000人あまりがスルタンやダトの説得にもかかわらずダホ山 Bud Dajo に砦を築いて立て籠もり，アメリカ軍の攻撃にあい，女性・子どもを含む600人以上が殺害された．さらに1913年には武器回収を原因とするバグサク山（スールー）の戦いが起こった．これらの戦いを含め，モロ州の最初の3年間だけで，100を超える戦闘で3,000人以上のイスラーム教徒がアメリカ軍によって殺害されたと推定される．それにたいし，アメリカ軍の犠牲者は，70を上まわらなかった[Gowing 1977: 164].

その後も，ダトやパンリマらの世俗的・宗教的指導者に率いられたイスラーム教徒の局地的・散発的な抵抗はつづいたが，1915年にスールーのスルタンがカーペンター＝キラム協定 Carpenter-Kiram Agreement によって，アメリカの主権を確認させられ，政教分離の狭義の宗教的指導者としての権限以外すべてを放棄させられて，王国は滅亡した[ARDMS 1915: 297-300]. 1913年には軍政のモロ州が廃され，民政のミンダナオ・スールー管区 Department of Mindanao and Sulu が発足した．その設立目的は，ミンダナオの住民を「文明化」の達成にしたがって，漸次ルソン・ビサヤ地方と同一の政治体制に組み込んでいくフィリピン国民化であった．このミンダナオ・スールー管区も1920年に廃され，このときはじめて行政的にフィリピン諸島はひとつになった．

イスラーム教徒は，アメリカ植民地政府による行政，教育，保健・衛生，関税をともなう貿易，商業，経済開発などを通して，アメリカの物質文化の影響を顕著に受けた．フィリピン国民化政策による「フィリピノ・ムスリム」あるいは「ムスリム・フィリピノ」の誕生である．イスラーム教徒が「フィリピン

表1 ミンダナオのイスラーム教徒と先住民 Lumad の人口(1903-2000年)

国勢調査年	フィリピン全人口(A)	ミンダナオ全人口(B)(B/A%)	イスラーム教徒(C)(C/B%)	先住民(D)(D/B%)
1903	7,635,426	706,539 (9%)	277,547 (39%)	156,255 (22%)
1918	10,314,310	1,175,212 (11%)	378,152 (32%)	116,456 (10%)
1939	16,000,303	2,338,094 (15%)	751,172 (32%)	341,888 (15%)
1948	19,234,182	3,049,593 (16%)	905,812 (30%)	250,819 (8%)
1960	27,087,685	5,546,833 (20%)	1,307,339 (24%)	411,431 (7%)
1970	36,684,486	6,831,120 (19%)	1,629,730 (24%)	437,991 (6%)
1990	60,559,116	14,269,736 (24%)	2,690,456 (19%)	
2000	76,498,735	18,133,864 (24%)		

出典：Rodil 1994: 104; Census 1990; Census 2000.
注1：1903年の国勢調査では，非キリスト教徒の調査は本格的におこなわれていないため，信頼性に欠ける．1918年以降においても地域的に信頼できないところがある．
注2：フィリピンの地方自治は町政を基本とするため，町・町区ごとの人口統計の分析が必要である．また，首長制を理解するためには，各集落ごとの人口統計が必要であるが，国勢調査の結果は町・町区ごとまでで，集落 barrio ごとの宗教別・民族別人口は公表されていない．
注3：1990年および2000年は，パラワン州を除く．

人」になることは，別の問題を引き起こした．ミンダナオ島へのキリスト教徒の移住政策は，すでにコタバトがスペインによって占領された1861年以来おこなわれていたが，アメリカ植民地政府はキリスト教徒の農民の土地要求に応えるため，1913年から人口希薄で広大な未開拓地のあるミンダナオ島への入植をすすめる政策をとった．キリスト教徒は，従来イスラーム教徒の影響下にあったプラギ河流域およびその南のコロナダル・バレーなどの「公有地」とされた焼畑休閑地や狩猟採集地に入植して，土地登記制度に基づいて合法的に土地を取得した[註第4章付記]．また，日本人によって大規模なアバカ(商品繊維名マニラ麻)農園の開発がすすめられていたダバオなどに農園労働者として雇われた．1918年から39年6月までに労働局の後援でミンダナオなどに移住した者だけで，家族等を含め46,683人にのぼり[*Yearbook of Philippine Statistics 1940*: 109]，18年から39年にコタバト州の人口は17万から30万，ダバオ州の人口は11万から29万に増加し，うちダバオ市では2万から10万に急増した．その結果，しだいにイスラーム教徒やその他の非キリスト教徒諸民族は，数のうえでも少数派になっていった．

まだ，この時代にマイノリティということばは使われなかったが，アメリカ

植民地統治期を通して，キリスト教徒フィリピン人 Christian Filipinos，モロ Moros，非キリスト教徒諸民族 Non-Christian Tribes または異教徒 Pagans の3分類が定着し，後2者は「差別」的な扱いを受けるようになった．

(2) イスラーム教徒の動揺とマイノリティ化

モロ州成立後，イスラーム社会は初代知事ウッド Leonard Wood (在職 1903-06年)のもとで強権的に解体が試みられた．しかし，イスラーム教徒の抵抗とその軍事的制圧にたいするアメリカの世論の反対にあって，1906年にウッドは解任され，逆に首長制を修復し，ダトを植民地行政の協力者にする政策がとられた．イスラーム教徒の研究もおこなわれ，その第一人者はサリビィ Najeeb M. Saleeby だった．サリビィは，1913年にマニラのフィリピン・アカデミィでおこなった講演で，「ミンダナオ島の異教徒の高地種族は未開ではなく，組織的で確固とした慣習法をもっている．モロはそれより格段に文明がすすんでいる」と強調し，「60年前のモロはいまよりずっと裕福で，組織的で，文明的だった」と述べている．そして，「モロ問題」の解決は，モロ裁判所とダト評議会を設置して首長制を復活させ，首長制から町政にすみやかに移行することだと結論した．サリビィのねらいは，ダトの地位と尊厳を保つことによって，ダトを植民地支配のための従順で忠実な協力者にすることだった [Saleeby 1913].

サリビィの提案は，すでに 1904 年の民族区 tribal wards や翌年の民族区裁判所 tribal ward courts の設置により試みられていたことだった．問題は，その試みがうまくいっていないことだった．ベイツ協定にみられるように，はじめアメリカ植民地政府は，スルタンはじめ有力ダトを通じて，イスラーム教徒を間接統治できるものと考えていた [ARDMS 1915: 289-90]．しかし，ホロの軍知事を「父」，自身を「息子」とよぶスールーのスルタンに従わないダトが続出し [USNA RG 350, 5075]，いっぽう 8 年間の空位の後 1896 年に就任したマギンダナオのスルタン・マギギン Mangigin はマギンダナオ人居住地域の西の端マルゴサトゥビグ Margosatubig に王宮を構えたが，そこでもダトの反抗にあった [ARGMP 1905: I, 341]．スルタンを介した間接統治ができないと判断し

た植民地政府は，民族区・民族区裁判所を設置して，その長にダトなどを任命した．ところが，1906年4月現在で民族ごとに51の民族区を設置し，そのうち5民族区はさらに56民族小区に分割しても，地理的に分断された各集落のダトの権限が強く，ほかの指導者の介入を許さなかった[ARGMP 1906: I, 369-72]．この集落ごとに異なる慣習法は，アメリカ人軍人・植民地官吏には，体系的な法律のないまったく無秩序な社会にみえた．少なくとも，民族区裁判所の判決に役立つものはないと判断された[ARGMP 1904: I, 577; 1905: I, 330]．

民族区裁判所で扱った訴訟は，たとえば1907年のマラナオ人の多いラナオ郡の場合，年間294件のうちダトとサコペ(自由民)間の紛争がもっとも多く，80件(27％)を占めた．ついで，債務49件，窃盗・詐欺48件，牛盗人33件，慣習法問題28件だった．ダトの権威に直接かかわるダト－サコペ紛争，慣習法問題だけで合計108件(37％)に及び，いかにダトの権威が失墜し，社会が混乱していたかが想像される[ARGMP 1907: I, 386]．

民政のミンダナオ・スールー管区設立後，民族区・民族区裁判所は廃され，かわって1914年に7州，21町 municipality・178町区 municipality district が設立され，それぞれ三役 president, vice president and councilor には一部の例外を除いて現地住民が就任した[ARDMS 1913-14: 333]．1915年には17町で選挙を実施し，副町長，町議を選出したが，投票総数はわずか1,654にすぎなかった[ARDMS 1915: 285-86]．いっぽう，管区官吏・職員は発足当初の1914年にアメリカ人26人，フィリピン人71人(73％)だったのが，行政官吏のフィリピン化もあって，翌年にはアメリカ人5人，フィリピン人37人(88％)とフィリピン人の割合が増加した[ARDMS 1913-14: 397]．州でははじめ三役 governor, secretary-treasurer and third member が任命されたが，1915年に第三役が選挙で選ばれ，コタバト，ラナオ，サンボアンガの3州でイスラーム教徒が選ばれた．このように町・町区で非キリスト教徒が行政に関与する道は残されたものの，州・管区では非キリスト教徒の活躍の場はひじょうに限られた．「後れた地域」で自治能力がないとされたミンダナオで，ルソン・ビサヤ地方と同じ普通選挙制度が実施されたのは，国政で1955年，町政で59年のことだった[川島 1992]．

さらにフィリピン自治法(ジョーンズ法)が1916年に成立すると,非イスラーム教徒のマイノリティ化は明確になった.自治法のなかで王族の称号の使用,一夫多妻制,奴隷制が否定された.二院制議会の上院は,12の選挙区から2名ずつが選出されたが,12番目のルソン島北部山岳地域およびミンダナオ・スールー管区からは,それぞれ1名ずつが総督に任命された[ARDMS 1916: 77].下院では81名が選挙で選ばれたが,ミンダナオ・スールー管区の5名はマウンテン・プロビンスの3名,ヌエバ・ビスカヤ州の1名とともに総督に任命された.その結果,上院議員にスールー州のバキ Hadji Butu Abdul Baki が任命され,下院議員にコタバト州のピアン Datu Piang,ラナオ州のベニト Datu Benito のほか3名のキリスト教徒が任命された.国政レベルでイスラーム教徒の参政権が認められたのは,1930年代半ばのことだった.このようにイスラーム教徒は少数ながらも,国政に参加する機会を得たが,イスラーム教徒の陰に隠れてミンダナオのそのほかの非キリスト教徒諸民族は,事実上州政,国政への参加の道を閉ざされ,さらに不利益を被ることになった.

ミンダナオの人びとは,それまでイスラーム教徒であろうがなかろうが,社会統合の強弱,規模の大小はあっても,それぞれの社会は自治をもっていた.基本的社会単位がそれぞれの民族より小さかった時代,地域では,それぞれの社会は独立していて,マイノリティは存在しなかった.近代植民地国家・国民国家はその領土に複数の民族を含み,マジョリティを中心とした統合政策をとった結果,マイノリティが発生することになった.

アメリカ領フィリピンに編入されたミンダナオのイスラーム教徒を含む非キリスト教徒は,マニラでキリスト教徒が決定した法律に従った生活を強いられることになり,それぞれ固有の文化・社会的慣習は,否定されるか無視された.このフィリピン自治にともなう同化政策にたいする反応は,不思議なほどなかった.リーダー不在のなか,武器回収が順調にすすんでいたことが功を奏したといえるが,リーダーのなかに植民地支配に順応した世代が育ってきていたことも無縁ではなかった.新エリートは,イスラーム教徒全体の利益を考えるより,植民支配下での自己と一族,エリート階級の利益を優先するキリスト教徒エリートと同じ道を歩みはじめていた[McKenna 1998; 川島 1992].

むすびにかえて

ヨーロッパ人は，植民地化にさいして王を中心とした政治制度があり，成文法と規律ある社会制度が営まれていると認めた場合，王に植民地政府の宗主権を認めさせ，まず間接統治をおこなうのが通例であった．アメリカがフィリピンを領有したとき，スールー王国にたいして間接統治を試みたのも，王国の主権を認めたからであった．しかし，すでにスルタンの権威は失墜し，イスラーム社会は統率力を欠いて混乱状態に陥っていた．その混乱にアメリカ支配が拍車をかけ，イスラーム教徒の指導者のなかに間接統治に利用できる人材はいなかった．その結果，スペインの支配に甘んじていたキリスト教徒フィリピン人が，アメリカ人にかわって支配者として登場することになり，さらに事態を悪化させた．

アメリカ人軍人・植民地官吏は，ことあるごとにイスラーム教徒を「好戦的な野蛮人」と表現し，自暴自棄的にアメリカ人を攻撃するイスラーム教徒をホラメンタドと称し，未開人のばかげた行為だとして蔑んだ．しかし，イスラーム教徒はこの行為をパラン・サビル parang sabil（聖戦）と称し，ジハードと同じ意味をもった宗教と社会を守るための自己犠牲による戦いだと認識していた[Federspiel, 1998: 345]．このようなアメリカ人のイスラーム教徒にたいする偏見は，キリスト教徒フィリピン人エリートにおよび，やがてキリスト教徒全体にイスラーム教徒を軽蔑し，恐れる風潮が広がった．

キリスト教徒とイスラーム教徒のわだかまりは，アメリカ植民地統治期のイスラーム教徒のマイノリティ化の過程を通して，より深刻になったといえる．アメリカ植民地統治期以前のミンダナオは，フィリピンよりむしろ海域東南アジア東部のイスラーム世界に属しており，フィリピン諸島の北部・中部のキリスト教徒とは同じ政体に属していなかった．したがって，外的要因としての対立があったとしても，内的問題ではなかった．換言すれば，「ミンダナオの近代」とは，海域東南アジア東部世界の初期近代イスラーム王国の支配的な世界から，キリスト教徒が支配的な植民地国家・国民国家に同化しないマイノリテ

ィ化した非キリスト教徒が多数残存する近代フロンティア世界への時代であったといえるだろう．

　国政に参加し国政を担うようになるキリスト教徒と自治権を失っていくイスラーム教徒を含む非キリスト教徒の差は，コモンウェルス（独立準備政府）期（1935-46年），独立後のフィリピン共和国期になって，経済格差という目にみえるかたちで広がっていった．フィリピンは周辺諸国のインドネシアやマレーシアに比べて国民統合が緩やかで，町政を基本とする地方自治が強い国である．それだけに地方自治は身近で，自治権を求める運動が起こりやすい土壌がある．ミンダナオの自然集落を基本とするイスラーム社会やそのほかの非キリスト教徒諸民族社会の人びとの自治にたいする意識は強く，その復活を求める運動は脈々とつづき，その後の反政府活動の根源的原因として残った．しかし，その自治の範囲は相変わらず血族・姻族を基本とする社会を超えるものではなく，新たな統合の原理をみいだせないまま，内部抗争を繰り返した．ミンダナオの紛争は，その多くが局地的・散発的，一時的であるため，容易に政府軍に鎮圧され，政府を転覆するほどの存在ではないと比較的軽視されてきた．

　ようやく1990年に4州からなるムスリム・ミンダナオ自治区が発足し，その知事に最大反政府組織であったモロ民族解放戦線MNLFの議長ミスアリNur Misuariが就任した．しかし，自治の内容をめぐる論争はつづき，それに飽き足らないモロ・イスラーム解放戦線MILFやアブ・サヤフAbu Sayyafは引きつづき反政府活動を展開している．また，「ミンダナオ問題」をイスラーム教徒の問題として議論することが多いが，ミンダナオには多数の非イスラーム教徒の先住民が居住しており，かれらの存在が問題をさらに複雑にしていることを忘れてはならないだろう．「ミンダナオ問題」は，継続性と展望が開けないという点において，深刻な問題として今日までつづいている．

付録1 20世紀の国勢調査人口統計からみた
　　　　　ミンダナオ島南部

アメリカ植民地統治期におこなわれたフィリピンのセンサス(国勢調査)は，1903年，18年，39年の3度である．しかし，1903年の最初の国勢調査が，選挙実施のための調査であったように，キリスト教徒中心のものであって，非キリスト教徒の調査は不充分であった．非キリスト教徒の人口調査は，1916年のものがはじめての全国的な調査であったが，州別，町別，集落別の統計は利用できない[Beyer 1917]．1918年の人口調査では，州別，町別宗教別人口統計が得られるが，集落別はない．1939年では，宗教別に加えて，民族別人口統計が得られるが，やはり州別，町別の統計しかない．

　フィリピンのイスラーム教徒は，スルタンを頂点とする王国のもとでの支配構造ができていたが，その支配・被支配の関係は柔軟で，多分にスルタン個人のカリスマ性によっていた．しかし，スルタンの支配権が弱まった19世紀のマギンダナオ王国においては，各集落の長であるダトの独立性が強まっていた．したがって，州レベルや町レベルのイスラーム勢力が弱まっても，集落レベルの結束が保たれていれば，ある程度の自治は保てたはずであり，当時の状況を知るためには集落別人口統計が必要となる．しかし，集落別統計がないため，ここでは町・町区別人口の変遷によって，イスラーム教徒を含む非キリスト教徒の周辺化，マイノリティ化をみていくことにする．

　1918年のダバオ州の宗教別人口統計をみると，州人口69,390人のうちカトリック教徒59.1％，「異教徒」"Pagan" 24.0％，イスラーム教徒8.0％で，すでにカトリック教徒が多数派となっていることがわかる．町・町区別ではバガンガ Baganga，カラガ Caraga，カテエル Cateel の太平洋岸でカトリック教徒が80％を超え，シガボイ Sigaboy，サンタ・クルス Santa Cruz，マナイ Manay，マリタ Malita，ダバオ Davao の港町やイスラーム教徒の影響の弱かった地域でカトリックが50％を超えている．イスラーム教徒勢力の強かった所でも，イスラーム教徒人口比はタグム Tagum で35.4％，マティ Mati

143

表2 1918年国勢調査 宗教別人口統計(コタバト州南部・ダバオ州)　(( )内は%)

	合　計	カトリック	アグリパイ派	プロテスタント	イスラーム	「異教」	仏　教	その他
コタバト州	21,413	2,204 (10.3)	1 (0.0)	30 (0.1)	8,504 (39.7)	10,476 (48.9)	64 (0.3)	134 (0.6)
コタバト町	4,105	1,675 (40.8)	1 (0.0)	29 (0.7)	2,132 (51.9)	87 (2.1)	47 (1.1)	134 (3.3)
ブアヤン町区	4,384	33 (0.8)	― (―)	― (―)	1,317 (30.0)	3,031 (69.1)	3 (0.1)	― (―)
グラン町区	2,998	489 (16.3)	― (―)	1 (0.0)	747 (24.9)	1,749 (58.3)	12 (0.4)	― (―)
キアンバ町区	3,388	― (―)	― (―)	― (―)	1,464 (43.2)	1,923 (56.8)	1 (0.0)	― (―)
クリン町区	4,322	7 (0.2)	― (―)	― (―)	1,621 (37.5)	2,693 (62.3)	1 (0.0)	― (―)
コロナダル町区	2,216	― (―)	― (―)	― (―)	1,223 (55.2)	993 (44.8)	― (―)	― (―)
以上5町区小計	17,308	529 (3.1)	― (―)	1 (0.0)	6,372 (36.8)	10,389 (60.0)	17 (0.1)	― (―)
ダバオ州	69,390	41,031 (59.1)	563 (0.8)	453 (0.7)	5,533 (8.0)	16,670 (24.0)	5,134 (7.4)	6 (0.0)
バガンガ町	5,015	4,468 (89.1)	― (―)	5 (0.1)	― (―)	537 (10.7)	5 (0.1)	― (―)
カラガ町	5,669	4,649 (82.0)	10 (0.2)	― (―)	― (―)	1,010 (17.8)	― (―)	― (―)
カテエル町	5,906	5,043 (85.4)	1 (0.0)	9 (0.2)	― (―)	851 (14.4)	2 (0.0)	― (―)
ダバオ町	13,300	7,601 (57.2)	152 (1.1)	203 (1.5)	1,237 (9.3)	780 (5.9)	3,323 (25.0)	4 (0.0)
マナイ町	5,335	3,690 (69.2)	― (―)	7 (0.1)	103 (1.9)	1,529 (28.7)	6 (0.1)	― (―)
マティ町	6,453	2,932 (45.4)	5 (0.1)	14 (0.2)	1,623 (25.2)	1,871 (29.0)	8 (0.1)	― (―)
サンタ・クルス町	5,555	4,096 (73.7)	133 (2.4)	52 (0.9)	166 (3.0)	767 (13.8)	341 (6.1)	― (―)
ギアンガ町区	1,565	96 (6.1)	― (―)	1 (0.1)	4 (0.3)	649 (41.5)	815 (52.1)	― (―)
マリタ町区	3,345	2,311 (69.1)	240 (7.2)	96 (2.9)	51 (1.5)	625 (18.7)	22 (0.7)	― (―)
モンカヨ町区	3,175	13 (0.4)	1 (0.0)	2 (0.1)	― (―)	3,159 (99.5)	― (―)	― (―)
パントゥカン町区	4,961	2,471 (49.8)	5 (0.1)	53 (1.1)	714 (14.4)	1,452 (29.3)	266 (5.4)	― (―)
サマル町区	1,956	190 (9.7)	― (―)	― (―)	40 (2.0)	1,709 (87.4)	17 (0.9)	― (―)
サウグ町区	417	6 (1.4)	1 (0.2)	― (―)	― (―)	410 (98.3)	― (―)	― (―)
シガボイ町区	3,584	2,776 (77.5)	― (―)	4 (0.1)	380 (10.6)	374 (10.4)	49 (1.4)	1 (0.0)
タグム町区	3,154	689 (21.8)	15 (0.5)	7 (0.2)	1,215 (38.5)	947 (30.0)	280 (8.9)	1 (0.0)

25.2%, パントゥカン Pantukan 14.4%, シガボイ 10.6%, ダバオ 9.3% が目立つ程度で, ほかは 3% 以下である. また, モンカヨ Monkayo 99.5%, サウグ Saug 98.3%, サマル Samal 87.4% で「異教徒」が圧倒的多数を占め, カトリックの布教も, 地域的なばらつきがあったことがわかる.

　1939 年のダバオ州の人口は, その行政区画が多少変わったが, 292,600 人に増加した. 宗教別ではカトリック教徒 50.4%,「異教徒」32.2%, イスラーム教徒 5.3% となっており, カトリックが小民族に普及せず, イスラーム教徒は人口そのものは増加しているが, 割合は減少し, ますます少数派になっていったことがわかる. イスラーム教徒町別人口比で目立つのは, マティ 32.6%, ルポン Lupon 26.9%, バトゥラキ Batulaki 15.5%, タグム 14.4% で, 人口比では 3.9% だが, 3,703 人がダバオ市に居住している. 町政府法が施行され, 町が独自の行政単位となっているフィリピンで, イスラーム教徒は数のうえで町政府の主導権を握れなくなったことがわかる. また, 使用言語をみると, 州全体でビサヤ語が 51.1% で半数を超え, イスラーム系言語はモロ Moro 2,943, スールー Sulu 2,128, サンギル Sanngil 1,347, マギンダナオ Magindanao 968 人で, イスラーム教徒を含むと考えられるダバオ人 Davaweño が 3,003 人となっている. サンギル語人口はバトゥラキ町に集中し, 従来の集落を保っていたと考えられるが, モロ 2,301, スールー 1,025, マギンダナオ 726 人は, ダバオ市に居住し, 10 万人近い人口を擁する都市人口の一部を担うようになった. 19 世紀までこの地域に影響力をもっていたマギンダナオ人は, イスラーム教徒のなかでも少数派になったことがわかる.

　コタバト州南部のブアヤン Buayan, グラン Glan, キアンバ Kiamba, クリン Kling, コロナダル Koronadal 各町区の 1918 年の総人口は 17,308 人で, カトリック教徒はグラン 489, 16.3% のほか, ブアヤン 33, クリン 7 人しかなかった. プロテスタントはグランの 1 人が記録されているだけである.「異教徒」人口比はブアヤン 69.1%, クリン 62.3%, グラン 58.3%, キアンバ 56.8%, コロナダル 44.8% で, イスラーム教徒人口比はコロナダル 55.2%, キアンバ 43.2%, クリン 37.5%, ブアヤン 30.0%, グラン 24.9% を占めていた. キリスト教徒はごくわずかで, それまでの力関係からこの地域ではイスラーム

表3 1939年国勢調査 宗教別・民族言語別人口統計(コタバト州南部・ダバオ州)

(1) 宗教別人口統計(コタバト州南部)

	合計	カトリック[1]	アグリパイ派	プロテスタント[2]	イスラーム	「異教」[3]	仏教	その他[4]
コタバト州	298,935	42,694 (14.3)	3,959 (1.3)	13,256 (4.4)	162,996 (54.5)	74,265 (24.8)	721 (0.2)	1,044 (0.3)
コタバト町	10,166	5,921 (58.2)	68 (0.7)	425 (4.2)	2,742 (27.0)	454 (4.5)	345 (3.4)	211 (2.1)
ブアヤン町	14,115	311 (2.2)	7 (0.0)	6 (0.0)	1,842 (13.0)	11,944 (84.6)	4 (0.0)	1 (0.0)
グラン町	9,364	1,864 (19.9)	18 (0.2)	225 (2.4)	1,373 (14.7)	5,775 (61.7)	70 (0.7)	39 (0.4)
キアンバ町	10,107	958 (9.5)	164 (1.6)	1,250 (12.4)	2,045 (20.2)	5,668 (56.1)	21 (0.2)	1 (0.0)
クリン町	6,493	1,097 (16.9)	10 (0.2)	69 (1.1)	1,530 (23.6)	3,734 (57.5)	23 (0.4)	30 (0.5)
コロナダル町	8,558	18 (0.2)	— (—)	— (—)	1,815 (21.2)	6,724 (78.6)	1 (0.0)	— (—)
以上5町小計	48,637	4,248 (8.7)	199 (0.4)	1,550 (3.2)	8,605 (17.7)	33,845 (69.6)	119 (0.2)	71 (0.1)

1) ローマ・カトリック　2) プロテスタント諸教派
3) 「異教徒」pagans およびいかなる宗教グループに属していない者
4) 神道および不明を含む

(2) 民族言語別人口統計(コタバト州南部)

	コタバト州	コタバト町	ブアヤン町	グラン町	キアンバ町	クリン町	コロナダル町	左記5町合計
合計	298,935	10,166	14,115	9,364	10,107	6,493	8,558	48,637
ティルライ人	15,919 (5.3)	170 (1.7)	30 (0.2)	6 (0.1)	40 (0.4)	5 (0.1)	—	81 (0.2)
イラヌン人[1]	17,731 (5.9)	32 (0.3)	1 (0.0)	1 (0.0)	5 (0.0)	45 (0.7)	—	52 (0.1)
マギンダナオ人	146,947 (49.2)	3,616 (35.6)	1,047 (7.4)	1,511 (16.1)	2,439 (24.1)	1,173 (18.1)	1,866 (21.8)	8,036 (16.5)
ビラアン人	33,274 (11.1)	21 (0.2)	10,164 (72.0)	5,884 (62.8)	17 (0.2)	1,721 (26.5)	6,694 (78.2)	24,480 (50.3)
マノボ人	21,800 (7.3)	2 (0.0)	87 (0.6)	710 (7.6)	2,339 (23.1)	28 (0.4)	— (—)	3,164 (6.5)
サマル人[2]	6,250 (2.1)	1 (0.0)	587 (4.2)	198 (2.1)	491 (4.9)	160 (2.5)	— (—)	1,436 (3.0)
サンギル人	951 (0.3)	— (—)	11 (0.1)	246 (2.6)	15 (0.1)	676 (10.4)	1 (0.0)	949 (2.0)
タガビリ人	8,905 (3.0)	1 (0.0)	78 (0.6)	4 (0.0)	4,129 (40.9)	2,073 (31.9)	— (—)	6,284 (12.9)
ビサヤ人	37,429 (12.5)	3,791 (37.3)	210 (1.5)	1,927 (20.6)	513 (5.1)	1,011 (15.6)	— (—)	3,661 (7.5)
イロカノ人	11,458 (3.8)	732 (7.2)	64 (0.5)	160 (1.7)	1,305 (12.9)	77 (1.2)	1 (0.0)	1,607 (3.3)
タガカオロ人	1,970 (0.7)	— (—)	1,970 (14.0)	— (—)	— (—)	— (—)	— (—)	1,970 (4.1)
バゴボ人	2,237 (0.7)	— (—)	— (—)	— (—)	— (—)	— (—)	— (—)	— (—)
その他	3,759 (1.3)	1,895 (18.6)	26 (0.2)	55 (0.6)	52 (0.5)	43 (0.7)	2 (0.0)	178 (0.4)

1) イラヌン人, ラナオ人, マラナオ人　2) サマル-モロ人
注: 合計値が一致しないものや合計が100%にならないものがある。

(3) 宗教別人口統計(ダバオ州)

	合 計	カトリック[1]	アグリパイ派	プロテスタント[2]	イスラーム	「異教」[3]	仏 教	その他[4]
ダバオ州	292,600	147,483 (50.4)	4,721 (1.6)	11,538 (3.9)	15,540 (5.3)	94,089 (32.2)	11,513 (3.9)	7,716 (2.6)
バガンガ町	8,737	7,086 (81.1)	17 (0.2)	23 (0.3)	9 (0.1)	1,596 (18.3)	5 (0.1)	1 (0.0)
バトゥラキ町	5,181	116 (2.2)	5 (0.1)	689 (13.3)	803 (15.5)	3,566 (68.8)	2 (0.0)	— (—)
カブラン町	6,197	108 (1.7)	1 (0.0)	14 (0.2)	12 (0.2)	6,058 (97.8)	1 (0.0)	3 (0.0)
カマンサ町	3,022	60 (2.0)	— (—)	11 (0.4)	— (—)	2,951 (97.7)	— (—)	— (—)
カラガ町	10,877	6,271 (57.7)	2 (0.0)	1 (0.0)	2 (0.0)	4,584 (42.1)	— (—)	17 (0.2)
カテエル町	9,243	7,473 (80.9)	3 (0.0)	7 (0.1)	17 (0.2)	1,720 (18.6)	18 (0.2)	5 (0.1)
コンポステラ町	2,716	458 (16.9)	87 (3.2)	89 (3.3)	— (—)	2,071 (76.3)	— (—)	11 (0.4)
ダバオ市	95,546	58,516 (61.2)	2,241 (2.3)	4,324 (4.5)	3,703 (3.9)	12,616 (13.2)	8,238 (8.6)	5,908 (6.2)
カパロン町	5,555	1,939 (34.9)	75 (1.4)	229 (4.1)	66 (1.2)	3,204 (57.7)	26 (0.5)	16 (0.3)
ルポン町	4,905	2,063 (42.1)	67 (1.4)	208 (4.2)	1,320 (26.9)	1,167 (23.8)	78 (1.6)	2 (0.0)
マリタ町	30,775	5,984 (19.4)	243 (0.8)	81 (0.3)	493 (1.6)	23,826 (77.4)	88 (0.3)	60 (0.2)
マナイ町	11,528	6,352 (55.1)	8 (0.1)	3 (0.0)	203 (1.8)	4,912 (42.6)	28 (0.2)	22 (0.2)
マティ町	10,200	5,233 (51.3)	24 (0.2)	17 (0.2)	3,323 (32.6)	1,497 (14.7)	29 (0.3)	77 (0.8)
モンカヨ町	2,741	1,171 (42.7)	9 (0.3)	30 (1.1)	— (—)	1,530 (55.8)	1 (0.0)	— (—)
パントゥカン町	15,591	7,725 (49.5)	45 (0.3)	464 (3.0)	1,197 (7.7)	5,153 (33.1)	603 (3.9)	404 (2.6)
サマル町	7,473	5,065 (67.8)	90 (1.2)	157 (2.1)	444 (5.9)	1,667 (22.3)	8 (0.1)	42 (0.6)
サンタ・クルス町	33,808	15,186 (44.9)	1,491 (4.4)	4,629 (13.7)	870 (2.6)	9,744 (28.8)	879 (2.6)	1,009 (3.0)
サウグ町	3,443	1,401 (40.7)	11 (0.3)	131 (3.8)	134 (3.9)	1,699 (49.3)	6 (0.2)	61 (1.8)
シガボイ町	2,798	2,306 (82.4)	24 (0.9)	54 (1.9)	32 (1.1)	374 (13.4)	7 (0.3)	1 (0.0)
スルプ町	2,456	1,931 (78.6)	2 (0.1)	27 (1.1)	64 (2.6)	409 (16.7)	12 (0.5)	11 (0.4)
タグム町	19,808	11,039 (55.7)	276 (1.4)	350 (1.8)	2,848 (14.4)	3,745 (18.9)	1,484 (7.5)	66 (0.3)

1) ローマ・カトリック 2) プロテスタント諸教派
3) 「異教徒」pagans およびいかなる宗教グループに属していない者
4) 神道および不明を含む

教徒がまだ支配的であったと考えられる．しかし，1939年になると人口48,637人のうち8,605人，各町人口比13.0～23.6％平均17.7％を占めるにすぎなくなった．使用言語からマギンダナオ語人口はブアヤン1,047，グラン1,511，キアンバ2,439，クリン1,173，コロナダル1,866，サマルSamal-Moro語人口はブアヤン587，グラン198，キアンバ491，クリン160，コロナダル0，サンギル語人口はブアヤン11，グラン246，キアンバ15，クリン676，コロナダル1が記録されている．カトリック教徒は4,248人，8.7％で少数であり，まだイスラーム教徒の集落は機能していたものと考えられる．

　以上の1939年センサスから，以下のようなサランガニ湾岸・ダバオ湾岸地域の民族分布の状況がわかる．コタバト州ではブアヤン，グラン，キアンバ，クリンの4町，ダバオ州ではバトゥラキ町が，ここでの地域対象となる．
　まず，コタバト州のバリオBarrio（村）の分布をみると，キアンバ，クリン町の海岸沿いに整然と並んでいることがわかる．集落の分布だけみていると，かつてこの地域が人口集中地域だったのではないかと，想像させる．
　各町の民族分布を，言語別と宗教別からみてみる．ブアヤン町は人口14,115，全国1,179町のうち422位の人口だが，そのおもな民族はビラアン人10,164（72.0％），タガカオロ人1,970（14.0％），マギンダナオ人1,047（7.4％），サマル人Samal-Moro 587（4.2％），ビサヤ人210（1.5％）で，イスラーム教徒Mohammedansは1,842（13.0％）人にすぎなく，大半の11,944人（84.6％）はアニミズム信仰者"Pagans and persons not belonging to any religious group"に分類されている．ローマ・カトリック教徒Roman Catholicsはわずか311（2.2％）人にすぎない．
　つぎに，グラン町をみると，人口9,364（660位），おもな民族はビラアン人5,884（62.8％），ビサヤ人1,927（20.6％），マギンダナオ人1,511（16.1％），マノボ人710（7.6％），サンギル人246（2.6％），サマル人198（2.1％），イロカノ人Iloko 160（1.7％）で，おもな宗教別人口は「異教徒」5,775（61.7％），カトリック教徒1,864（19.9％），イスラーム教徒1,373（14.7％），プロテスタント225（2.4％）人だった．グランでは，すでにキリスト教徒の入植がはじまっていた．

(4) 民族言語別人口統計(ダバオ州)

	合計	タガカオロ人	マノボ人	ビラアン人	クラマン人	マギンダナオ人	ラナオ人	サンギール人	スールー人	モロ人	イサマル人
ダバオ州	292,600	18,282 (6.2)	16,466 (5.6)	17,392 (5.9)	185 (0.1)	968 (0.3)	257 (0.1)	1,347 (0.5)	2,128 (0.7)	2,943 (1.0)	2,995 (1.0)
バガンガ町	8,737	1 (0.0)	—	—	—	1 (0.0)	4 (0.0)	—	—	—	—
バトゥラキ町	5,181	187 (3.6)	1,995 (38.5)	2,263 (43.7)	—	—	—	1,347 (26.0)	—	—	—
カブラン町	6,197	288 (4.6)	4,469 (72.1)	1,759 (28.4)	—	13 (0.2)	—	—	—	—	—
カマンサ町	3,022	—	—	—	—	—	—	—	—	—	—
カラガ町	10,877	—	—	—	—	—	—	—	—	—	—
カテエル町	9,243	—	—	15 (0.2)	—	1 (0.0)	—	—	—	—	—
コンポステラ町	2,716	—	—	—	—	—	—	—	—	—	—
ダバオ市	95,546	124 (0.1)	344 (0.4)	66 (0.1)	10 (0.0)	726 (0.8)	93 (0.1)	—	1,025 (1.1)	2,301 (2.4)	16 (0.0)
カパロン町	5,555	—	4 (0.1)	15 (0.3)	—	—	—	—	—	1 (0.0)	—
ルポン町	4,905	1 (0.0)	5 (0.1)	—	—	8 (0.2)	83 (1.7)	—	47 (1.0)	—	1 (0.0)
マリタ町	30,775	13,555 (44.0)	7,123 (23.1)	6,819 (22.2)	—	—	—	—	—	—	27 (0.1)
マナイ町	11,528	5 (0.0)	—	—	—	1 (0.0)	—	—	1 (0.0)	—	—
マティ町	10,200	62 (0.6)	257 (2.5)	1,779 (17.4)	—	—	5 (0.0)	—	—	—	1 (0.0)
モンカヨ町	2,741	—	30 (1.1)	—	—	—	—	—	—	—	—
パントゥカン町	15,591	8 (0.1)	76 (0.5)	1 (0.0)	—	8 (0.1)	28 (0.2)	—	466 (3.0)	48 (0.3)	474 (3.0)
サマル町	7,473	—	39 (0.5)	494 (6.6)	—	—	—	—	315 (4.2)	95 (1.3)	2,426 (32.5)
サンタ・クルス町	33,808	3,853 (11.4)	317 (0.9)	4,166 (12.3)	175 (0.5)	35 (0.1)	3 (0.0)	—	193 (0.6)	498 (1.5)	41 (0.1)
サウグ町	3,443	—	1 (0.0)	—	—	90 (2.6)	1 (0.0)	—	—	—	—
シガボイ町	2,798	—	234 (8.4)	—	—	—	—	—	—	—	—
スルプ町	2,456	—	1,540 (62.7)	3 (0.1)	—	15 (0.6)	—	—	—	—	—
タグム町	19,808	188 (0.9)	32 (0.2)	12 (0.1)	—	71 (0.4)	39 (0.2)	—	81 (0.4)	—	9 (0.0)

1) バゴボ人とギアンガ人
2) マンダヤ人とマンサカ人
3) 日本人および沖縄人
注: 合計値が一致しないものや合計が100%にならないものがある.

149

バゴボ人[1]	アタ人	マンダヤ人[2]	マンガガン人	ダバオ人	ビサヤ人	イロカノ人	バムバンガ人	ビコル人	パンガシナン人	中国人	日本人[3]	その他
18,655 (6.4)	7,906 (2.7)	34,580 (11.8)	1,792 (0.6)	3,003 (1.0)	149,456 (51.1)	6,184 (2.1)	259 (0.1)	326 (0.1)	513 (0.2)	3,201 (1.1)	17,782 (6.1)	1,458 (0.5)
—	—	1,595 (18.3)	—	—	7,383 (84.5)	54 (0.6)	1 (0.0)	1 (0.0)	—	25 (0.3)	5 (0.1)	—
—	—	2 (0.0)	—	—	51 (1.0)	6 (0.1)	—	1 (0.0)	—	—	—	—
—	—	—	—	—	208 (3.4)	64 (1.0)	—	—	—	—	2 (0.0)	—
—	—	2,973 (98.4)	—	—	102 (3.4)	17 (0.6)	—	—	2 (0.1)	—	—	—
—	—	4,322 (39.7)	—	—	6,873 (63.2)	11 (0.1)	—	—	2 (0.0)	9 (0.1)	2 (0.0)	3 (0.0)
—	—	1,470 (15.9)	1 (0.0)	—	7,745 (83.8)	30 (0.3)	—	—	—	43 (0.5)	6 (0.1)	8 (0.1)
—	—	2,096 (77.2)	2 (0.1)	—	470 (17.3)	173 (6.4)	1 (0.0)	—	—	—	12 (0.4)	2 (0.1)
11,690 (12.2)	3,834 (4.0)	25 (0.0)	—	1,338 (1.4)	57,065 (59.7)	2,717 (2.8)	128 (0.1)	212 (0.2)	265 (0.3)	2,278 (2.4)	14,215 (14.9)	601 (0.6)
—	2,882 (51.9)	823 (14.8)	1 (0.0)	24 (0.4)	1,581 (28.5)	510 (9.2)	22 (0.4)	1 (0.0)	36 (0.6)	12 (0.2)	27 (0.5)	6 (0.1)
—	—	1,094 (22.3)	—	167 (3.4)	3,135 (63.9)	390 (8.0)	—	1 (0.0)	17 (0.3)	77 (1.6)	34 (0.7)	303 (6.2)
7 (0.0)	—	9 (0.0)	9 (0.0)	—	5,547 (18.0)	533 (1.7)	—	—	—	—	58 (0.2)	—
—	—	4,976 (43.2)	1 (0.0)	—	6,805 (59.0)	53 (0.5)	—	—	4 (0.0)	16 (0.1)	20 (0.2)	1 (0.0)
7 (0.1)	1 (0.0)	2,459 (24.1)	12 (0.1)	—	5,968 (58.5)	84 (0.8)	11 (0.1)	2 (0.0)	17 (0.2)	81 (0.8)	15 (0.1)	27 (0.3)
4 (0.1)	—	2,596 (94.7)	—	—	162 (5.9)	39 (1.4)	—	10 (0.4)	11 (0.4)	3 (0.1)	—	—
—	—	5,377 (34.5)	3 (0.0)	—	8,092 (51.9)	174 (1.1)	1 (0.0)	11 (0.1)	8 (0.1)	194 (1.2)	933 (6.0)	120 (0.8)
—	2 (0.0)	11 (0.1)	—	1 (0.0)	5,151 (68.9)	51 (0.7)	—	7 (0.1)	—	46 (0.6)	11 (0.1)	3 (0.0)
6,924 (20.5)	—	9 (0.0)	1 (0.0)	7 (0.0)	16,968 (50.2)	579 (1.7)	18 (0.1)	24 (0.1)	64 (0.2)	178 (0.5)	1,029 (3.0)	157 (0.5)
5 (0.1)	4 (0.1)	1,868 (54.3)	276 (8.0)	—	1,631 (47.4)	66 (1.9)	2 (0.1)	4 (0.1)	4 (0.1)	16 (0.5)	4 (0.1)	55 (1.6)
—	—	185 (6.6)	21 (0.8)	—	2,329 (83.2)	16 (0.6)	3 (0.1)	—	—	27 (1.0)	14 (0.5)	—
—	—	—	—	—	1,446 (58.9)	12 (0.5)	36 (1.5)	—	—	25 (1.0)	12 (0.5)	10 (0.4)
18 (0.1)	1,183 (6.0)	2,690 (13.6)	1,465 (7.4)	1,466 (7.4)	10,744 (54.2)	605 (3.1)	36 (0.2)	52 (0.3)	83 (0.4)	171 (0.9)	1,383 (7.0)	162 (0.8)

キアンバ町は人口 10,107 (618位), おもな民族はタガビリ人 4,129 (40.9％), マギンダナオ人 2,439 (24.1％), マノボ人 2,339 (23.1％), イロカノ人 1,305 (12.9％), ビサヤ人 513 (5.1％), サマル人 491 (4.9％)で, おもな宗教別人口は「異教徒」5,668 (56.1％), イスラーム教徒 2,045 (20.2％), プロテスタント 1,250 (12.4％), カトリック教徒 958 (9.5％), アグリパイ教徒 Aglipayans 164 (1.6％)人だった.

クリン町は人口 6,493 (819位), おもな民族はタガビリ人 2,073 (31.9％), ビラアン人 1,721 (26.5％), マギンダナオ人 1,173 (18.1％), ビサヤ人 1,011 (15.6％), サンギル人 676 (10.4％), サマル人 160 (2.5％)で, おもな宗教別人口は「異教徒」3,734 (57.5％), イスラーム教徒 1,530 (23.6％), カトリック教徒 1,097 (16.9％)人だった.

ビラアン人は, このほかの町ではコロナダル 6,694, セブ Sebu 6,309, ブルアン Buluan 2,133で, コタバト州全体で 33,274人を数えた. タガビリ人はセブ 2,414 ほか合計 8,905人, マノボ人はキダパワン Kidapawan 6,067, レバック Lebak 3,630, カルメン Carmen 3,395, セブ 1,592, サラマン Salaman 1,284など合計 21,800人, サマル人はアワン Awang 1,968, ディナイグ Dinaig 1,135など合計 6,250人, タガカオロ人はブアヤン町のみで 1,970人, サンギル人はクリンとグランを中心に合計 951人が居住していた.

ここで考察の対象とする 4町のうち, ブアヤンとグランはもともとビラアン人が多数居住し, 海岸にマギンダナオ人とサマル人のイスラーム教徒が散在する地域で, キアンバ町は山手にタガビリ人とマノボ人, 海岸にマギンダナオ人とサマル人, クリン町では山手にタガビリ人とビラアン人, 海岸にマギンダナオ人が居住していた. このようにこれらの町は, もともとビラアン人, タガビリ人とマノボ人といった民族が居住し, 海岸に舟を交通手段とするマギンダナオ人とサマル人が居住していたことがうかがえる.

コタバト州全体をみても, イスラーム教徒が圧倒的多数を占めるプラギ河流域とブルアン湖周辺と, ビラアン人などの「異教徒」の居住地域に二分されていたことがわかる. したがって, コタバト州の状況を考察する場合, 州全体を一括して扱うことはできず, 少なくとも町単位, できればバリオ単位で扱うこ

とが望ましい.

　つぎにダバオ州の地図をみると，バリオの分布は，コタバト州よりまばらなことがわかる．もともとこの地域は，マンダヤ人，マンサカ人，バゴボ人，ギアンガ人，タガカオロ人，ビラアン人，マノボ人，アタ人などの「異教徒」が大半を占め，海岸部にイスラーム教徒が散在していたが，日本人入植者を中心に大規模なアバカ（マニラ麻）栽培がおこなわれたために，民族分布は一変した．しかし，ダバオ湾西岸南端のバトゥラキ町はサランガニとバルットのふたつの島からなるサランガニ諸島を含み，先のコタバト州南部の4町と同様の地域性をもっていた．

　バトゥラキ町の人口は5,181（898位），おもな言語の人口はビラアン2,263（43.7％），マノボ1,995（38.5％），サンギル1,347（26.0％）となり，宗教別人口は「異教徒」3,566（68.8％），イスラーム教徒803（15.5％），プロテスタント689（13.3％），カトリック教徒116（2.2％）人で，すでにプロテスタントの布教活動が及んでいたことを示している．イスラーム教徒では，ダバオ市3,703，マティ3,323，タグム2,848，ルポン1,320，パントゥカン1,197人などの海岸部に多数居住しているが，ダバオの開発とともに移住してきたのか，それ以前から居住しているのか不明である．また，カラガンKalaganあるいはカアガンKaaganとよばれるイスラーム教徒の言語はセンサスには登場しないなど，ダバオ州の言語，宗教分布から，歴史的な統計資料を得ることは困難である．比較的開発の影響を受けていないバトゥラキ町のものは，参考になる．

　したがって，コタバト州の4町とダバオ州の1町については，1939年のセンサス資料から，19世紀以前の民族分布の様子をうかがい知ることができる．

付録2 サランガニ湾岸・ダバオ湾岸周辺の
イスラーム教徒の系譜

つぎの系譜は抄訳で, 詳しくは Hayase, Shinzo, Domingo M. Non & Alex J. Ulaen, comps., *Silsilas/Tarsilas (Genealogies) and Historical Narratives in Sarangani Bay and Davao Gulf Regions, South Mindanao, Philippines, and Sangihe-Talaud Islands, North Sulawesi, Indonesia*. Kyoto: Kyoto University, Center for Southeast Asian Studies, 1999 を参照.

(1) 「サリフ・アフマド・ハリドとその子孫の物語」

サウジアラビアの Tarim, Hadharal Moath に, 預言者ムハンマドの子孫で Sarif Abdullah Harid の息子 Sarif Ahmad がいた. ある晩, Ahmad はビラアン"Blaan"の女性と結婚したなら, 神の献身的しもべである"URIA"を息子にもつだろう, という夢を見た. その晩以来, かれはサウジアラビア中をビラアンの女性を求めて探しまわったが, 見つけることはできなかった. 長年探しまわったあげくシンガポールまで来て, フィリピンのミンダナオにビラアンとよばれる民族がいることを知った. かれはミンダナオに向かい, サランガニの海岸に 1600 年ころ辿り着いた. すでにフィリピンにはイスラーム教徒がおり, 海岸部で影響力をもっていた Datu Malinog Balindong Kalamat のところに連れていかれた. Kalamat は 1300 年ころ南コタバトに布教にやってきた Shariff Kabungsuan の 8 代目の孫にあたった.

Ahmad は Kalamat の娘 Putri Josol Asikin と結婚し, ふたりの子ども Sarif Hussein と Sarifa Rugayya をもうけた. また, Sapia とよばれる女性とも結婚し, 息子の Sarif Ahrad をもうけた. そして, かれは夢を実現するために, Putri Josol Asikin に夢の話をした. かの女は, いまの Upper Suyan のビラアンの Datu Sigapo にこのことを伝え, Ahmad は Datu Sigapo の娘 Salya と結婚し, 息子の Sarif Abubacar をもうけた. ここに夢が実現した.

[解説] この物語から，ビラアン人との結婚が忌避されるどころか，むしろ理想とされていることが読みとれる．マギンダナオの第2代首長マカーアランも，カラスの卵から生まれたというビラアン人と結婚している [Saleeby 1976: 33]．しかし，なぜ数多くいる小民族のなかで，ビラアンとの結婚がとりあげられるのかはわからない．

(2)「ラジャ・ブアヤン物語」

歴史に基づけば，ミンダナオの最初の住民はイスラーム教徒である．ミンダナオ，スールー，パラワンは，それぞれのスルタネイトのもとで19の王室に分かれて統治されていた．ミンダナオのタルシラに従えば，Sultan Mangiginがより高い権威を各地に及ぼしていた．系譜によれば，Sogoda Buayan/Dadiangasの最初の居住区は，1594年にRajah Buayanによって設立された．Sogoda Buayanに最初にやってきたミンダナオのスルタンは，Mangiginで，1874年にRajah BuayanにRajah Muda Vishaya Ashayaの称号を与えることを宣言した．いっぽう，Koronadal/Talikは，Mohammad Jaynal Abedinの父Sultan Sambotoによって設立された．

Rajah Buayanの孫でDatu Sironganの3番目の息子のDatu Takaは，40人の兵士とともに何百という舟paraoでミンダナオ各地を旅し，ダバオ湾では非イスラーム教徒のKalagan/Davawenaに出会った．Datu Takaは，マトゥトゥム山Mt. Matutumに向かい，河口のAsinanを通った．Datu TakaはKamasi（いまのBarangay Ligaya），Buayan proper，Asinanに館palace/tuluganを建て，ダトたちは漁や狩りに利用した．

系譜によれば，北ミンダナオのSultan Subpacanの兄弟Rajah Muda Aliが，TalikのSultan Sambotoの館を襲い，破壊した．戦いは長くつづき，多くの犠牲者がでた．Sultan Sambotoの義理の兄弟のPalalisanは，BuayanのRajah Muda Vishaya Ashayaに援助を求め，Aliに対抗した．Sultan Sambotoの唯一の息子Sultan Jaynal Abedinは，Sogoda Buayanの娘と結婚した．

Datu TakaがSogoda Buayanに来たとき，人びとは移動して狩りをし，陶

器作りに優れていた．イスラーム教徒は漁や狩り，少しの耕作で暮らしていた．Sogoda Buayan のイスラーム教徒は，ほかのミンダナオのイスラーム教徒と同様，19世紀にはミンダナオのスルタンに税金を払い，奴隷を差し出していた．

Datu Taka は Sogoda Buayan にほぼ30年間暮らし，死後 Watamama Macalang が後を継いだ．かれは，Buayan の Maulana の娘と結婚し，その息子は Sogoda Buayan と Kandig の最初の Rajah Muda Vishaya Ashaya となった．

18世紀に話を戻すと，Malok, Labangal, General Santos City の最初のダトは，Ulla, Bakasa, Ayab, Lucas の4人の兄弟であった．4人はそれぞれ土地の女性と結婚した．

Sogoda Buayan の Watamama Macalang は，70歳のときミンダナオの Sultan Mangigin に自分が死ぬ前に是非 Sogoda Buayan を訪ねてほしいと懇請した．1874年に Sultan Mangingin が Sogoda Buayan を訪れ，南に別の王家があることを宣した．あわせて，Sultan Talik も Sultan Mangigin によって承認された．1934年，Sarip Jaynal Abedin が Sogoda Buayan にやってきて，Rajah Muda Vishaya Ashaya の姪と結婚した．

[解説] Watamama Macalang が70歳のときが1874年ころとすると，その父の Datu Taka が Sogoda Buayan にやってきたのは，1800年前後と推定できる．19世紀後半になると，マギンダナオ人の勢力争いが混沌としていた様子がわかる．19世紀後半の内戦の結果，Talik の住民はまったくいなくなったという[Pelzer 1945: 145]．スルタン・マギンギンは，1896年にスルタン位に就いており，年号など随所に不正確なところがある．

(3)「**Datu sa Sapu の系譜**」

Datu Malinog Balindong Karamat は，19世紀はじめか半ばごろ Glan に王国を樹立した．かれは Nuling の Datu Buhamuddin の息子で，マギンダナオのスルタンの血筋を引いていた．かれは11人の子どもをもうけ，Mohammad Ali Hanapi は Glan の Datu sa Maguindanao になり，Mohammad

Saharial Kibad は Sapu の Datu Dakula, Mohammad Ali Kibad は Baliton の Datu sa Kutawato になった.

[解説]19世紀になるとマギンダナオ人の拡散がはじまったことがわかる. そのひとりである Datu Malinog Balindong Karamat とその息子が, Glan, Sapu, Baliton にイスラーム教徒の居住区を広げていった.

(4)「**Katabao の Datu の系譜**」

Katabao の最初のダトは Datu Ayob Maulana で, Kabuntalan から来たと信じられている. かれは, Balindong Kalamat の兄弟の Indal Mada の息子である.

[解説]19世紀半ばごろのマギンダナオ人の移住が推定できる.

(5)「**Lumatil の Datu の系譜**」

Lumatil のダトはサマル人で, その先祖は Sharif Kabungsuan のおじの Sheik Abdulgani にさかのぼる. かれらの先祖は, コタバトから Gallang に移り, Lumatil に移るまでそこで暮らした.

[解説]サマル人の系譜が貴重であるだけでなく, そのなかに Sharif Kabungsuan とともやってきたサマル人の子孫と名乗っていることは興味深い. ただ, コタバトから Gallang さらに Lumatil に移ったのは, 19世紀以降のことと思われる.

(6)「**Pangyan の Datu の系譜**」

かれらは, インドネシアの Sultan Mohammad Tacumang の子孫だと信じている. かれらは, サンギへ島から来て, 1675年にミンダナオに移ったとしている.

Sultan Mohammad Tacumang には4人の子ども Sultan Sarael Sarirong, Panura, Mohammad Mashad と Putri Sariwo がいた. 一番上の Sultan Sarael にも4人の子ども Burhama Kolano, Burham, Ibrahim と Samiyang Maribo がいて, それぞれ Madawong, Davao del Norte; San Jose Abad

Santos, Davao del Sur ; Batulaki, Glan, Sarangani Province に住み，末の息子がサンギヘ島の Lumaog, Tawokang に残った．Ibrahim はビラアン B'laan の女性と結婚した．2番目の Panura の子 Panding Sawa の子 Pandiyara は，Balot 島のスルタンを名乗った．

Putri Sariwo は，1675年にマギンダナオの Sultan Umbaseng Barhaman と結婚し，Sariwo Umbaseng と Seh Berhaman を産み，Seh Berhaman は 1725年にマギンダナオのスルタンになった．Seha Berhaman の子は Ummal Mayat といい，その子は Sultan Hamza Ameril Momineen と Sultan Paharudin といった．

［解説］1677年にサンギヘ島がオランダ東インド会社に攻撃され，多くの住民がキリスト教徒に改宗したことと，この移住は大いに関係しているように思われる．1675年のテルナテのスルタンの来島時にイスラームに改宗した人びとが，イスラームの信仰と独立を求めてミンダナオ島やサランガニ諸島に移住したのだろう．Madaum, Jose Abad Santos, Batulaki のサンギル人の起源が語られている．また，マギンダナオのスルタンとサンギル人の女性が結婚し，その息子がマギンダナオのスルタンになったことを伝えている．このことは，マギンダナオの王統系譜，サンギヘ島のサンギル人の系譜とも一致している．

(7)「**Balot 島 Datu Kolano の系譜**」

Sultan Kabuyeng は死を前にして，娘の Maymona に後を委ねた．Maymona の夫の Bubang が首長を継いだが，相談に預からなかった兄弟 Burham, Ibrahim, Mashad, Tacumang は40日間の喪が明けて3日後，Maimona に知らせず旅立った．Barhama は Madawong, Ibrahim は Glan, Tacumang は Tuguis, Panurat は Lumawog に上陸したが，今日系譜が残っているのは Panurat のものだけである．

［解説］サンギル人の Glan, Tuguis, Lumawog への移住のきっかけが語られている．

(8)「Davao の Sultan Bago の系譜」

　1800年ごろホロ人 Joloana を母にもつマギンダナオ人の Mama Bago が，ダバオに来て，スルタンを名乗った．マギンダナオでスルタンになる機会がなかったからである．Sultan Mama Bago はマギンダナオ人の娘と結婚し，その息子の Ibno は1840年にスルタンを継承し，マギンダナオ人の娘と結婚した．その息子の Paramaina が1900年に後を継いだが，かれは Sultan Bago of Davao を宣しなかった．かれはカアガン人 Kaagan の女性と結婚し，その息子の Lipusan が1925年に後を継いだ．Datu Lipusan はマギンダナオ人の女性と結婚し，その息子の Macato が後を継いだ．Macato は1974年当時の Santos ダバオ市長によって Sultan Bago of Davao を認められた．Sultan Macato Bago の死後，弟の Caneda Bago が1985年に後を継いだ．Sultan Caneda Bago は，マギンダナオ人の女性と結婚した．

　［解説］19世紀はじめのマギンダナオ人の拡散の1例が語られている．1848年のスペインによるダバオの占領，その後のカバカンへの移住については，なにも語られていない．

(9)「Sirawan の Datu の系譜」

　1800年ごろマギンダナオの王族の血を引く Baharuddin または Kaharuddin が，Sirawan に王国を築きにやってきた．マギンダナオで王国を築く機会がなかったからである．かれはカラガン人 Kalagan の王族の娘と結婚し，その息子 Unotan が後を継いだ．Unotan はダバオのカアガン人，サンギル人，マギンダナオ人の血を引く王女と結婚した．

　［解説］19世紀はじめのマギンダナオ人の拡散の1例が語られている．カアガン人との婚姻関係を通じて，カアガン人がイスラーム化したのではないかと想像される．いっぽう，移住してきたマギンダナオ人はカアガン社会に吸収されている様子がうかがえる．

(10)「Panabo の Datu の系譜」

　19世紀はじめ，Sharif Kahar がマギンダナオの Ampatuan から Bingkawan (いまの Tagum) にやってきた．かれはカアガン人の首長一族の娘と結婚し，その息子 Sharif Mohammad がその後を継いで，やはりカアガン人の娘と結婚した．その息子の Manga が後を継ぎダトを名乗った．また，かれは母がサンギル人の系統であったことから colano とも名乗った．Datu Manga の息子 Datu Dadia が後を継ぎ，カアガン人と結婚した．その息子 Datu Abdul が後を継いだが，その後は弟の Datu Pawa Dadia が後を継いだ．かれの妻はサンギル人またはカアガン人の血を引いていた．

　Sharif Kahar は Ampatuan の王族のひとりで，そのリーダーになることができなかったため，Tagum に移ってきた．しかし，マギンダナオのスルタンの支配を認めていた．Datu Manga のとき，従属関係を断ち切り，貢税を払わなくなった．

　[解説] 19 世紀はじめのマギンダナオ人の拡散の 1 例が語られている．カアガン人との血縁関係，サンギル人との関係もうかがわれる．マギンダナオのスルタンとの主従関係の変化についても語っている．

(11)「Madaum の Datu の系譜」

　サンギル人の Pampang は，1800 年ころマギンダナオ人でカアガン人の妻をもつ Madaum の Kapitan Laot に捕まり，奴隷にされた．しかし，かれは非凡な能力を発揮したことから Kapitan Laot の娘と結婚し，Madaum のカアガン人のダトになった．代々のダトは，それぞれカアガン人の娘と結婚した．

　[解説] 当時の海賊の奴隷狩りの一端がうかがえるとともに，奴隷でも才能のある者はダトになったことがわかる．サンギル人との関係，カアガン人との婚姻関係がわかる．

(12)「Abdulcadir Abdulradzak bin Abdullah の物語」

　メッカの Bin Abdullah は Palembang にやってきて，スマトラのスルタンの唯一の娘 Wadaullah と結婚し，スルタンとなって Bin Abdullah Kiagosh を名乗った．ふたりには 4 人の子がおり，それぞれ Abdulradzak, Abdulrahman, Abubakar, Ben Taib とよばれた．パレンバンの習慣に則っ

て，大人になると旅にでなければならなかったが，Abdulradzak はスペイン時代にやってきて，Sapu に住んだ．ミンダナオでの貿易に成功した Abdulradzak は，この地に永住することにした．かれは母方にタウスグ人とマギンダナオ人の血を引く Sapu のダトの娘と結婚した．

　スマトラに帰ってこない Abdulradzak を連れ戻すため，母の Wadaullah は末の息子の Ben Taib をミンダナオに遣った．しかし，Ben Taib 自身も，この地に留まって商売をはじめ，Tambler の Sultan Mangigin の従姉妹のマギンダナオ人と結婚した．ふたりの兄弟は，ミンダナオやその周辺，北部インドネシアで商売をおこなった．兄弟は馬30頭が載る Makatagal と名づけた大きな船を建造した．かれらは，牛，山羊，馬，蜜蝋，銅鑼などをコタバトからサンボアンガに運んだりした．その帰りにインドネシアからの商人によってもたらされた布や衣服などの商品を運んだ．

　Ben Taib は，のちにパレンバンに戻り，Tambler には帰ってこなかった．Abdulradzak は子どもたちにいとことの結婚を奨励したので4人のうちふたりが Ben Taib の子どもと結婚した．ほかは，母方のいとこと結婚した．

　［解説］ミナンカバウ人と想像される人びとの交易活動の一端がわかる話である．こういう人びとを通じて，19世紀末から20世紀にかけてもムラユ社会の交易活動がつづいていたことがわかる．

第5章
ダバオの社会変容——フロンティアの形成

はじめに

　本章は，アメリカ植民地統治下(1899-1941年)，フィリピン諸島のダバオで発展したアバカ abaca(商品繊維名マニラ麻)栽培を契機として形成されたフロンティア社会を対象とし，経済開発に巻き込まれた先住民バゴボ人 Bagobo の首長制社会の変容過程を考察することを目的としている．

　主としてスペイン人によって残された歴史記録に，ミンダナオ島のアニミズム文化圏の人びとが本格的に登場してくるのは，19世紀も後半に入ってからのことである．1834年にマニラが正式に外国貿易にたいして開かれたのを契機として，フィリピン諸島は市場経済に巻き込まれていった．その結果，それまで経済的に価値をもたなかった小民族の土地と労働が，商品として意味をもつようになった．そして，19世紀後半になると，小民族の居住している土地とかれらの労働力を利用するため，スペイン植民地政府は，小民族をキリスト教徒が多数を占める社会に繰り込む同化政策をとった．この政策は，アメリカ植民地時代にさらに強化され，とくに，スペイン期に開発から取り残されていたミンダナオ地方で積極的にすすめられた．そして，この政策をもっとも激しく蒙った山地小民族が，ダバオのバゴボ人であった．

1　フロンティア社会形成以前のバゴボ社会

　「部族 tribe」という用語は，定義と実態が明示されないままに使用されることがままみられる．ダバオのバゴボ人の場合も，それをひとつの部族として，たしかに把握しうる実態的分析はなされてこなかった．そこで，ここではまずフロンティア形成以前のバゴボ社会と，バゴボ人各個人のアイデンティティの

第5章　ダバオの社会変容——フロンティアの形成　161

所在を把握することから議論をはじめることにする[1]．

　フィリピン諸島の最高峰アポ Apo 活火山をぐるりと取り囲むようにして，「バゴボ」とよばれる人びとが居住していた[2]．しかし，これまで報告された「バゴボ」の呼称，居住分布には，明らかに混乱がみられる．19世紀後半に，イエズス会宣教師が残した10巻の書簡集には，上述地域の住民の名称として，「バゴボ」のほかにギアンガ Guianga，マノボ Manobo の呼称がみえる [Jesuits 1877-95]．1910年7月から7カ月間，ダバオの小民族を調査したコール Fay-Cooper Cole は，バゴボ人の亜集団として，オボ Obo またはティグダパヤ Tigdapaya，エト Eto またはアタ Atá，および，ギアンガの3つをあげている[Cole 1913: 128]．1956年から数度にわたって，バゴボ人のなかのひとつの集団マヌヴ Manuvu' の現地調査をおこなったマヌエル E. Arsenio Manuel は，マヌヴのほか，タハバワ Tahavawa'，ジャガン Jangan，アッタウ Attaw とよばれる3集団が「バゴボ」とよばれていると記している [Manuel 1973: 7-8]．マヌエルは，イエズス会宣教師やコールが使用した部族を表す用語，raza や tribe を使用せず，より一般的な people という用語を用いて，バゴボ人やその亜集団を表記している．

　著者が，歴史的口述資料の収集を目的として，1985年3月から7月までおこなった現地調査では，かつて「バゴボ」とよばれていた集団のなかに，相互に理解しあえない3つの言語集団があったことが確認された[3]．これらの3つの言語集団は，海岸に近いほうからタガバワ Tagabawa，クラタ Klata（またはオットウ Ottow，ジャガン，ギアンガ），オボ Obo（またはマヌヴ，ミノボ Minobo）とよび，それぞれ明確な境界線をもって住み分けていた[4]．タガバワ＝バゴボ人は，リパダス Lipadas 川の南，マタナオ Matanao 川の北，ブラトゥカン Bulatukan 川の東，サギン Saguing 川の南に居住していた．クラタ＝バゴボ人は，タロモ Talomo 川の南，リパダス Lipadas 川の北，ダバオ川の西に位置し，オボ＝バゴボ人は，ダバオ川の西，スアワン Suawan 川の南，タロモ川の北，さらにアポ連峰を越えて，イスラーム教徒が居住していたマタラム Matalam 集落まで，南はサギン川までキダパワン Kidapawan 集落を中心に分布していた．居住面積は約2,000平方キロメートル，人口は1916年当

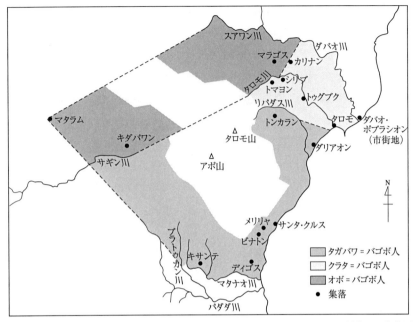

図 16 バゴボ人の 3 つの言語集団の分布図

時 9,350 人と推定された[Beyer 1917: 17].

　以上の従来の研究，および，著者の現地調査から考察すると，イエズス会宣教師が「バゴボ」とよび，マヌエルがタハバワとよんだ集団は，タガバワ＝バゴボ人のことであったと考えられる．ギアンガとジャガンはたんなる綴りの違いで，オットウあるいはアッタウともよばれたクラタ＝バゴボ人の別称であった．また，オボとマヌヴは同一集団で，ティグダパヤもオボ＝バゴボ人の別称であったと考えられる．コールが記しているエトまたはアタは，ネグリト Negrito（フィリピン諸島の矮小黒人の総称）の特徴を具えていたことから，なんらかの理由で，現在，バゴボ人の北に居住しているアタ人の一部が海岸付近の 3 集落に居住していたと考えられる[Cole 1913: 128]．なお，マヌエルが記しているような，複数の言語集団が混在している地帯は，フロンティア社会形成以前のバゴボ社会にはあまり存在していなかったと考えられる[5]．このような現象は，セブ語という平地民の共通言語が一般的になってから起こったことで，

後述するように言語集団を基本とするバゴボ社会にはあまりみられなかった.

　ダバオ・フロンティア社会形成以前のバゴボ人の社会生活は,ダト(首長)が血族・姻族からなる親族集団を率い,一定の限られた生活空間内で移動を繰り返す焼畑耕作を基本としていた.バゴボ人の主食は陸稲,トウモロコシ,各種イモ類で,副食は森林での狩猟,採集に頼っていた.集落間の境界は,川や渓谷を基本とし,木や岩などの地理的障害物や自然物がその目印となった.この数戸ないし十数戸の単位家族からなる自然集落をバゴボ人の3種類の言語で,いずれもバノッド banod とよび,複数のバノッドを統合する上位の政治組織は存在しなかった[6].バノッド内における統率者ダトの権威は絶大で,生活全般にかかわる問題が,ダトの監督下で処理されていた.バゴボ人の男子は,人を殺すことによって一人前とみなされ,殺した人の数によって名誉がランクづけされた.このようなことから,バゴボ人社会は戦士社会とよぶことができ,一人前の男子,すなわち,戦士はマガニ magani(または bahani)とよばれた[7].そして,社会の最下層には,オボ語でウリポン uripon とよばれる奴隷がいた.奴隷は,バゴボ人以外の「部族」に属し,戦争,誘拐,購入によって,バゴボ社会にもたらされた.奴隷は,平時において,なんら差別されることなく生活を送ることができたが,いっぽうで売買,人身供犠のいけにえの対象となった.

　バゴボ人は,大木や大きな岩などの自然物に宿る精霊を信じ,天変地異などの自然現象を恐れ,クシャミや山鳩の鳴き声の方角などの日常生活のなかから,日々の吉凶を占って行動していた.この精霊信仰は,マバリアン mabalian とよばれるシャーマンによって執りおこなわれ,悪霊を鎮める最後の方法として人身供犠の風習があった[Cole 1913: 105-09].収穫後,飢饉・天災のとき,ダトなど有力者が死亡したときなど,必要に応じて人身供犠が執りおこなわれ,ダトの指導力,マガニの武勇が示された.その犠牲の対象となったのは,北隣したマティグサウグ＝アタ人 Matigsaug-Atá,東隣したビラアン人やタガカオロ人から獲得された奴隷のなかの老人,病人,身体障害者など役に立たなくなった者で,バゴボ人の一員がなるということはなかった.クラタ＝バゴボ人に属するトマヨン Tomayong 集落のダトの息子として,1913年ころ生まれた

ベテル Munkay Betel は，人身供儀に参加したときの模様を生々しく覚えており，以下のような手記を残している[8]．

> 病弱で痩せこけた 5 歳の奴隷の少女が，いけにえとして差し出されることになった．父とわたしは，一群の民衆とともに，早朝，その少女を森に連れていった．定められた場所に着いたとき，父はいけにえを捧げることをわれわれの神ディワタ Diwata に告げた．お祈りの後，父は 1 本のヤリを同行者のなかの 3 人にもたせ，ヤリの先をかれの方へ向けさせた．それから父は，奴隷の少女のわきをかかえ，ヤリの先に向かって，投げつけるようにつき出した．ヤリは，少女の腹部を貫通した．父は少女を横にし，鋭い大鉈 campilan をさやから抜き，かの女の腹部を真一文字に切り，二分した．その後，すべての人びとが，犠牲者を切りきざみはじめた．父はわたしにボロ（蛮刀）を渡し，切るよううながした．そして，わたしは，それに従った[9]．

バゴボ社会では，古くから物々交換が活発におこなわれていた．バゴボ社会でもっとも重要な交換物は，アゴン agong とよばれた銅鑼で，ほかに奴隷，馬，牛，アバカで織られた布などが利用された．これらの交換物は，交換手段のほか，婚資や罰金の支払い手段としても利用された．しかし，これらの交換物は，市場経済における貨幣の役割を果すことはなかった．バゴボ人の物々交換は，利潤を目的とした商業活動でもなければ，身分を保ち，誇示するための交換でもなかった．むしろ，バノッドを超えた親族ネットワークを維持，拡張し，人物の往来によって社会を活性化させるための機能をもっていた．

この物々交換網を通して，バノッドや言語集団，バゴボ人を超えた婚姻も頻繁におこなわれた．バゴボ人の 3 つの言語集団が，独自の言語と明確な境界をもつ居住地域を保ち得た理由は，婚姻制度にあった．バゴボ人は，基本的に妻方居住婚で，結婚後，夫が妻の出生地で生活を営み，その土地の言語を習得した[10]．そして，その子どもたちは，その土地の言語，すなわち，母親の母語と父親の母語の両方を理解する「メスティーソ mestizo（混血児）」となった[11]．

この「メスティーソ」は，血の混じった子どもというよりは，父方母方双方の言語を話すという意味で使われた．たとえば，なんらかの理由で，双方ともタガバワ＝バゴボ人に属する夫婦が，クラタ＝バゴボ人の居住地域に移住したとする．その子どもたちは，タガバワ語，クラタ語の両方を理解し，結婚後もクラタ＝バゴボ人の土地に居住しつづければ，その子どもたちは，クラタ＝バゴボ人の正成員となった．バゴボ人のあいだでは，「メスティーソ」とよばれることはあっても，4分の1メスティーソ（クォーター）とよばれることはなかった．ひとつの言語を母語とする者は，その言語集団の正成員となり，混血の場合でも，たんに父親，母親，あるいは，祖父母が「メスティーソ」であるという説明が加わるだけであった．

「バゴボ」とよばれていた人びとのなかの言語の違い，そして居住分布がはっきりしていたにもかかわらず，外来の観察者が，その実態を認識できなかったもっとも大きな原因は，バゴボ人が1ヵ所に定住することにあまり執着せず，核家族，あるいは，個人単位で移動することがしばしばあったためである．かれらは，狩りや物々交換の都合で，何ヵ月も所属バノッドを留守にすることがあり，旅先で配偶者をみつければ，そのままそこに居着いた．また，各地に居住していた親族を訪ね，数ヵ月間，数年間，あるいは，死ぬまで訪問先に滞在する者もおり，老いれば子どもたちを訪ねて気ままに移り住む習慣があった．好きな所に，好きな期間暮らすことにたいして，不思議に思う者は誰もいなかった．バゴボ人にとって，居住地の移動は，ごく自然な生活の一部であり，ダトにも移住を制限する権限はなかった．そして，このバゴボ人の移住の特徴は，バノッド単位でおこなわれたのではなく，核家族，あるいは，個人単位でおこなわれたことであった．したがって，転入によって破壊的な影響を受けた地域はなく，移住者はそれぞれのバノッド内に適応していき，つぎの世代は移住先のバノッドの正成員となった．

このようなバゴボ人の各個人の帰属意識をまとめると，つぎのようになる．バゴボ人は，3種類の言語——タガバワ語，クラタ語，オボ語——を話す人びとを「バゴボ」とよび，「バゴボ」の一員であるかぎり，「バゴボ」の奴隷になることはなく，人身供犠のいけにえの対象にもならなかった．3つの言語集団

は，それぞれ同じ言語を話すということで，仲間意識を深めていた．しかし，日々のバゴボ人の帰属意識は，ダトを長とする親族集団であるバノッドにあり，クラタ＝バゴボ人では，同じバノッドの住民をトッカ tokka とよんで，ほかのバノッドの住民と区別していた．そして，親族意識は，バノッド，言語集団，「バゴボ」を超えて，ほかのバノッド，言語集団，「部族」のなかの親族にも及んでいた．しかし，このバノッドを超えた親族関係を利用した複数のバノッドの連合体は，成立しなかった．バノッドは1個の独立した最大の社会集団であり，各個人の帰属意識もバノッドの構成員としてのアイデンティティがもっとも強かった．

2 外来者のもたらした社会的衝撃

19世紀まで，ダバオのバゴボ人は，ときたま物々交換のために訪れる外来者以外，よそ者を見る機会はあまりなかった．しかし，スペイン支配下の地域で市場経済が進展すると，さまざまな関連でダバオのバゴボ社会にもよそ者が頻繁に訪れるようになり，種々の社会的変化が引き起こされた．本節では，年代を追って，それぞれの外来者集団が，バゴボ人にもたらした社会的影響を考察する．

(1) イスラーム教徒のもたらした影響

スペイン王フェリペ四世とマギンダナオのスルタン・クダラトとのあいだに交わされた1645年の和平条約以来，スペイン植民地政府は，ダバオをマギンダナオのスルタンの支配下にあるとみなしてきた[12]．しかし，実際には，海岸付近にマギンダナオ王国支配下のイスラーム教徒が集落を築いていたにすぎなく，内陸への影響は限られていた．それが，19世紀になると，スペインの植民支配が及んでいなかったミンダナオ島・スールー諸島にも，ヨーロッパ列強の船が訪れるようになったため，この地域を植民地として確保することに不安をおぼえたスペイン政府は，一連の軍事遠征隊を派遣して，イスラーム地域の制圧に乗り出した．その結果，スールー王国とマギンダナオ王国のもっとも重

要であった奴隷貿易は，ビサヤ諸島からの奴隷の供給路を断たれ，しだいに衰退していった．かわって，19世紀後半には，ブアヤン王国の勢力下にあったサランガニ湾岸地域が奴隷貿易の中心地として脚光をあびるようになり，そこでの奴隷の供給源として，ミンダナオ島各地の小民族が犠牲となった[13]．いっぽう，奴隷貿易を制限されたイスラーム教徒のなかには，生地を捨て移住する者が現れた．そのなかにバゴ Dato Bago がいた．

　スールー諸島出身といわれるバゴは，19世紀半ばまでにダバオ湾岸地域を支配し，ダバオ川，タグム Tagum 川両河口に大砲を備え付けた砦を築いていた．バゴの支配下には，ルポン Lupon，ヒホ Hijo，タグム，イナワヤン Inawayan，パダダ Padada などダバオ湾の各河口付近に居住していたイスラーム教徒がおり，全部で400名を超える戦闘要員を擁していた[Majul 1973: 273; Gisbert 1902: 549-50]．これらのイスラーム教徒は，おもに海岸付近のタガバワ＝バゴボ人と物々交換をおこない，新しい文物を紹介した．しかし，バゴボ人に，新しい宗教，すなわち，イスラームをもたらすなどの大きな影響はなかった．むしろ，バゴボ人は，奴隷狩りの犠牲になったため，イスラーム教徒にたいしてかなり警戒心をいだいていた．

(2) スペイン人のもたらした影響

　スペイン人の記録では，19世紀半ばまでダバオにかんする記述はほとんど出てこない．スペイン植民地政府が，ダバオに無関心だったのはダバオがイスラーム教徒の支配下にあると認識していたばかりでなく，ダバオがスペインの植民地化の対象となる魅力に欠けていたからであった．ところが，19世紀になると，ヨーロッパ列強の商船が森林産物を求めてダバオを訪れるようになった．

　1838年，マギンダナオのスルタンの手紙を携えて，ダバオで蜜蠟 biao を集めていたサン・ルフォ号 *San Rufo* が，バゴ支配下のオンガイ Dato Ongay に攻撃された．これを契機として，スペイン植民地政府とマギンダナオ王国とのあいだに，ダバオをめぐる支配権問題が生じた．その結果，1845年にマギンダナオのスルタンは，ダバオ湾岸地域とサランガニ湾岸地域の支配権を放棄し

た[Pastells 1916: I, 89-90; Gisbert 1902: 549]. この条約を踏まえたオヤングレン José Oyanguren は，ダバオ征服の計画をたて，1847年2月，クラベリア Narciso Claveria y Zaldua 総督から10年間のダバオの知事職とダバオ湾内での6年間の貿易の独占を認められ，遠征隊を組織した[14]。オヤングレンは，バゴ指揮下のイスラーム教徒の抵抗にあいながらも，乏しい兵力で1848年4月までに，ダバオ川河口のイスラーム教徒を駆逐し，植民の根拠地を築いた[15]。しかし，オヤングレンが期待していたほど，ダバオの貿易量は伸びなかった。1870年になっても，ダバオの人口（ただし，非キリスト教徒諸部族は除く）は，937人（内スペイン人20人，メスティーソ11人，中国人18人）で，商人もわずか17人（スペイン人4人，メスティーソ1人，インディオ〔キリスト教徒フィリピン人〕4人，中国人8人）にすぎなかった。当時，ダバオからのおもな貿易品は，樹脂armácigaと蜜蝋で，おもにバゴボ人から集められていた[16]。

オヤングレンのダバオ遠征隊には，スペインのほかの遠征隊同様，キリスト教布教のために宣教師（レコレクト会）が同行し，1848年にダバオに教会を建てた。しかし，1868年にイエズス会宣教師に宣教活動の場を譲るまでの20年間，ダバオのレコレクト会士は年平均わずか55人の洗礼者しか出すことができなかった[17]。1768年にフィリピン諸島での布教活動を禁止され，1859年に復帰したイエズス会は，もっぱらミンダナオ島で活動していたが，ダバオではあまり成果をあげることができず，1892年まで年間100名前後の洗礼者しか出すことができなかった。宣教活動が活発になったのは，ウリオス神父 Fr. Saturnino Úrios がダバオに赴任してからであった。1893年に720名，94年に2,774名，95年に741名の洗礼の記録が残されており[18]，ウリオス神父ひとりでダバオ湾西岸だけで40のキリスト教徒集落をつくり，教会や学校を建てた[19]。

ダバオの小民族が，キリスト教に改宗するようになったのは，イエズス会がダバオで宣教活動をはじめてからであった。バゴボ人のなかで初の改宗者が記録されたのは，1870年で，79年までの10年間に133名，83年から88年までの6年間に330名の洗礼の記録が残っている。この記録には，別にギアンガと分類された12名が記載されていることから，「バゴボ」と記録された者のほと

んどが，タガバワ＝バゴボ人であったことが想像される[20]．当時のスペイン植民地政府側のバゴボ人にかんする知識は，そのほとんどが海岸付近のタガバワ＝バゴボ人のもので，これらの情報はおもにスペイン人宣教師によってもたらされた．因に，1870年の記録によると，バゴボ人の居住地として記録されているもののほとんどは，海岸付近のタガバワ＝バゴボ人の集落で，クラタ＝バゴボ人のなかでは，わずかにバゴ集落が記されているにすぎなかった[21]．当時，バゴボ人とスペイン人との接触はおもに宣教師を通してで，バゴボ人のなかには宣教師を恐れ山へ逃げる者もいた．1910年ころ，トンカラン Tongkalang 集落で生まれたバンサグ Bayawan Bansag（タガバワ＝バゴボ人）は，祖父についてつぎのような話を聞いている．

　　バゴ集落にいた祖父のところにスペイン人がやってきて，祖父の髪の毛を切り，洗礼のためにかれの額の上に塩をのせた．祖父は恐ろしくなって，トンカラン集落に逃げ，3年間，塩を食べることができなかった[22]．

スペイン人によるバゴボ人への影響は，海岸付近に限られ，徴税等の植民地政策も不徹底に終わったため，バゴボ人全体への大きな影響はなかった．しかし，樹脂や蜜蝋を低地の商人のもとへもっていくことによって，目新しい工業製品を物々交換で手に入れる術を学び，キリスト教化した者のなかには，宣教師が開いた学校で教育を受ける者も現れた．さらに，1890年代になると，アバカやココナツ農園を拓くヨーロッパ人が現れ，しだいに，近代文明と接する機会が多くなっていった．

(3) アメリカ人のもたらした影響

　1898年12月10日のパリ講和条約によって，正式にスペインからフィリピン諸島を譲渡されたアメリカ合衆国は，翌99年12月20日，ダバオにも進駐した．そのとき，中隊を率いてダバオに上陸したバーチフィールド James L. Burchfield 大尉は，ダバオの肥沃な大地を目にして，退役を待つことなく，1901年4月に110ヘクタールの土地を購入してプランテーション経営に乗り

出した[23]. それ以前にも, トルコ人, スペイン人, 中国人, フィリピン人の農園が拓かれており[24], 当時, フィリピン全国輸出総額の3分の2を占めていたアバカ栽培が, ダバオでも注目されはじめていた[25]. 「ダバオの父」とよばれた初代モロ州知事ウッド将軍のすすめもあって, アメリカ人プランターの数はしだいに増加し, 1905年2月15日にダバオ栽培者協会 Davao Planters' Association を設立し, 翌06年には60名の会員を擁していた[26]. 当時の労働者は, バゴボ人のほか, マンダヤ人, マンサカ人, マノボ人, タガカオロ人, ビラアン人, イスラーム教徒, ビサヤ人, パンパンガ人および日本人であった. そのほとんどは, 農園周辺から集められた小民族で, すでに日本やフィリピン北部から移民がダバオに入っていた[蒲原 1938: 45-50]. 当時のフィリピン植民地経営の最大の問題は労働者不足で, ダバオもその例外ではなかった[早瀬 1989]. ダバオでは, フィリピン北部のキリスト教徒やイタリア人などの外国人移民の誘致を試みたが失敗し, 結局はダバオ周辺の小民族に頼らねばならなかった[27].

　地方植民地政府がとった最初の小民族政策は, 小民族を海岸に近い集落に集住させ, キリスト教への改宗, 学校教育の普及を通して「文明化」させることであった. 集住政策は, ある程度成功した. たとえば, アメリカ軍進駐時に荒廃した教会と6軒の家しかなかったサンタ・クルス Santa Cruz 集落に, 1901年9月には130軒, 1,200人の「バゴボ」が居住していた[28]. この集住政策は, 小民族のキリスト教化, 学校教育の普及に貢献したばかりでなく, 自給自足経済から切り離された小民族の低賃金労働者化を促し, 労働力不足に悩むプランターの望むところとなった.

　アメリカ植民地政府は, フィリピン領有後, アメリカ本土からの宣教師不足もあって, 引きつづきスペイン人カトリック宣教師のフィリピン残留を認め, キリスト教布教にあたらせた. しかし, プロテスタントが多く, 中南米でスペイン軍と戦った経験をもつアメリカ人兵士は, スペイン植民地時代の遺産であったカトリック宣教師にたいして反感をもっていた. そのうえ, ダバオのカトリック宣教師は, 以前からの経験をいかして精力的に活動し, 教会建設のために住民を強制労働に駆りたてたり[29], カトリック教義を子どものときから徹底

させようとして，公立学校から生徒を奪い，公立学校を閉鎖に追いやったりした[30]．これら，アメリカ植民地政策に反するカトリック宣教師の活動にたいし，植民地政府は，「教会のすることに口を出すな」という指示を与え，ダバオのアメリカ人行政官や兵士を驚かせた[31]．経済開発を促進することによって，植民地経営を有利にすすめようとしていた植民地政府にとって，住民のキリスト教化を通しての「文明化」は都合のいいことであった．

スペインはキリスト教を，アメリカは学校教育をフィリピン諸島にもたらしたと一般にいわれている．ダバオでもアメリカ人が最初に手がけたことのひとつに，学校教育の普及があった．1900年7月，早くもダバオ市街地 población で150人，ダバオ湾東岸のシガボイ Sigaboy 集落で47人，サンタ・クルス集落で41人の生徒が，英語，スペイン語，地理を学んでいた[32]．その後，ダバオ市街地およびサンタ・クルス集落での学校教育の普及は，公教育制度の整備とともに順調にすすんでいった．いっぽう，バゴボ人の学校教育の普及は，キリスト教の布教と平行してすすめられた．1902年に来比したプロテスタント派の American Board Mission は，ミンダナオ島の最重点地としてダバオを選び，ダバオ市街地のほか，海岸付近に2カ所，「バゴボ」居住地に2カ所，布教の拠点を築いた [Sitoy 1981-82: 156-57]．なかでも，サンタ・クルス集落での布教は目覚しく，学校教育を受けたキリスト教徒の住民で占められるようになった．このことは，サンタ・クルス集落に居住していたタガバワ＝バゴボ人が，キリスト教化したことを示すと同時に，多くのタガバワ＝バゴボ人が，サンタ・クルス集落から離れたことを意味した[33]．

サンタ・クルス集落から数キロメートル海岸沿いに南下し，海岸から山に向かって数キロメートル入ったところに，メリリャ Melilla 集落がある．1915年にこのメリリャ集落で生まれたアバヘロ Nini Eli Abajero（洗礼名 Encarnacion，タガバワ＝バゴボ人）は，父親がすでにスペイン期に西欧の教育を受け，キリスト教化していたことから，当時の女性としては珍しく，メリリャ集落で初等教育を終えた後，ダバオ市街地で中等教育を受け，さらにサンボアンガの師範学校で教師の資格を得て，35年からダバオ各地で教鞭をとった[34]．メリリャ集落からさらに数キロメートルのところにあるビナトン

Binaton 集落には, メリリャ集落より 11 年遅れて, 1922 年にミッション系の小学校(7 年制)が開校した. この学校には, サンタ・クルス集落やディゴス Digos 集落から通ってきた者もあり, 大半はタガバワ＝バゴボ人の子弟であったが, なかには日本人やアメリカ人の混血児も含まれていた[Mori 1984: 4-7].

　学校教育は, 低地のタガバワ＝バゴボ人のあいだだけでなく, 1920 年代にはクラタ＝バゴボ人居住地域各地でも普及していた. ベテルは, 1922 年にシリブ Sirib 校に入学し, 2 年生を終えた後マラゴス Maragos 校に転校, 2 年後トゥグブク Tugbuk 校に転校, さらに 2 年後ダリアオン Daliaon 校に転校し, 7 年間の初等教育を終えている[Betel n.d.: 2]. また, 1924 年に 2 校開校した日本人小学校は, 30 年代になるとタガバワ＝バゴボ人やクラタ＝バゴボ人居住地域などに続々と開校し, 全部で 13 校になった. これらの日本人小学校には, バゴボ人の母をもつ日本人混血児だけでなく, 純血のバゴボ人の子弟も通学していた[蒲原 1938: 619-88].

　しかし, これらの学校教育は, けっして順調にすすめられたわけではなかった. バゴボ人は, 子どもを食べるアラガシ Aragasi という化け物を信じており, アメリカ人は子どもたちを学校に集めて, アラガシに売り渡すのだと信じていた. また, 女の子を学校に通わせると, 私生児を生むと信じていた[35]. 親子, 世代間の考え方の違いもあった. 学校の先生の指導で, 長い髪を切ったベテルの姿を見た父親は, 息子の威厳がもはやなくなり, 結婚相手もいないだろうと嘆いた[Betel n.d.: 2]. アメリカ植民地体制下でおこなわれた学校教育は, その土地の状況にあった教育ではなかった. 学校教育は, アメリカ人の指導の下, すべて英語で, アメリカから輸入した教科書を使い, アメリカのカリキュラムに従っておこなわれた. アメリカ社会の価値観や文化嗜好が, バゴボ人のあいだでどこまで理解されたか大いに疑問となる.

　英語による学校教育は, アメリカ人によるプロテスタントの宣教活動を助け, 伝道団体は英語による学校教育を助けるという関係ができあがるとともに, 聖書や讃美歌の現地語化がすすめられた. 1936 年にアライアンス The Christian And Missionary Alliance 派に改宗したベテルは, 改宗の理由のひとつにクラタ語で歌われた讃美歌に感動したことをあげている. そして, 当時すでに伝道

活動をおこなっていたクラタ=バゴボ人がおり，ベテル自身，改宗後に熱心な布教活動をおこなっている[Betel n. d.: 3-4].

　いっぽう，アメリカ植民地政府は1903年にモロ州を設立し，行政体制を整えていった．モロ州設立の目的は，アメリカ本土でおこなったインディアン政策に範をとり，徹底的にアメリカ化をおしすすめることであった．換言すれば，住民に伝統的価値観を捨てさせることによって，住民を資本主義下で最下層に位置する低賃金労働者にすることを意図していた．

　モロ州設立後，郡・町を設立し，行政組織を整備していった植民地政府は，1904年に「民族区条例 tribal wards act」を制定し，さらに翌05年に「民族区裁判所条例 tribal ward courts act」を制定した[36]．「民族区条例」によって，ダバオの小民族は，それぞれ「部族」ごとに民族区の下に組織され，区長，副区長が選ばれ，直接，郡知事の支配下におかれた．この民族区設立の直接の目的は，税の取り立てであった．それまで，人頭税 cedula（または registration tax）を免除されていたイスラーム教徒以外の小民族は，民族区設立と同時に，年間10ペソの人頭税のほか，漁業，公共市場使用，雄犬，雌犬，火器，渡船場設立・維持，屠殺場，闘鶏場にたいして税を払う義務を負わされた．この結果，小民族は納税のために現金を必要とするようになり，さらに植民地政府は納税義務を怠った者にたいし，強制労働を課する条例を制定した[37]．これによって，納税義務のわからない小民族は，当時，労働賃金の高かったダバオで，1日0.5ペソというかなり安い賃金で，ダトも奴隷も移住してきたキリスト教徒も区別なく働かされ，その権限は郡知事に委ねられた[38]．1905年制定の「民族区裁判所条例」の目的は，イスラーム教徒やほかの非キリスト教徒諸部族を「陋習」から解放し，「文明的な」規範をもたらすことにあった[RPC 1907: I, 393]．すなわち，慣習法を否定し，欧米的法律体系のなかに住民をおくことを意図していた．しかし，これらの植民地政策は，小民族社会のなかでさまざまな問題を引き起こし，具体的に反抗した小民族も現れた．

　1906年6月6日，ダバオ初代郡知事ボルトン Edward C. Boltonが，タガカオロ民族区小民族副代表ムンガラヨン Mungalayon によって殺害された．当時の報告書，新聞，雑誌などでは，いろいろな原因が取り沙汰された．おも

な原因をあげるとつぎの3点になる：1)民族区の設立，2)プランターの小民族虐待，3)千年王国的運動であった．

ボルトン郡知事の小民族にたいする干渉は，就任直後からはじまった．1903年12月21日，ボルトン郡知事は，サンタ・クルス集落で小民族の代表を集め，民族集団間のわだかまりを取り除くための集会を開いた．ボルトン郡知事の目的は，慣習法による小民族間の争い，怨恨をすべて解決すること，そして，フィリピン諸島がアメリカの支配下に入ったことを知らせることであった[39]．

ダバオ郡では，「民族区条例」にしたがって，「バゴボ人」，「ギアンガ人」，「モロ」および「マンダヤ人」の民族区が設立され，遅れて1906年2月22日，タガカオロ民族区が設立された．設立にあたって，ボルトン郡知事は，区長にアメリカ人プランター，マックラフ Max. L. McCullough を任命し，小民族代表にバラワグ Balawag，副代表にムンガラヨンをそれぞれ任命した．バラワグは4分の1ビラアン人の血を引くタガカオロ人で，ムンガラヨンはクラマン Kulaman 人（別名サランガニ・マノボ Sarangani Manobo 人）出身であった．因に，このタガカオロ民族区内に居住していた小民族は，タガカオロ人のほか，クラマン人，ビラアン人，カラガン Kalagan 人で，おもなダトだけでも7人いた[40]．

まず，問題となるのが，なぜ民族区の区長がアメリカ人プランターであったか，ということである．このことは，タガカオロ民族区に限ったことではなかった．ほかのダバオの民族区の区長も，やはりプランターであった．当時，労働力不足に悩むアメリカ人プランターは，民族区設立によって小民族を集住させ，自分自身がその区長となって職権を利用して農園労働者を集めようとしていた．事実，タガカオロ民族区設立前，もっとも精力的に動いていたのが，ほかならぬマックラフであった．マックラフは集落を訪ね歩き，タガカオロ民族区設立祭に出席するよう説いてまわっていた．もともとダバオの小民族社会は，個々の集落で独立しており，それを統合するようなかたちで，新しい集団を組織することはなかった．ましてや，個々の集落や「部族」のダトを序列づけし，そのリーダーがアメリカ人であった民族区は，それまでの社会組織や慣習にそぐわないものであった．ムンガラヨンが殺害を狙っていたのは，ボルトン郡知

事ではなくタガカオロ民族区の区長マックラフであった[41].

　ダバオのプランターが，小民族をどのように扱っていたかは，ボルトン郡知事殺害事件後の第2代モロ州知事ブリス Tasker H. Bliss からスコット W. S. Scott 大佐宛ての手紙からもよくわかる.

　　注意深く，秘かに調査してもらいたいことがある．先の電報で，貴殿は原住民がアメリカ人にたいして，かなり悪感情をもっている説明として，プランターの原住民虐待をあげている．わたしも兼々まさにそうではないかと思っていた．われわれはみな，辺鄙なフロンティアでなにがおこなわれようとしているか知っている．フロンティアでは，法の直接の施行，遵守，批判は無視される．かれらの唯一の目的は，できるだけ早く金を稼ぐことである[42].

　ブリス州知事は，ダバオの事情を知れば知るほど，プランターへの疑いを深めていった．そして，ブリス州知事は，ダバオのアメリカ人が労働力を確保するため，手段を選ばなかったことを知り，そのことがボルトン郡知事殺害の唯一の原因であると結論づけた[43].

　白人とはじめて接触のあった太平洋の島々の住民や北米インディアンのあいだで，千年王国的運動が発生したことはよく知られている［ワースレイ 1981; Mooney 1973］．ダバオでも同じような運動がみられた．「labi」[44]とよばれる新しい神がダバオ湾西岸で流行し，1906年5月半ば，「モロ」，マノボ人，ビラアン人，タガカオロ人，サマル人 Samal（ダバオ沖サマル島住民）などが出席して，宗教的な集会を催した．このころから，ボルトン郡知事自身，身の危険を感じて，主謀者と思われるダトをつぎつぎに逮捕していた[45]．この運動の目的は，すべてのアメリカ人，スペイン人を殺害または追放し，キリスト教徒を奴隷にして，スルタンの下，独立王国を築くことであった[46].

　ボルトン郡知事殺害の原因を一口に語ることは困難である．しかし，この事件を通して，いくつかの注目すべき点が浮びあがってきた．第一に，ムンガラヨンがボルトン郡知事を殺害した後，「「勇者」になった」と語ったことであ

る[47]．すでに述べたように，ダバオの小民族社会は，戦士社会で武勇をひじょうに重んじていた．それゆえ，アメリカの植民地政策の導入とともに，ダトの政治的権威，戦士としての自尊心が傷つけられたことは，想像に難くない．つぎに，注目に価するのは，当時ムンガラヨンやバラワグは，ダバオのアメリカ人やスペイン人を自力で追い払うことができると思っていた点である．そのため，マララグ集落のバラワグとキブラン Kibulan 集落のムンガラヨンが，それまで仲違いしていたにもかかわらず，同時にアメリカ人を攻撃する計画をたて，それぞれ300名の兵と40丁以上の火器，225名の兵と8丁の火器を集め，準備していた[48]．この戦闘形態は，従来の待ち伏せや寝込みを襲うなど姿を見せぬ攻撃とは根本的に異なるもので，イスラーム，あるいは，スペインやアメリカの軍事的影響がうかがえる．いっぽう，バラワグとムンガラヨンがほかの「部族」の協力を得られなかったばかりか，アメリカ人に協力した者が出たのは，古い「部族」間のわだかまりが災いしていた．たとえば，バゴボ人は，その一員がバラワグに殺害されたために敵意をもっていた[49]．このように，共通の敵にたいして，いままでの枠を超えて立ち向かう機運があったにもかかわらず，結局は，旧来の関係のために，それ以上発展することはなかった．1910年以降，ダバオの小民族が，アメリカの植民地行政，あるいは，アメリカ人による開発にたいして，集団で反抗を起こしたことはなかった．その一因は，アメリカ人による直接の開発が，1910年以降ほとんど発展しなかったことにあった．1910年ころまでに，アメリカ人による開発の影響を受けた地域は，バゴボ人のなかでは，おもに低地のタガバワ＝バゴボ人の居住地域であった．以後，アメリカ人によるバゴボ人への影響は，学校教育とキリスト教の普及を通してであり，開発による経済的影響は，日本人によるアバカ栽培によってもたらされることになった．

(4) 日本人のもたらした影響

植民地政府の援助もあり，アメリカ人を中心としたダバオのアバカ栽培は，急速に発展し，1902年に耕作面積2,499ヘクタール，308トンの生産から，10年には16,410ヘクタール，8,592トンへと増加していった．しかし，アメリ

人によるアバカ栽培は,それ以上発展しなかった.資本と労働力の不足が決定的な原因であった.いっぽう,1903年にアバカ農園労働者としてダバオに入った日本人は,07年に太田興業株式会社,14年に伊藤商店(後の伊藤忠と丸紅)から援助を受けた古川拓殖株式会社を設立して,本格的にアバカ栽培に乗り出した[50].さらに,第一次世界大戦景気による日本国内の余剰資本が,ダバオに流れ込み,1918年末までに71の日本人経営の農業会社が設立され,21年にはダバオ州のアバカ耕作面積は34,280ヘクタールに増加した[51].そして,1919年の新公有地法によって,公有地を購入・租借できなくなった日本人は[52],バゴボ人の名義で公有地を申請し,自ら土地を管理し,バゴボ人の「地主」に収穫高の10%から20%の「小作料」を支払う「小作人」となることによって[53],アバカ耕作面積を拡張し,30年には75,070ヘクタールとした[54].しかし,日本人が進出した公有地は,もともとバゴボ人の居住地で,日本人によるアバカ耕作面積の拡張の歴史は,同時にバゴボ人の土地喪失の歴史でもあった.

バゴボ人の居住地域は,はっきりした境界をもち,見知らぬ者の侵入を断固として拒んできた.ところが,バゴボ人とアメリカ人や日本人とのあいだには,土地にかんしてかなり異った考え方があった.バゴボ人の生活は,数年ごとに移動を繰り返す焼畑耕作と森林でおこなわれた狩猟・採集によって成り立っていた.したがって,かれらが糧食を手に入れることのできるすべての土地が,かれらが生活を維持していくための生活空間であった.いっぽう,アメリカ人や日本人からみれば,一時的に放棄された焼畑耕作地や森林は,すべて未開墾の土地であり,行政側はこれを公有地として分類した.日本人にとって,「合法的」に手に入れた土地は,バゴボ人の側からみれば,かれらの慣習法にもとる「不法侵入」とみえたのであった.

日本人とバゴボ人との初期の関係は,けっして悪いものではなかった.第一次世界大戦中のアバカ・ブーム以前は,日本人の人口も数百人と少なく,農業労働者,自営者,商店主としてバゴボ人との個人的関係も深く,まったく男性のみであったことから,バゴボ人の娘と結婚する者もあった.なかには,ダトになる日本人もいた.しかし,第一次世界大戦がはじまり,マニラ麻が急騰す

ると，金儲けに奔走する本土からの日本人移民，資本が大量に流入し，バゴボ人の存在を無視して，「未開墾地」を開拓していった[55]．先祖伝来の土地を奪われ，焼畑耕作を基本とする生活を維持していくことが困難になったバゴボ人は，許可なくバノッドに侵入してくる日本人開拓者をつぎつぎに襲うようになった．その殺害者数は，1918年から21年のもっとも開墾がさかんだった時期に，100を超えた[古川 1956: 370]．戦士であるマガニは，相手に姿を見せることなく日本人を殺害していった．これらの殺人は，慣習法によって認められたもので，ましてや自分たちの生存を脅かす開拓者を殺すことになんら問題はなかった．

日本人やアメリカ人は，バゴボ人の日本人殺害の原因をバゴボ人の土地喪失にあると考えていた．しかし，バゴボ人の側からすると，原因はそれだけではなかった．日本人開拓者は，バゴボ人の収入源のひとつであり，ほかのバノッドとの境界を示すランソーネスなどの果樹をつぎつぎと切り倒していった．また，開墾の結果，森の獲物がいなくなり，川も干上がるか汚染されるかして，以前のように魚をとることができなくなった．物質的損失に加えて，バゴボ人は精神的な恐れもいだいていた．日本人は，バゴボ人の精霊信仰を無視して，精霊の宿るバニヤンbaleteなどの大木を切り倒し，精霊の宿る場所をつぎつぎと破壊していった．1919年の1年間に限っても，伐採中に殺害された日本人は，20人にものぼった[56]．このようなとき，天然痘，インフルエンザの流行があった[57]．実際には，汚染された川の水を飲用にしていたことや外来者の侵入などが直接の原因であったが，バゴボ人が大規模な開発をすすめていた日本人に原因があると考えても不思議ではなかった．マガニは，精霊の怒りを鎮めるために，日本人を殺害したのだった．

その後，1919年5月，8月，9月と相ついで，バゴボ人から銃，ボロ（蛮刀），ヤリなどの武器を取り上げたこともあって，バゴボ人による日本人殺害事件は減少していった[58]．しかし，なによりもマニラ麻不況による開墾の停止が殺害事件を減らしていたおもな原因であった．事実，1928年から29年と34年から35年に，ふたたび殺害事件が頻発した時期は，マニラ麻の好況期と一致し，開墾がすすめられた時期であった[59]．

日本人とバゴボ人との関係は，不幸な出来事ばかりではなかった．1919年の公有地法改正以後，日本人自営者は，やむをえず山地のタガバワ＝バゴボ人やクラタ＝バゴボ人の土地を「借りて」，アバカを栽培するようになった．この「借地」にさいして，バゴボ人との問題を最小限に抑える役割を果したのが，日本人とバゴボ人の娘との結婚であった．1939年の国勢調査によると，ダバオ州で269人のフィリピン人が日本人と結婚しており，754人の日比混血児がおり[60]，208人が日本人小学校に通っていた［服部 1939: 26］．しかし，未登録の婚姻も数多くあったことから，実際には，その数倍の日比国際結婚があり，その大半がバゴボ人の娘との結婚であった．日本人にとって，土地獲得という意味で，バゴボ人の娘との結婚は，都合のいいことであった．いっぽう，焼畑耕作，狩猟採集生活に必要な土地を失ったバゴボ人にとっても，日本人との結婚は都合のいいことであった．生活の術を失ったバゴボ人は，日本人「小作人」から「地代」を受けとるか，日本人農園で働くことによって，新しい生活の術を見い出していたからである．

(5) キリスト教徒フィリピン人のもたらした影響

北部からのキリスト教徒フィリピン人のダバオへの移住の過程は，日本人のそれとよく似ていた．第一次世界大戦中のアバカ・ブームのあいだ，労働局 Bureau of Labor の支援もあって，キリスト教徒はセブ島からの移住者を中心に続々とダバオに職を求めてやってきた．注目すべきことは，キリスト教徒移住者は，日本人と違い，家族同伴が多かったことである．たとえば，1918年の6,267人のダバオへの移住者の内，独身者はわずか799人で，家族同伴者が1,276人であった[61]．1920年代前半のマニラ麻不況時には，日本人同様，故郷に帰る者が多く，24年には4,815人しかダバオに残っていなかった[62]．しかし，アバカの価格がもち直すとともに，ふたたび移住者も増え，1930年代になるとたんなる出稼ぎではなくダバオに定着するようになった．そして，その人口は1936年までに非キリスト教徒諸部族の人口を上まわるようになり[63]，その多くは日本人経営のアバカ農園で働いた[64]．

キリスト教徒フィリピン人は，人口においてもっとも多かったにもかかわら

ず，第二次世界大戦前に，バゴボ人に与えた影響はそれほど大きなものではなかった．キリスト教徒の移住者は家族同伴が多かったため，かれら自身のコミュニティを作り，バゴボ人との交流もあまりなかった．そのうえ，キリスト教徒は，頭からバゴボ人らダバオの小民族を「未開人」とみなし見下していた．他方，バゴボ人のほうでも，キリスト教徒が，ダバオ・フロンティア社会で自主性を欠いた一介の労働者であることを知り，日本人にたいするようには尊敬していなかった．しかし，戦後，日本人が本国へ強制送還された後，北部から移住してきたキリスト教徒が土地所有者となり，かれらとバゴボ人との結婚が珍しくなくなった．その結果，多くのバゴボ人がセブ語を理解するようになり，バゴボ人のあいだの学校教育，キリスト教の普及もあって，しだいにバゴボ人はキリスト教徒移住者と区別がつかなくなっていった．

3 バゴボ人の社会変容

前節でみてきたように，ダバオのバゴボ社会は，イスラーム教徒，スペイン人，アメリカ人によって徐々に影響を受け，日本人によるアバカ栽培の発展によって急激な影響を蒙った．本節では，第一次世界大戦中のアバカ・ブームを境として，ダバオ・フロンティア社会形成以前と以後のバゴボ社会の変容の過程を明らかにする．

まず最初に，生態系の変化にともなう経済生活の変化をみていく．フロンティア社会形成以前のダバオの大部分は，ラワン等の大木が生い茂る熱帯雨林であった．それが，第一次世界大戦中のアバカ・ブームに乗った日本人による開拓によって，つぎつぎと森林が消滅していき，一面のアバカ農園へと化していった．この無差別な開拓にたいして，植民地政府は，1919年に70名の調査員をダバオに派遣し，天然資源の情況について調査をおこなった[65]．その結果，多くの日本人経営の農業会社が，無許可の木材伐採にたいして罰金を課され[66]，同年，ランソーネスやドリアンなどの果樹を許可なく伐採することを禁止する条例が制定された[67]．しかし，これらの法律は，日本人開拓者にたいして，実行力がなかった．日本人は，ダバオの森林局Bureau of Forestryや土地局

Bureau of Lands の役人の「協力」を得て，法律の規制から免れていた．

この森林破壊の結果，バゴボ人の経済生活は，食糧の生産，狩猟・採集の面で，根本から変化を強いられることになった．まず，森林の消滅によって，焼畑農耕が継続できなくなった[68]．バゴボ人は，数年毎に移動を繰り返し，年に1回，男が山の斜面を焼き，鋤耕することなく，女が陸稲の種を蒔き，収穫していた[Benedict 1916: 6]．しかし，焼畑農耕に必要な森林がなくなったとき，バゴボ人は親族を頼って新たな焼畑耕作地を求めて移動するか，そのまま滞まって新しい生活法を見い出すか，二者択一を迫られた．

バノッドに滞まった者のなかには，アバカを植える者も現れた．しかし，バゴボ人が植えたアバカは，わずか数十株で，生計をたてるほどの規模ではなかった．たとえ，日本人同様，数ヘクタール(数千株)のアバカを植えたとしても，栽培技術も市場動向もわからないバゴボ人が，合理的経営を不可欠とした当時のアバカ栽培に，なんの指導もなく参加することは，ひじょうに困難であった．むしろ，最低限，自分たちの食糧を自給する定着農耕に転換することのほうが，たやすかったかもしれない．しかし，定着農耕に転換するには，灌漑，肥料，機械化，病虫害対策など，焼畑農耕と比べものにならないほど多くの資本と労働力が必要であり，そのために農業資金の貸し付け，技術指導などが必要であった．しかし，これにたいし，植民地政府はなんらの指導もおこなわなかった．結局，バゴボ人は，自ら食糧を生産することをやめ，日本人からの「地代」や労働賃金によって食糧を手に入れる道を選んだ．このことは，狩猟・採集の面においても同様であった．森林の消滅とともに，狩りの獲物であった野豚や鹿は姿を消していった[69]．また，川は，切り倒された木によって塞き止められて干上がったり，開墾時の大量の灰で汚染されたりしたため，魚がいなくなった．かわって，バゴボ人は，日本人や中国人商人から魚の缶詰を購入し，食べるようになった[70]．このように，森林の消滅は，男のおもな仕事であった開墾，狩猟，漁労のすべてを奪い，主食生産の重要な担い手であった女の仕事をも奪っていった．そして，バゴボ人は食糧の自給能力を失い，外部から入ってくる食糧に依存するようになり，そのため否応なく市場経済に巻き込まれていった．

ポランニー Karl Polanyi は，「疑いもなく，労働，土地，貨幣市場は市場経

済にとって本源的なものなのである」と述べている[ポランニー 1975: 98]. しかし, ダバオ・フロンティア社会において, 貨幣の流通はほとんどなかった. 日本人のあいだにおいてさえ, 通帳に記入するだけの信用経済が一般的であった. したがって, 日本人自営者は, 農園労働者に支払うべき現金を持ちあわせていなかったため, 労働者の請求に応じて現金や米などの食料品を支給し, 残高を記帳していた. たしかに, 「貨幣は交換手段ではなく, 支払手段であった」というポランニーの説に従うと[ポランニー 1975: 266-67], バゴボ人は, 貨幣なき市場経済, すなわち, 信用経済に巻き込まれていた. しかし, 日本人のあいだでの信用経済が, 現金取引きにかわるものとして考えられるのにたいして, バゴボ人との信用経済は, 貨幣経済以前のものと考えられる. 事実, バゴボ人は, 手に入れたコインを貨幣としてではなく, 装飾品として身につけていた. したがって, バゴボ人は, 経済面にかんして全面的に日本人に頼ることになり, まったく自主性を欠いたまま, 「貨幣」経済に巻き込まれていったことになる.

　つぎに, バゴボ人の社会構造の変化について考えてみる. バゴボ社会では, 古くから物々交換や結婚を通じて人の往来があった. バゴボ人はバノッド内で生活していくことが困難になったとき親族を頼って移動し, ある者はそのまま移動先のバノッドに定着し, ほかの者は一定期間が過ぎれば元のバノッドに戻っていった. 日本人による開拓によって, バゴボ人がバノッド内の森林を失って困難に陥ったときも, 上記の習慣に従った. そして, バノッドに残った者は, ふたつのグループに分かれた. 日本人の「助言」で, ホームステッド homestead やフリー・パテント free patent を申請し[71], 近代法に従って土地所有権を得たバゴボ人は, 「地主」となって日本人自営者に土地を「貸し」, 収穫高の 10% から 20% を「小作料」として得ることができた. これらのバゴボ人は, 自ら働くことをやめ, 収入源をすべて日本人に依存するようになった. いっぽう, 土地所有権を得ることができなかったバゴボ人は, 日本人経営のアバカ農園で働くようになった. しかし, かれらは, 常雇いの労働者になることはなかった. 常時, アバカ農園で働いていた労働者は, もっぱら北部から移住してきたキリスト教徒で, バゴボ人は生活の必要に応じて自ら日本人自営者に労働を請うか, あるいは, 農繁期にバゴボ人の「地主」に頼まれて働くか, どちらか

第5章　ダバオの社会変容——フロンティアの形成　183

の臨時農園労働者になった．そして，かれらは，以前にもまして働かなければならなかった．バゴボ人は，ダト，マガニ，奴隷などの社会階級があったとはいえ，労働にかんしては，まったく同じようにおこなっていた．しかし，焼畑農耕時代において，まったく社会的に意味をもたなかった土地所有が，商品としての価値をもったとき，土地所有者と非所有者とのあいだに，はっきりした二分化が起こった．この二分化の背景には，日本人と結婚したバゴボ人の娘を親族にもった者ともたなかった者との関係があった．すなわち，日本人を配偶者に迎えた者は，日本人の「助言」により土地を所有する，より多くの機会を得たのだった．

　バゴボ人は，血族間の結婚を禁じており，基本的に結婚後夫が妻の生地に移り住む妻方居住婚であった[72]．したがって，バゴボ人にとって，バノッド外の男性が入ってくることに，それほどの違和感はなかった．日本人自営者は，はじめバノッド内に入る手続きであるしかるべき案内人とダトへの挨拶を怠ったため，殺害された者がいた．しかし，一度バノッド内での了解が得られると，バノッド内で暮らしていくことは，さして難しいことではなかった．ましてや，バゴボ人の娘と結婚した日本人は，バノッドの一員として問題なく迎え入れられた．そして，新しい文物，技術，知恵をもたらした日本人自営者は，バゴボ人のなかで尊敬を集めるようになり，バゴボ人の「地代」や労働賃金を管理するようになった．それまで，ダトの下で審議され，処理されていた生活全般にかかわる問題は，しだいに，経済的問題にかんしては，日本人自営者の下にバゴボ人が集まり，処理されていくようになった．

　経済面にかぎらず，ダトの率いるバゴボ人の戦士社会は，つぎつぎといろいろな局面で破壊されていった．アメリカ植民地行政の浸透にともない，アメリカ式の行政体系，法体系が支配的となり，ダトの自尊心と社会的規範が失われていった．また，武器の没収と殺人の風習の禁止は，マガニの威厳を損ない，マガニの階級自体が存在しなくなった．そして，人身供犠の風習の禁止は，ダトの指導力，マガニの武勇を示す機会を奪い，いけにえの対象となった奴隷階級の存在の意味をなくした．したがって，バゴボ人の社会階級は，アバカ栽培の発展を契機として，土地所有者と非所有者のふたつの階級になったというこ

とができる．しかし，この土地所有者は，日本人という管理者がいることが条件の土地所有者であって，自主性はなかった．

ダバオ・フロンティア社会の形成，確立にともない，バゴボ人の旧来の生活様式はことごとく破壊されていった．バゴボ人にとってより不幸だったのは，第二次世界大戦前のダバオのマニラ麻産業の景気がよかったため，なんら努力することなく，生活に困らないだけの収入が，いつでも日本人という「保護者」から得られたことであった．したがって，バゴボ人は，生活，思考の枠組は旧来のまま市場経済に巻き込まれた結果，バゴボ社会は，既存の均衡を失い，バノッド内の諸力にたいする統制力を失っていった．そして，新しい生活様式への指針を示されることなく，自主性を奪われていったバゴボ人は，ダバオの発展を内発的な発展に結びつけることができず，ダバオ・フロンティア社会のなかで，従属的な位置におかれるようになった．

むすびにかえて

結論を一言でいえば，ダバオ・フロンティア社会の発展の歴史は，同時に，バゴボ社会の破壊の歴史であった．アバカ栽培を中心としたダバオの開発にたいして，バゴボ人は，逃避，反抗，同化とさまざまなかたちで対応した．しかし，結局はつぎつぎとさまざまな局面で自主性を失っていった．この傾向は，第二次世界大戦後もすすんだ．バノッドは，マニラからの指示を仰ぐ行政機構の末端組織としてのバランガイ barangay へと変貌し，現在，ダトにかわるバランガイ・キャプテンをバゴボ人出身者のなかに見い出すことは，ひじょうに困難になった．経済的には，土地と信用経済の管理者であった日本人を失い，北部から移住してきたキリスト教徒に，名義上も実質上も土地を奪われ，先住民であるバゴボ人はスクォッター squatters（不法居住者）になっていった．そして，多数を占めるキリスト教徒とバゴボ人との結婚が一般的になり，むしろバゴボ人同士の結婚のほうが珍しくなった今日，バゴボ人の3つの言語を話す若い世代は，急速に減少している．20世紀前半のダバオのアバカ栽培の発展を契機として，いまバゴボ人は，バノッドの一員として，言語集団であるタガ

バワ，クラタ，オボとして，そして，バゴボ人としてのアイデンティティを失い，まさに民族言語集団 ethno-linguistic group として消え去ろうとしている．

付録3 バゴボ人の系譜からみた移動

　近代の開発とともに世界各地で経済フロンティアが出現し，先住民は生活基盤を奪われ，移動を余儀なくされた．しかし，その実態は充分に把握されていない．多くの先住民が記録を文字に残すことをしなかったからである．ダバオのバゴボ人も，スペイン・アメリカの植民地化，日本人によるアバカ栽培などのために，居住地を追われたことは知られているが，いつ，どこへ，どのようにして移動したのか，詳しいことはわかっていない．バゴボ人は，ダトなどの有力者を除いて通常結婚後妻方居住し，妻方の両親の庇護を得るとともに，労働を提供した．しかし，一定の年数がすぎると自由に移動した．かれらは，親族・姻族，知人・友人などを頼って移動した．したがって，配偶者の出身地を把握することは，その一族の交流・移動の範囲がわかることになる．そこで，ダバオでの調査中，各地のバゴボ人の古老を訪ね，一族の系譜と配偶者の出身地を訊ねた．古老の多くが，ダトの一族であることから，世襲的にその集落に居住する者もいたが，妻の出身地から集落間の交流がうかがえた．

　調査の対象を，1920～30年代ころ生まれた者を基準とし，A世代とした．Aの両親の世代をB，Bの両親の世代をCとしたところ，D，E世代まで遡ることができた一族がいた．B世代はスペイン期からアメリカ期への転換期のころに生まれ，E世代は19世紀はじめころに生まれたと考えられる．30以上の系譜を記録したが，なかには奴隷出身のため系譜が遡れなくなったり，記憶がおぼつかなくなったり，ほかの一族と重なる部分から信頼度の低いものであったりしたため，分析の対象とならなかったものがある．ここでは，信頼度が高い15の系譜を考察の対象とした．

　バゴボ人の3言語は，各集落によって多少の違いはあったが，とくにタガバワ語とオボ語は，アポ連峰を挟んで顕著な方言の違いがあることがわかった．そのため，東西に分けて分析した．おもな集落は，それぞれ以下の通りである．

　東タガバワ語集落：Katigan, Barakatan, Bayabas

西タガバワ語集落：Bansalan, Kisante, Digos, Bulatukan, Malasila, Makilala

クラタ語集落：Wangan, Sirib, Tomayong, Tagakpan, Subasta, Calinan, Biao

東オボ語集落：Baguio, Tamugan, Suawan

西オボ語集落：Kidapawan, Saguing

[系譜1]

B世代は，東タガバワ人同士でしか結婚していない．しかし，A世代になると，西タガバワ語集落のBansalan，東オボ語集落のBaguio，西オボ語集落のKidapawanの者と結婚している．BaguioからKidapawanまで徒歩で2日間の道のりだった．A世代になって，タガバワ人とオボ人が広い地域で婚姻関係を結んでいたことがわかる．

[系譜2]

この系譜から，タガバワ人とオボ人の密接な婚姻関係がわかる．配偶者46人のうち14人(30.4％)はタガバワ人，19人(41.3％)はオボ人で，その分布域は広い．タガバワ人はアボ連峰東のTungkalan (Tongkalang)やBarakatanに集中し，西側ではBansalanの1例があるだけである．オボ人は，東側ではTamugan とBaguio，西側ではKidapawanに集中している．戦前から戦後にかけてキリスト教徒フィリピン人5人と日本人1人と結婚している．C世代にはマティグサウグ人がいる．C世代のマティグサウグ人とオボ人のメスティーソはオボ人と結婚し，2人のマティグサウグ人の奴隷妻をもっていた．B世代の男女とも西オボ語地域のKidapawanとタガバワ語地域のTungkalan出身者と結婚している．これらの婚姻関係から，この一族の婚姻関係が内陸から海岸部に移ったことがわかる．

[系譜3]

この系譜から，Baguioのオボ人とSirib，Tomoyongのクラタ人との密接な関係がわかる．クラタ人の男性がオボ人の女性と結婚している．日本人と結婚している例がある．

[系譜 4]

　B世代ではバゴボ人の3つの言語集団と結婚しているが，A世代では西タガバワ人と東タガバワ人との密接な関係がわかる．日本人や中国人との婚姻もみられる．すべての姉妹が日本人か中国人と結婚している例もあるが，その姉妹の兄弟はすべてタガバワ人と結婚している．ある女性は3人の日本人とつぎつぎに結婚し，ある男性は死んだ兄弟のタガバワ未亡人と結婚している．あるC世代の男性は，姉妹2人と結婚している．

[系譜 5]

　この系譜からは，東タガバワ人内の密接な関係がわかる．日本人の夫1例とBansalan出身のタガバワ人の夫1例を除き，すべて配偶者は東タガバワ人である．

[系譜 6]

　この系譜からは，もっとも多くの婚姻関係が得られた．この一族は，Tomayongのクラタ人に属している．129人のうち58人(45.0%)がクラタ人，29人(22.5%)がオボ人，14人(10.9%)がタガバワ人，19人(14.7%)がメスティーソとの結婚であった．大半が，Tomayong, Siribのクラタ人とBaguio, Kadalianのオボ人とであった．クラタ人とBaguio, Kadalian出身のメスティーソの例もある．B世代の2人のクラタ人は，TomayongからBaguioに移っている．B世代のなかには，タガバワ人やオボ人と結婚した者もいる．A世代では，男女ともバゴボ人以外のマティグサウグ人やキリスト教徒フィリピン人，日本人と結婚する例が増えている．2姉妹で同じ男性と結婚した例が2つある．

[系譜 7]

　この系譜からは，クラタ人内の密接な関係がわかる．85人中69人(81.2%)がクラタ人と結婚し，その大半がSirib, Tagakpan, Wangan出身である．日本人3人，中国人1人，キリスト教徒フィリピン人3人と結婚している．2姉妹で同じ男性と結婚した例が1つある．

[系譜 8]

　この系譜は，系譜7よりさらに密接なクラタ人内の関係を示している．103

人中96人(93.2%)がクラタ人と結婚し、その大半がSirib, Wangan, Tagakpan出身である。この系譜は一部系譜7と重なり、多少の相違がみられる。

［系譜9］
　この系譜は、バゴボ人のディアスポラ(拡散)状態を示している。この一族はクラタ人であるが、クラタ人の配偶者の出身は多数の集落に散らばり、27人中12人(44.4%)はクラタ人以外の配偶者をもつ。

［系譜10］
　この系譜は、クラタ人内の密接な関係を示している。とくに東クラタ語集落のBiao, Talandangと西クラタ語集落のSiribとの関係が深い。Baguio出身のオボ人の妻が2例ある。

［系譜11］
　この系譜は、タガバワ人とオボ人の密接な関係を示している。オボ人の配偶者の出身は、東ではSuawan、西ではKidapawanに集中している。タガバワ人の配偶者の出身は、東のTungkalan, Bayabasに集中している。B世代はタガバワ人と結婚する傾向があり、C世代はオボ人と結婚する傾向があった。C世代の2姉妹はダバオ湾内のサマル島のカアガン人Kaaganと結婚している。B世代の3姉妹、C世代の2姉妹のそれぞれが同じ男性と結婚している。

［系譜12］
　この系譜は、B世代とC世代で、西オボ人と東オボ人の密接な関係を示している。D世代では、西オボ人と西タガバワ人の関係が密接である。C世代で2姉妹が同じ男性と結婚した例がある。

［系譜13］
　この系譜は、西タガバワ人内の密接な関係を示している。39人中33人(84.6%)が西タガバワ人で、その大半はMalasila, Bulatukan出身であった。3オボ人と2タガバワ人は、Kidapawan出身だった。

［系譜14］
　この系譜は、西タガバワ人と西オボ人の密接な関係を示している。タガバワ人の配偶者は、Bansalan出身、オボ人の配偶者の出身はKidapawan, Sagu-

ingに集中している．2姉妹が同じ男性と結婚している例がある．

[系譜15]

　この系譜は，オボ人内でのディアスポラ状態を示している．58人中35人 (60.3％) の出身地が，各地のオボ人の集落に散らばっている．4タガバワ妻，7クラタ配偶者，9マティグサウグ配偶者も，出身集落が散らばっている．4オボ夫は，タガバワ人地域のTungkalan出身である．A世代には，キリスト教徒フィリピン人と結婚した者が3人いる．この系譜は，系譜2との共通部分がある．

　以上の系譜をまとめると，いくつかのグループに分けることができる．系譜2，4，5，13はタガバワ人に集中し，なかでも系譜13は西に集中している．系譜4の一族は，日本人の夫を受け入れている．系譜7，8，10はクラタ人に集中しており，系譜7の一族は日本人，中国人，キリスト教徒フィリピン人を夫に受け入れている．系譜12はオボ人に集中しており，西オボ人と東オボ人の密接な婚姻関係を示している．

　系譜1と11は東タガバワ人と東オボ人の密接な関係を示しており，系譜14は西タガバワ人と西オボ人の密接な関係を示している．系譜3は，クラタ人とオボ人の密接な関係を示している．

　系譜6と9はクラタ人内でのディアスポラ状態，系譜15はオボ人内でのディアスポラ状態を示している．

　バゴボ人同士の婚姻関係において男女差があまりみられないが，マティグサウグ人の配偶者は20人中17人 (85.0％) が妻で，おそらく奴隷や妾が含まれているだろう．マティグサウグ人はバゴボ人にたいして，劣位にあったと考えられる．日本人13人，中国人3人はすべて夫として受け入れられており，キリスト教徒フィリピン人も20人中16人が夫として受け入れられている．1例だけだが系譜4に逆縁婚levirateが認められ，2～3姉妹が同じ男性と結婚している例が数例みられる．

　バゴボ人の3言語集団は明確な境界をもっていたが，ふたつ例外が認められる．BaguioとKadalianはもともとアポ連峰の東のオボ人地域に属していた

が，A世代ではそれぞれクラタ人やクラターオボ人のメスティーソがみられた．直接の原因は，オボ人のDatu Baguioがクラタ人と結婚したことによる．現在のバギオ郡Baguio Districtには，バゴボ人のオボ2,487人，クラタ1,123人，タガバワ762人のほか，マティグサウグ人25人，タガカオロ人15人，マンダヤ人8人の小民族が居住している（いずれも推定）[Alan et al. 2001: 21-28]．これらの集落はクラタ人地域と接し，おそらくクラタ人地域への入植者の侵入と1918年に流行った水疱瘡と無縁ではないだろう．

いまひとつの例外は，タガバワ人地域に属するTungkalanに，A世代とB世代にオボ人がいることである．Tungkalanはクラタ人地域と接しているが，オボ人地域の南端とも遠くない．アポ連峰の裾野をつたってオボ人地域と交流があったと考えられる．Suawanのオボ人は，しばしば川魚・エビと果物やアゴン（銅鑼）とを交換しにTungkalanに出かけたという．Tungkalanは，タガバワ人とオボ人の交易地のひとつだった．そして，出自集落に居づらくなった者の逃亡先でもあった．

以上のことから，まずタガバワ人とオボ人の関係はタガバワ人とクラタ人，オボ人とクラタ人との関係より密接であったことがわかる．言語（単語）において，タガバワ語とオボ語の共通性約50％にたいして，タガバワ語とクラタ語，オボ語とクラタ語の共通性それぞれ約30％という結果[Hayase 1989]と，同じことが婚姻関係からもうかがえた．バゴボ人の3言語集団のなかでも，クラタ人が特異性をもっていることが，ここでも示されている．

つぎに，これらの系譜から一族によって，婚姻関係を結んでいた地域の広さに大きな差があることがわかった．首長制社会である一族の独自性が認められ，集落単位の考察が必要なことが裏付けられた．また，D世代やE世代でも広範囲に婚姻関係があったことから，スペインやアメリカの植民地化以前から，バゴボ人の交流範囲は一族によってかなり広かったことがわかった．その原因として，疫病，飢饉，戦争，交易などが考えられる．疫病が流行したとき，バゴボ人は家屋の下に疫病で死んだ者を埋め，家屋を焼却して移動した．ダバオに大量に入植者が入った後結婚したA世代やB世代のなかには，日本人，中国人，キリスト教徒フィリピン人の男性と結婚する者がいた．ただし，日本人

が大規模に開拓し，一面のアバカ農園となった低地タガバワ人地域やクラタ人地域のバゴボ人の系譜は，収集することができなかった．これらの地域のダトの子孫がどこへ行ったのか不明である．

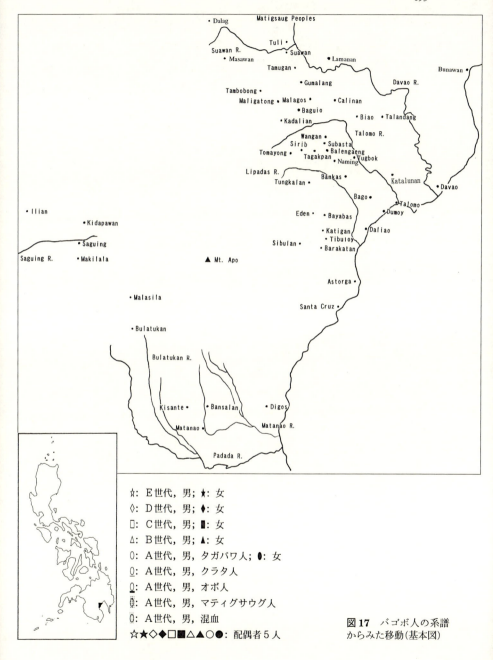

図17 バゴボ人の系譜からみた移動(基本図)

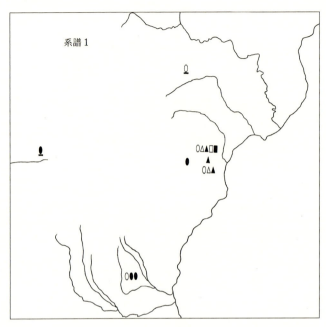

系譜1

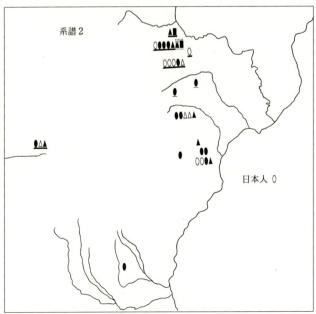

系譜2

日本人 ○

195

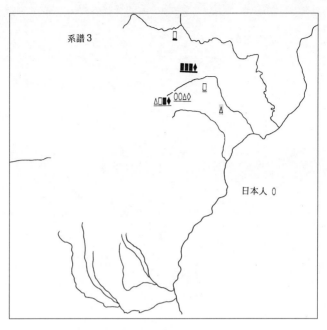

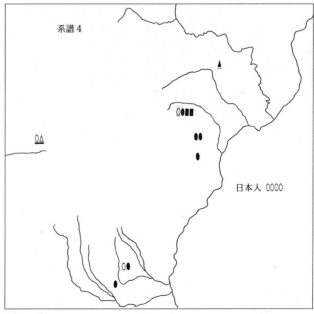

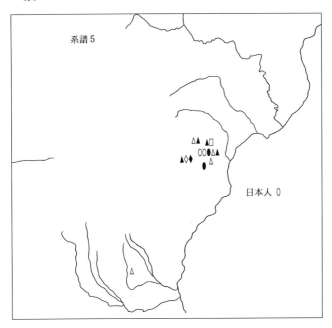

系譜5

日本人 ○

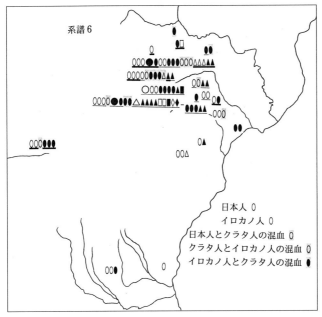

系譜6

日本人 ○
イロカノ人 ○
日本人とクラタ人の混血 ○
クラタ人とイロカノ人の混血 ○
イロカノ人とクラタ人の混血 ●

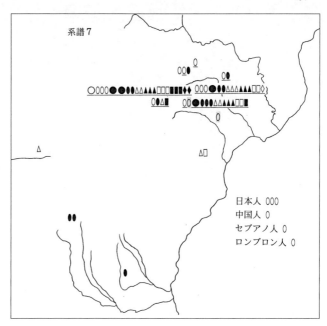

198

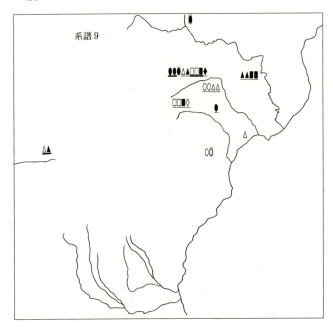

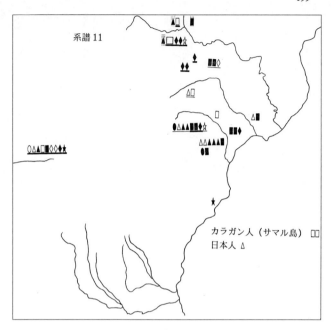

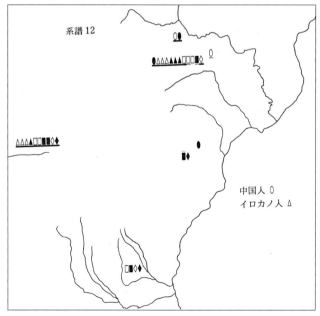

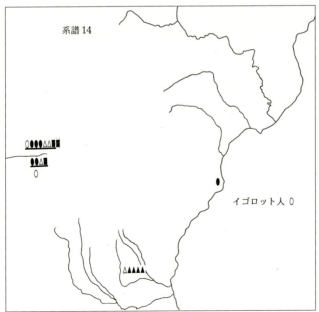

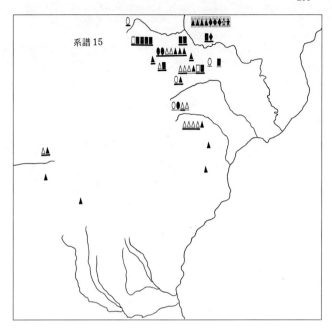

系譜 15

表4 バゴボ人の系譜

Abbreviations used in the genealogies are as follows.
  A: the generation married before World War II and whose children married after the war.
  B: A's parents
  C: B's parents
  D: C's parents
  E: D's parents
  Tb.: Tagabawa, Kl.: Klata, Ob.: Obo, Mt.: Matigsaug, Jp.: Japanese
  Tb.-Kl.: Tagabawa-Klata mestizo (mixed blood)
  △: male, ○: female
  The linguistic group and village of in-marrying spouses are given in parentheses.

For example, Genealogy 1 is given below.

[B-1]   [C-1] △ (Tb. Katigan) ═ ○ (Tb. Katigan)

△=○ (Tb. Tibuloy)   △=○   △=○ (Tb. Katigan)   ○=△ (Tb. Katigan)   ○=△
                (Tb. Barakatan)   (Barakatan)
   [A-2]   Genealogy II   [A-1]

△=○   ○=△   △   ○=△   △   △=○   ○=△   ○=△   △=○   △=○
(Tb.   (Ob. Bagyo) (Tb. Bansalan) (Tb. Bansalan) (Tb.   (Tb.   (Ob. Kidapawan) (Tb.
Bansalan)   Katigan) Barakatan)   Sibulan)

Summary of Intermarriage Relations among Bagobo Groups

		Tb.	Kl.	Ob.	Mt.	mestizo	Jp.	Chinese	Filipino	others	Total
1-A	△=	3	—	1	—	—	—	—	—	—	4
1-A	○=	3	—	1	—	—	—	—	—	—	4
1-B	△=	3	—	—	—	—	—	—	—	—	3
1-B	○=	2	—	—	—	—	—	—	—	—	2
1-C	△=	1	—	—	—	—	—	—	—	—	1
1-C	○=	1	—	—	—	—	—	—	—	—	1
Total		13	—	2	—	—	—	—	—	—	15
2-A	△=	7	2	5	—	—	—	—	—	—	14
2-A	○=	2	—	7	—	—	1	—	5	—	15
2-B	△=	3	—	3	1	—	—	—	—	—	7
2-B	○=	2	—	2	—	—	—	—	—	—	4
2-C	△=	—	—	1	2	—	—	—	—	—	3
2-C	○=	—	—	—	—	1	—	—	—	—	1
2-D	△=	—	—	1	—	—	—	—	—	—	1
2-D	○=	—	—	—	—	—	—	—	—	—	—
2-E	△=	—	—	—	—	—	—	—	—	—	—
2-E	○=	—	—	—	1	—	—	—	—	—	1
Total		14	2	19	4	1	1	—	5	—	46
3-A	△=	—	—	—	—	—	—	—	—	—	—
3-A	○=	—	2	—	—	—	1	—	—	—	3
3-B	△=	—	—	—	—	—	—	—	—	—	—

		Tb.	Kl.	Ob.	Mt.	mestizo	Jp.	Chinese	Filipino	others	Total
3-B	○=	—	2	—	—	1	—	—	—	—	3
3-C	△=	—	1	3	—	—	—	—	—	—	4
3-C	○=	—	2	1	—	—	—	—	—	—	3
3-D	△=	—	1	1	—	—	—	—	—	—	2
3-D	○=	—	1	1	—	—	—	—	—	—	2
Total		—	9	6	—	1	1	—	—	—	17
4-A	△=	6	—	—	—	—	—	—	—	—	6
4-A	○=	1	—	1	—	1	4	1	—	—	8
4-B	△=	—	1	—	—	—	—	—	—	—	1
4-B	○=	—	—	1	—	—	—	—	—	—	1
4-C	△=	2	—	—	—	—	—	—	—	—	2
4-C	○=	—	—	—	—	—	—	—	—	—	—
4-D	△=	1	—	—	—	—	—	—	—	—	1
4-D	○=	—	1	—	—	—	—	—	—	—	1
Total		10	2	2	—	1	4	1	—	—	20
5-A	△=	2	—	—	—	—	—	—	—	—	2
5-A	○=	2	—	—	—	—	1	—	—	—	3
5-B	△=	4	—	—	—	—	—	—	—	—	4
5-B	○=	4	—	—	—	—	—	—	—	—	4
5-C	△=	—	—	—	—	—	—	—	—	—	—
5-C	○=	1	—	—	—	—	—	—	—	—	1
5-D	△=	1	—	—	—	—	—	—	—	—	1
5-D	○=	1	—	—	—	—	—	—	—	—	1
Total		15	—	—	—	—	1	—	—	—	16
6-A	△=	4	20	12	3	8	—	—	—	—	47
6-A	○=	8	16	10	1	10	1	—	4	—	50
6-B	△=	1	10	3	—	—	—	—	—	—	14
6-B	○=	1	5	3	—	1	—	—	—	—	10
6-C	△=	—	3	—	—	—	—	—	—	—	3
6-C	○=	—	2	1	—	—	—	—	—	—	3
6-D	△=	—	1	—	—	—	—	—	—	—	1
6-D	○=	—	1	—	—	—	—	—	—	—	1
Total		14	58	29	4	19	1	—	4	—	129
7-A	△=	3	30	1	—	—	—	—	—	—	34
7-A	○=	—	17	1	—	2	3	1	3	—	27
7-B	△=	—	9	—	—	—	—	—	—	—	9
7-B	○=	1	8	1	—	—	—	—	—	—	10
7-C	△=	—	1	—	—	—	—	—	—	—	1
7-C	○=	—	3	—	—	—	—	—	—	—	3
7-D	△=	—	1	—	—	—	—	—	—	—	1
7-D	○=	—	—	—	—	—	—	—	—	—	—
Total		4	69	3	—	2	3	1	3	—	85
8-A	△=	—	45	—	—	1	—	—	2	—	48
8-A	○=	1	23	—	—	—	1	—	—	—	25
8-B	△=	1	13	—	—	—	—	—	—	—	14
8-B	○=	—	8	—	—	—	—	—	—	—	8
8-C	△=	1	3	—	—	—	—	—	—	—	4

		Tb.	Kl.	Ob.	Mt.	mestizo	Jp.	Chinese	Filipino	others	Total
8-C	○ =	—	3	—	—	—	—	—	—	—	3
8-D	△ =	—	1	—	—	—	—	—	—	—	1
8-D	○ =	—	—	—	—	—	—	—	—	—	—
Total		3	96	—	—	1	1	—	2	—	103
9-A	△ =	—	1	2	1	1	—	—	1	—	6
9-A	○ =	1	2	—	—	1	—	—	—	—	4
9-B	△ =	—	3	1	—	—	—	—	—	—	4
9-B	○ =	1	3	1	—	—	—	—	—	—	5
9-C	△ =	—	2	1	—	—	—	—	—	—	3
9-C	○ =	—	2	1	—	—	—	—	—	—	3
9-D	△ =	—	1	—	—	—	—	—	—	—	1
9-D	○ =	—	1	—	—	—	—	—	—	—	1
Total		2	15	6	1	2	—	—	1	—	27
10-A	△ =	—	2	—	—	—	—	—	—	—	2
10-A	○ =	—	1	—	—	1	—	—	—	—	2
10-B	△ =	—	2	2	—	—	—	—	—	—	4
10-B	○ =	—	3	—	—	—	—	—	—	—	3
10-C	△ =	—	—	—	—	—	—	—	—	—	—
10-C	○ =	—	1	—	—	—	—	—	—	—	1
10-D	△ =	—	1	—	—	—	—	—	—	—	1
10-D	○ =	—	1	—	—	—	—	—	—	—	1
Total		—	11	2	—	1	—	—	—	—	14
11-A	△ =	1	—	—	—	1	—	—	—	—	2
11-A	○ =	—	—	1	—	—	—	—	—	—	1
11-B	△ =	5	—	1	1	1	—	—	—	—	8
11-B	○ =	4	1	1	—	—	1	—	—	—	7
11-C	△ =	5	—	3	1	—	—	—	—	—	9
11-C	○ =	1	—	7	—	—	—	—	—	2	10
11-D	△ =	1	1	7	—	—	—	—	—	—	9
11-D	○ =	—	2	2	—	—	—	—	—	—	4
11-E	△ =	1	—	1	—	—	—	—	—	—	2
11-E	○ =	1	—	1	—	—	—	—	—	—	2
Total		19	4	24	2	2	1	—	—	2	54
12-A	△ =	1	—	2	—	—	—	—	—	—	3
12-A	○ =	—	1	1	—	—	—	1	—	—	3
12-B	△ =	—	—	4	—	—	—	—	—	—	4
12-B	○ =	—	—	6	—	—	—	—	1	—	7
12-C	△ =	1	1	2	—	1	—	—	—	—	5
12-C	○ =	2	1	5	—	—	—	—	—	—	8
12-D	△ =	2	—	1	—	—	—	—	—	—	3
12-D	○ =	1	—	2	—	—	—	—	—	—	3
Total		7	3	23	—	1	—	1	1	—	36
13-A	△ =	2	1	—	—	—	—	—	1	—	4
13-A	○ =	2	1	—	—	—	—	—	—	—	3
13-B	△ =	5	—	—	—	—	—	—	—	—	5
13-B	○ =	5	—	—	—	—	—	—	—	—	5
13-C	△ =	12	—	2	—	—	—	—	—	—	14

205

		Tb.	Kl.	Ob.	Mt.	mestizo	Jp.	Chinese	Filipino	others	Total
13-C	○ =	5	—	1	—	—	—	—	—	—	6
13-D	△ =	1	—	—	—	—	—	—	—	—	1
13-D	○ =	1	—	—	—	—	—	—	—	—	1
Total		33	2	3	—	—	—	—	1	—	39
14-A	△ =	1	—	5	—	—	—	—	—	—	6
14-A	○ =	1	—	1	—	—	—	—	—	1	3
14-B	△ =	4	—	—	—	—	—	—	—	—	4
14-B	○ =	1	—	3	—	—	—	—	—	—	4
14-C	△ =	—	—	3	—	—	—	—	—	—	3
14-C	○ =	—	—	—	—	—	—	—	—	—	—
Total		7	—	12	—	—	—	—	—	1	20
15-A	△ =	—	1	2	—	—	—	—	—	—	3
15-A	○ =	—	2	2	—	—	—	—	3	—	7
15-B	△ =	4	1	8	4	—	—	—	—	—	17
15-B	○ =	—	2	11	—	—	—	—	—	—	13
15-C	△ =	—	1	9	—	—	—	—	—	—	10
15-C	○ =	—	—	2	—	—	—	—	—	—	2
15-D	△ =	—	—	1	3	—	—	—	—	—	4
15-D	○ =	—	—	—	—	—	—	—	—	—	—
15-E	△ =	—	—	—	1	—	—	—	—	—	1
15-E	○ =	—	—	—	1	—	—	—	—	—	1
Total		4	7	35	9	—	—	—	3	—	58
Grand	Total										
A	△ =	30	102	30	4	11	0	0	4	0	181
A	○ =	21	65	25	1	15	12	3	15	1	158
B	△ =	30	39	22	6	1	0	0	0	0	98
B	○ =	21	32	29	0	2	1	0	1	0	86
C	△ =	22	12	24	3	1	0	0	0	0	62
C	○ =	10	12	18	0	1	0	0	0	2	43
D	△ =	6	7	11	3	0	0	0	0	0	27
D	○ =	3	7	5	0	0	0	0	0	0	15
E	△ =	1	0	1	1	0	0	0	0	0	3
E	○ =	1	0	1	2	0	0	0	0	0	4
Total	△ =	89	160	88	17	13	0	0	4	0	371
Total	○ =	56	116	78	3	18	13	3	16	3	306
Grand	Total	145	276	166	20	31	13	3	20	3	677

おわりに

海域イスラーム首長制社会の歴史

　本書によって，海域東南アジア東部の歴史は，従来ムラユ世界や東南アジア島嶼部として語られてきた西部の歴史とは，少々異なっていたことが明らかになっただろう．その根本にあるものは，首長制社会が維持されたことであった．海域東南アジア東部という16〜19世紀に存在していたと仮定した歴史的地理世界も，首長制社会を基本としてのものだった．東部は地域全体でみれば人口密度の低い地域であった．しかし，火山島や河口，隆起珊瑚礁の浅瀬などに人口が密集するところがあった．高度に発達した交易活動に対応するには，この地域の限られた人的資源と食糧を分散することなく，ある特定の場所に集中させる必要があった．香料貿易を契機として，この地域の森林産物・海産物が世界市場で注目を集めると，その商品や流通，政治的情況の変化にあわせて，東部世界の中心は移動していった．本書で，「海の領主」としてとりあげたブルネイ，テルナテ，マカッサル，マギンダナオ，スールーの王都が，その中心にあたる．しかし，その中心は恒久的なものではなかった．西部で中央集権化とともに，官僚機構などが整備され，宮廷文化が花開いたのにたいして，東部では流動性が顕著な首長制社会が維持されたため，社会的・文化的蓄積はあまりみられなかった．あたかも，文化や食糧は，海域という環境を利用して外から取り込めばいいとでも考えていたかのようだった．オランダに海洋性を奪われ，内向きの野の世界のイスラーム社会を築いたジャワなどにたいして，海域イスラーム社会は開放的で，曖昧さを残しながら外文明に対応し，発展した．しかし，外向きに初期近代に対応しても，内向きに近代的制度化をおこなわなかったために，19世紀後半からの本格的な近代には対応できなかった．

　本書の第I部で，スルタン制イスラーム王国(スルタネイト)を形成したマギンダナオと小王国クラジャアン社会を形成したサンギル人の歴史を考察した．ミンダナオ島でスルタンといえばマギンダナオ王だけのはずであったが，実際

には各地にスルタンを名乗る首長がいた．マギンダナオ王の力が弱まれば，その傾向はいっそう強まった．「スルタン」の称号は，あたかも主権をもつ社会の首長であることを誇示するかのように使われた．人びとの第1の帰属意識は，イスラームでもなければ，民族言語集団でもなく，首長に率いられた血族・姻族からなる自然集落にあった．そして，その集落自体が移動し，「村落国家」の構成員も変わった．いっぽう，サンギル人は，イスラームという統合の原理を受け入れなかったため，小王国が林立することになった．「海の領主」ともならず，漂海民のように自由に海域を往き来することもなかったサンギル人にとって，身近にある食糧を確保することが重要であった．そのため，生活圏ともいうべき「領域」をもっていた．しかし，故地という意識に乏しく，ディアスポラ（離散）現象を引き起こした．

本書「インタールード」では，学術的にはなかなか言い表せない海域東南アジア東部の社会を垣間みた．そこには，ヨーロッパ世界の論理と現地世界の論理が共存していた．これまで語られイメージされてきたオランダ人の語る東部世界の「支配」は，間違いではないだろう．しかし，その実態は違っていた．オランダが現地勢力と結んだ条約は，二重の意味で理解されていた．たとえば，主権という意味は，ほかのヨーロッパ諸国にたいして排他的な支配の意味があったが，現地の首長にたいしては一部の貿易権であったり，産物採取権にすぎなかったようだ．オランダは，この現地の認識を黙認することによって，この世界に居続けることができたということができるかもしれない．まだ，この世界の主導権は，ヨーロッパ人ではなく，この地域の首長制社会が握っていたと考えられる．しかし，19世紀後半になると，ヨーロッパ側の論理が押しつけられ，しかも武力をともなって強制されるようになった．

本書第Ⅱ部では，海域イスラーム首長制社会が自律的機能を失っていく過程を考察した．まず，「海の領主」は，陸域国民国家の近代的制度と軍隊の前に，権力を奪い取られていった．イスラーム首長制社会を統合するカリスマ的リーダーは出現せず，フィリピンという植民地国家の成立過程で，イスラーム教徒はマイノリティになっていった．しかし，首長制社会がまったく解体されたわけではなかった．キリスト教徒フィリピン人社会も，本格的王国を形成しない

ままスペインの植民地になったため，ムラユ世界の「村落国家」的要素を残していた．そのため，強い中央集権的な国家は今日までみられず，町長の権限の比較的強い社会となっている．また，反政府組織のリーダー（コマンダー）は，首長制社会の移動する首長の意味合いをもっている．それゆえ，今日のフィリピンの時事問題を考えるうえでも，この首長制社会の歴史を考察することは，有益だと思われる．

最後に，ダバオのバゴボ人社会を例に，開発と同化政策による「民族絶滅」の危機の問題を考察した．首長制社会の解体は，自律的コミュニティの破壊を意味した．海域東南アジア東部は，海，川，森で地理的に分断されていたために，自律した首長制社会を維持することができた．しかし，開発によって地理的障害がなくなったために，自然で閉鎖された空間はなくなっていった．今日のグローバル化と多元文化主義の問題を歴史的に考えるためにも，首長制社会の歴史はなにか示唆を与えてくれるだろう．

このように，首長制社会を基盤としてイスラームは導入された．しかし，流動性の激しい海域では，普遍宗教としてのイスラームも強い王権をともなうイスラームも，首長制社会の論理を超えることはできなかった．それでも，首長制社会で解決できない種々の問題が発生したとき，イスラームは人びとの統合のシンボルとして浮上した．その意味で，イスラームだけが支配的な社会ではないが，海域イスラームという独自な社会が生まれたということができるだろう．

グローバル化のなかの個別実証的研究

20世紀は，民族を中心とする国民国家の時代であったといっていいだろう．民族運動がもてはやされ，歴史学も民族自決で国民国家が形成される過程を追った．しかし，そこには数々のマイノリティが発生し，自治権が奪われ独自の文化が否定される状況があった．国民国家は，マジョリティである一等国民にとっては居心地のいい社会であっても，国民ではない人や劣等国民とされた人びとにとっては，けっして居心地のよくない排他性をもっていた．そのため，すべての国民が一等国民になるための国民統合が唱えられ，1980年代ころ

までは研究上でも国民統合を「善」として語る傾向が強かった．それが，1990年代になると，エスノ・ナショナリズムや脱中央集権化(地方分権化 de-centralization)が唱えられ，国民統合はマイノリティの権利や独自の文化を奪う「悪」として語られるようになった．

　この状況は，地球のグローバル化と表裏をなしていた．環境問題に代表されるように，1国単位で生活環境を考えることが困難な状況になり，いっぽうで福祉社会の到来とともに，国単位の大雑把なものから個々の事情を尊重し人と人とが直に接するコミュニティを基盤とする社会の重要性が増していった．このように，国家の重要性が相対的に低下していくなかで，歴史学においても偏狭なナショナリズムに基づく一国史観は，とくに近隣諸国との関係において成り立たなくなってきた．初期近代(近世)以降の世界史のなかで，世界史的な理解や広域世界の視野なしでは個別の国や地域の歴史を語ることができなくなった．また，政治史や経済史に特化しない社会史や全体史，文化史が重要になってきたことも，忘れてはならないだろう．

　グローバル化と地方分権化のなかで，現在の社会がさまざまな歴史的・文化的背景をもって成立していることがわかり，現在の国家を中心とする把握だけでは不充分なことが明らかになった．歴史的・文化的考察によって，表面に出ていなくてもその社会がもっている一側面は，その社会の本質的なものであることに，人びとは気づくようになってきた．このように，多様化，多元化した社会の集合体として，グローバルな視点で歴史をみる時代になったということができるだろう．

　このグローバル化と地方分権化をセットにして考えることによって，グローバル化を強調するあまり個々の実証的な研究に基づかない空論に陥ることや，普遍的な歴史学とは無縁な独りよがりの偏狭な民族史や地方史に陥ることを防ぐことができるだろう．しかし，グローバル化と地方分権化に対応した研究方法や教育方法は，まだ確立していない．体制批判としての地域研究やカルチュラル・スタディーズなどが，体制化し既存の学問にとってかわったとは言い難い．とすると，いまわれわれがすべきことは，既存の学問でどこまでわかり，どこからわからないかをはっきりさせたうえで，新しい学問を考えることだろ

う．換言すれば，グローバル化と地方分権化のなかで考えなければならない歴史学は研究としての応用編で，逆説的に教育としては個別の実証的文献史学がますます重要になってくるといえよう．問題は，文献史料の豊富な国や地域，分野の歴史が，これまでのように世界史を代表することがあってはならないということだ．文献史料が乏しかったり，偏ったものしかない地域や人びとの歴史が，これからの時代に求められている世界史に充分反映していかなければならないことを認識する必要がある．換言すれば，地球規模での全体史を書く時代になったにもかかわらず，本書でも明らかなように，それは不可能なことだ．歴史学のあるべき姿と現実の問題に対処しながら，不充分な点は不充分な点であると認識したうえで，実証主義的文献史学を基本として，その不充分さを補う努力を怠らないことが重要であろう．文献史学を超えうるのは，学際的・学融合的手法を会得した文献史学ということができるだろう．本書冒頭で，「各国史」「通史」を書くことへの疑問を述べた．にもかかわらず，「各国史」「通史」の理解は，逆説的に脱陸域国家史観のために重要である，という結論に到達してしまった．これらの「各国史」「通史」を脱陸域国家史観の眼で批判的に読むことによって，新たな展望がみえてくるだろう．

　歴史学において，時代の方向性がみえたこの数十年間，現実に背を向けて基層社会や時代性の探求といった基礎学問に精出すことも意味があった．しかし，いま時代の転換点にあって，歴史学は現実社会の方向性の指針となる研究をする必要があり，そうすることによってその存在意味を社会に示さなければならない．それは，社会がかかえている現実問題に即対応できるという性格のものではないかもしれない．陸域国家中心主義，とくに国民国家を前提とする偏狭なナショナリズムを中心とした価値観から人びとを解放し，より柔軟性をもって新しい時代の世界に，そして地域社会に対応できる考え方を示すことである．そのためにも，戦争や権力争いといった非日常的な社会を描く文献史学の「小ささ」を充分に認識し，偶像化してはいけないが平和な庶民の日常性を描く，より「大きな社会」，より「大きな歴史」を描くことに努めなければならないだろう．

　杉山正明氏は，『遊牧民から見た世界史：民族も国境もこえて』（日本経済新聞

社,1997年)や『逆説のユーラシア史——モンゴルからのまなざし』(日本経済新聞社,2002年)などで,草原の民の視点で中国中心史観やヨーロッパ中心史観の歴史叙述を鋭く批判した.「国家」や近代にその元となると考えられた「民族」より,「人間の集団」に注目した歴史を描いた.日本女性史は,より洗練された歴史学研究の1分野に成長した.『女と男の時空:日本女性史再考』(藤原書店,1995-96年,全6巻別巻1)などは,男性を中心とした近代歴史学への挑戦でもあった.

本書は,「海域世界」の論理をもって新たな歴史像を模索した.「商業の時代」や19世紀後半以降の近代化をともなう陸域国家の「海域世界」への侵入が,第Ⅰ部と第Ⅱ部の記述を可能にした.「インタールード」で語った時代は,陸域国家が海域から後退した時代であったが故に,「海域世界」の論理が前面に出てきていたはずである.にもかかわらず,充分に語ることができなかった.逆説的に,非文字社会を文字化して語ることが困難だったからである.この「海域世界」にとけ込んだ華人,ポルトガル私貿易商人,イギリスのカントリー・トレーダー,オランダ市民,さらにはデーン人やスウェーデン人などの活動を理解することによって,不可視だった社会や時代を少しずつ明らかにすることができるだろう.われわれは,いまさまざまなアプローチをもって,近代歴史観からの離脱を試みている.その先には,平和な未来があることを大前提としたい.

蛇足だが,本書執筆の直接のきっかけは,『岩波講座 東南アジア史』(2001-2003年,全9巻別巻1)だった.各巻・各論文は,日本における東南アジア史研究の高い水準を語るに充分だった.しかし,なにかしら不充分さを感じた.それは,なぜ,いま東南アジア史研究が重要であって,どういう研究がこれからの時代に必要なのかが,充分に語られていないように思えたからである.本書で講座ではわかりにくかった東南アジア史の一端が,読者に伝われば,本書の目的は達成されたことになる.

謝　辞

　海域東南アジア東部の歴史は，従来書くだけの材料がなかった．それを可能にしたのは，まずつぎのふたつの研究書が出版されたためである．マギンダナオの17世紀の歴史 *Triumph of Moro Diplomacy: The Maguindanao Sultanate in the 17th Century* (1989)を書いたラーアルホーヘン Ruurdje Laarhoven は，オランダ語史料を使うことによって，フィリピン共和国の枠から抜け出すことに成功した．L.アンダヤ Leonard Y. Andaya は，口述史料を使った *The World of Maluku: Eastern Indonesia in the Early Modern Period* (1993)で，マルク世界を独自性をもつ世界として描いた．さらに，ポルトガル系イエズス会の史料集 Hubert Jacobs, ed. and annotated, *Documenta Malucensia* (1974-84, 3 volumes)が英語の解説とともに出版されたことが，大いに役立った．まずは，3人の著者・解説者に感謝の意を表したい．

　つぎに，1993年に関西に戻って以来，議論をともにしている東南アジア史学会関西例会の常連出席者，とくに吉川利治，深見純生，桃木至朗，渡辺佳成，八尾隆生，河野佳春氏などに感謝したい．とくに深見氏には，本書の草稿を一読していただき，有益なコメントをいただいた．すぐに答えることのできない課題も頂戴した．この例会では，狭義の歴史学だけでなく，総合的学際研究としての広義の歴史学についても，多くのことを学んでいる．今日，各種多くの研究会が開催されるなかで，8月を除く毎月開催される例会に継続的に出席することで，議論を積み重ねていくことの重要性を認識させられた．歴史学がもつ学際性ゆえに，幅広い議論が可能になっている．そこでは，各大学・研究所ではけっして味わえない忌憚のない議論が展開され，研究仲間としての連帯感がある．本書の大部分も，この例会や海域アジア史研究会で発表の機会を与えられたうえでの成果である．また，とくにこの3年間(1999〜2001年)，わたしが代表を務めた科学研究費補助金「東南アジア史研究で卒論・修論を書くための教育・研究工具の開発のための研究」研究会の場を，例会終了後に貸していただき，教育としての東南アジア研究について議論できたことも有意義だった．研究成果としてだけでは充分でない本書を出版する気になったのも，教育としての歴史学研究をともに考えた結果である．

このほか，東京外国語大学アジア・アフリカ言語文化研究所，国立民族学博物館，京都大学人文科学研究所，種々の科学研究費補助金などによる共同研究での議論が役に立った．口述史料収集のための海外調査については，トヨタ財団研究助成，日本学術振興会東南アジア諸国学術交流事業，科学研究費補助金のお世話になった．それぞれの代表者(秋道智彌，池端雪浦，梅原弘光，加藤剛，立本成文，田中耕司，山室信一各先生)およびメンバーに感謝申し上げます．

最後であるが，本書に不可欠なフィールドワークでお世話になった故 Isamu Kagawa, Domingo M. Non, Alex J. Ulaen とそれぞれの家族にお礼を申し上げます．これらの人びとの協力なくして，本書のような研究成果は生まれなかった．そして，『岩波講座　東南アジア史』完結後も，東南アジア史に「苦悩」した岩波書店の石橋聖名さんに，これからの本づくりを期待しつつお礼を申し上げます．

註

第1章 なし

第2章
(1) マギンダナオ王国を意味する呼称として，16～19世紀のスペイン語史料などでは，つぎのようなさまざまな綴りが用いられた：Baguindanao, Beguendanao, Beguindanao, Bendanao, Bindanao, Magenda, Magendanao, Magindanao, Magindano, Mindanao, Mondaña, Myndanao, Vaguindanao, Vendanao, Vindanaoなど．このようにマギンダナオとミンダナオは区別することなく使われ，マギンダナオという呼称もつぎの5つの集団が居住する地域の意味で使われた：1)フィリピン諸島全体のイスラーム教徒，2)ミンダナオ島全体のイスラーム教徒，3)プラギ河流域全体のイスラーム教徒，4)マギンダナオ民族言語集団，5)マギンダナオ王国勢力下のイスラーム教徒．このほかスラウェシ島沿岸では，海賊一般の名称としてマギンダナオが使われた．今日では，マギンダナオは民族言語集団名と州名，ミンダナオは島名あるいはミンダナオ島とスールー諸島（ときにパラワン島を含む）を合わせた地域名として区別して使われる．本書で，マギンダナオという場合，マギンダナオ王国をさす．したがって，スールーとはスールー王国をさしている．
(2) 一般にはスールー，マギンダナオ，ブアヤンをフィリピン諸島の3大スルタネイトとよぶ．しかし，マギンダナオとブアヤンは，しばしば区別することが困難であり，マギンダナオでプラギ河流域のスルタネイトを代表させることがある．時代によっては，連合していることを意味するマギンダナオ＝ブアヤン王国と表記するほうが，より正確かもしれない．
(3) 従来クダラトの統治年代のはじまりは1619年とされてきたが，ラールホーフェンはオランダ語史料から1616年としている[Laarhoven 1986: 34-35 など]．
(4) ミンダナオ研究の状況については[早瀬1986b；川島1999]参照．
(5) [Wu 1959: 111]では，Liu Chi-hsu & Shu Shih-cheng, *A History of the Expansion of the Chinese to the South Seas* (Shanhai, 1934)を参照して「民多朗」をミンダナオに比定している．しかし，[Wang 1967: 303-04]では，牛齕をミンドロ島にしかいない野生のスイギュウtamarawとし，ミンドロに比定している．
(6) 因に現在でも，モロ湾岸中央付近にKumalarangという地名がある．
(7) タルシラの原本については，[Saleeby 1976: 1-66]参照．日本語では，1943年に「王家に伝はつて居る原本から写したものを翻訳したもの」がある[南方圏研究会 1943]．
(8) ムラカMelakaの最初のスルタンは1400年前後に統治していたことから，ムラカのスルタンの子孫の娘と結婚したと考えたほうがいいだろう[Majul 1973: 25]．

[Saleeby 1976: 29]ではジョホールのスルタンの縁者となっている.
(9) しばしば姉／妹と娘が混同されている. 以下の記述においても同じ注意が必要.
(10) ダトの未来形であることから, ダトになるはずだった一族と考えられている. マギンダナオのスルタンは, 即位にあたってマギンダナオの故地近くの湖畔にある「白い土」を踏む儀式があった. その場所を知っているのは, ドゥマトゥ一族だけだった[Casiño 2000: 165].
(11) バンカヤの母Buliはビラアン人の出身で, Parasabがみつけたカラスの卵から生まれたといわれている. ここでは竹を切ったり, 卵をみつけた人物が重要であり, 架空の血縁関係を示しているものと考えられる. あるいは血筋を重んじるマギンダナオ社会にあって, 下位の者との結婚を正当化するためであったかもしれない.
(12) 兄Malang-sa-Ingudの死後, 結婚している[Saleeby 1976: 17].
(13) カブンスアンはブラギ河口に行く前にマラバンに上陸し, イラヌン人との血縁関係を成立させ, イスラーム改宗に成功したという説もある. そのため, イラヌン人もカブンスアンの子孫であると主張している[Majul 1973: 71-72].
(14) デ・ラ・コスタは, タブナワイという名がムラユ・イスラーム世界の首長につけられる一般的な名称であることから, タブナワイ自身実在しない人物であったかもしれない, としている[De la Costa 1967: 297]. タブナワイとママルの伝承については, ここでとりあげたマギンダナオのものとは別に, ティルライ人やマノボ人のものがある[Casiño 2000: 305-11].
(15) [Taylo 1955: 6]は, Elizabeth L. Hassell, "The Mohammedan Conversion of Brunei, Mindanao and Sulu" M. A. Thesis, University of the Philippines (1951)を引用している.
(16) "Expeditions to Borneo, Jolo, and Mindanao" Francisco de Sande and others, Manila, April 19, 1578, to June 10, 1579 [B&R: IV, 282-85].
(17) "Letter to Felipe II" Guido de Lavezaris, Manila, July 17, 1574 [B&R: III, 275].
(18) "Relation of the Filipinas Islands" Francisco de Sande, Manila, June 7, 1576 [B&R: IV, 71].
(19) "Letter to Felipe II" Francisco de Sande, Manila, July 29, 1578 and "Expeditions to Borneo, Jolo, and Mindanao" Francisco de Sande and others, Manila, April 19, 1578, to June 10, 1579 [B&R: IV, 125-35, 148-303].
(20) " Articles of Contract for the Conquest of Mindanao " Gomez Perez Dasmariñas and Estevan Rodriguez de Figueroa, Manila, May 12, 1591 [B&R: VIII, 76-77].
(21) Ibid.: 75. フィゲロア個人については[De la Costa 1967: 110]に詳しい. フィゲロアはカマリネスに人口4,700人, パナイ島に人口4,800人のふたつのエンコミエンダを所有していた.
(22) フィリピン諸島はスペイン国王の直接統治ではなく, メキシコ副王にその統治を

委ねていた.

(23) "Articles of Contract for the Conquest of Mindanao" Gomez Perez Dasmariñas and Estevan Rodriguez de Figueroa, Manila, May 12, 1591 [B&R: VIII, 73-75].

(24) "Pacification of Mindanao" Juan de Ronquillo, Tanpaca, May 10, 1597 [B&R: IX, 289].

(25) 実際, 1607年のテルナテとオランダの盟約ではテルナテの影響下の島々のなかに, サランガニとミンダナオが含まれていた. しかし, 1609年の盟約ではみあたらない. 以後, オランダ人は, しばしばマギンダナオはテルナテの支配下にあったと記述している[Laarhoven 1989: 16].

(26) "Pacification of Mindanao" Juan de Ronquillo, Tanpaca, May 10, 1597 [B&R: IX, 290].

(27) "Dampier in the Philippines" William Dampier, London, 1697 [B&R: XXXIX, 31].

(28) Ibid.: 28.

(29) "Conquest of Mindanao" Marcelo Francisco Mastrilli, S.J., Taytay, June 2, 1637 [B&R: XXVII, 261-62, 270].

(30) "Dampier in the Philippines" William Dampier, London, 1697 [B&R: XXXIX, 27].

(31) "The Natives of the Southern Islands" Francisco Combés, S.J., Madrid, 1667 [From his *Historia de Mindanao, Ioló*, etc.][B&R: XL, 104-09, 124].

(32) Ibid.: 128.

(33) 「分」をわきまえさせた最大の理由は, おそらく持参金であっただろう. そして, マギンダナオの法ルワラン luwaran では階級, 年齢, 性別によって罰が決められている[Damaso 1983: 79-80]. また, 家系を長く, 正確に言えることは, 奴隷出身ではないことの証明であり, 親族集団を基本とする社会にあって家系はひじょうに大切であった.

(34) 1708年にカブンタランの首長となったマギンダナオのスルタン Dipatwan Anwar の異母兄弟, Umar Maya Tabu-tubu が, テルナテのスルタンの娘と結婚したのが最初の例である[Saleeby 1976: 45 footnote by Majul]. アンワールの父スルタン・バラハマン Barahaman (在位 1671-99年) には, サンギル人やサマル人の妻がいた. テルナテのスルタンの娘と結婚したのは, サンギヘ島のタブカン王国の宰相の姉妹であるこのサンギル人妻とのあいだにできた息子であった. この宰相のもうひとりの姉妹も, マギンダナオの Kachil Bakaal と結婚している[Laarhoven 1989: 65; Casiño 2000: 176]. 1598年ころ, マギンダナオのラジャ・ムダとテルナテのスルタンの姉妹とのあいだに縁談があったが, 実現しなかった. スペインやオランダは, 両王国の縁組みを妨害していた[Laarhoven 1989: 226]. テルナテは, ミンダナオのことを大マルク Maluku Besar とよんでいた[Casiño 2000: 33].

(35) "Expeditions to Borneo, Jolo, and Mindanao" Francisco de Sande and others, Manila, April 19, 1578, to June 10, 1579 [B&R: IV, 278].
(36) 1588年にはブルネイ，テルナテの援助によって，イスラーム学校が建てられていた["Letter to Felipe II" Domingo de Salazar, Manila, June 27, 1588, B&R: VII, 69].
(37) ルワランはシャーフィー派の流れをくむ．詳しくは[Saleeby 1976: 67-98]参照．
(38) [Mastura 1984] 2. "Sultan Kudarat's Role in Maguindanao and Philippine History": 17-27.
(39) コルクエラ総督は，その数を1635年までに25,000〜30,000人としている["Letter to Felipe IV" Sebastian Hurtado de Corcuera, Manila, August 20, 1637, B&R: XXVII, 346].

[付記]

本章が論文として刊行された1988年以後，ラールホーヘンの修士論文に基づく単行本が出版されたほか，以下のマギンダナオ史にかんする研究書が出版された．

Laarhoven, Ruurdje, *Triumph of Moro Diplomacy: The Maguindanao Sultanate in the 17th Century*. Quezon City: New Day Publishers, 1989, 267 p.

Loyre, Ghislaine, *The Institutions of Maguindanao*. (Historical Conservation Society LIII: General History of the Philippines Part VI, Vol. 1) Manila: Historical Conservation Society, 1991, 83 p.

McKenna, Thomas M., *Muslim Rulers and Rebels: Everyday Politics and Armed Separatism in the Southern Philippines*. Berkeley&Los Angeles: University of California Press, 1998, 364 p.

また，1988年当時，ダンピアやフォレストの航海記を，[B&R]やFilipiniana Book Guildシリーズに掲載されたフィリピン関係だけのものによっていたため，周辺地域との関係をよく理解していなかった．フィリピン共和国という国民国家の歴史を超えて理解するためには，全航海記を読む必要がある．ダンピアの航海記は，1992年に邦訳が出版された．

第3章

(1) サンギルSangirとサンギヘSangiheは，基本的に同じ音の異なるスペルである．現在フィリピンではSangirやSangil，インドネシアではSangiheが一般的に使われる．本書では，民族はサンギル人，地名はサンギヘを使用する．

(2) 「マルク」という地名は，さまざまな範囲で語られてきた．狭義には丁字の原産地と考えられているテルナテ，ティドレ，モティ，マキアンの4火山島であるが，バチャンやジャイロロを加えるときがあり，さらに周辺地域を加えるときがある．つぎに広義に「マルク」というときは，ナツメグの原産地であるバンダ諸島および周辺地域を含める．歴史的には狭義のマルクが一般的だが，現在は広義のマルクが一般的に使用される．本書では，狭義のマルクを「北マルク」とよぶことにする．

(3) 当時のポルトガルやスペインの遠征隊は王室によって派遣され，乗組員の出身地はさまざまだった．このスペイン隊の隊長は，ポルトガル人マガリャンイス Fernão de Magalhães で，マルク諸島到達前にフィリピン諸島のセブ島沖のマクタン島で戦死した．また，今日もっとも利用されている航海記を記録したのは，イタリア人のピガフェッタ Antonio Pigafetta だった．オランダの遠征隊になると，乗組員は同国人が多くなり，国を中心とした考えが若干強くなる．
(4) テルナテからゴアへの往復は 20 カ月間かかった．ポルトガル人のテルナテ長官 Tristao d'Atayde (1534-36) は，マギンダナオおよびその周辺を調査させ，使節はサランガニの首長と血盟を結んだ [Laarhoven 1989: 13]．
(5) 誤って 1574 年と記述されることが間々ある．
(6) 以下，1602～1799 年のオランダとはオランダ東インド会社のことを指す．
(7) 全島民がだまされて強制連行されたともいう．スペインによるシアウ島のクローブ栽培はあまり成功しなかった [DM 1984: III, 666]．16～17 世紀のシアウの歴史については，[Jacobs 1992] に詳しい．ポルトガル人が 1545 年にサランガニを襲撃して奴隷を獲得したように，ヨーロッパ人は現地勢力を巻き込んで奴隷狩りをおこなっていた [Laarhoven 1989: 45]．
(8) テルナテには，ホンギ hongi とよばれる遠征隊を支配地域に派遣して，君臣の関係を確認する慣習があった．
(9) サンギル人がテルナテの支配を嫌った原因として，テルナテのスルタンがタブカン出身の王妃と離婚したこと，忠誠に疑いのあるサンギル人首長を殺害したこと，友好関係にあるスラウェシ島北部を攻撃したことなどがあげられ，スペインにも支援を要請した [Henley 1993: 40]．
(10) 1677 年以降，オランダはサンギヘ諸島のタブカン，カンダヘ，マンガニトゥ，タルナ，シアウ，タグランダンの 6 つの小王国を認めていたが，1891 年のタルナのラジャの死後，カンダヘータルナをひとつの小王国とみなした．それぞれの小王国の支配地域は，簡易宣言でつぎのように認められた：タブカンは，サンギヘ島東半分（北西から南東に縦断する山脈が西の境界），サンギヘ島の東および北東の島々，タラウド諸島のリルン，サリバブ，ペオ，エッサン，アマット；カンダヘータルナは，サンギヘ島北西部，サンギヘ島北方の 4 小島，タラウド諸島のナヌサ；マンガニトゥは，サンギヘ島南西部，タラウド諸島のニアムパックの一部；シアウは，シアウ島，マカレヘ島，サンギヘ島までの北方の島々，サンギヘ島南西部のタマコ，タラウド諸島のカバルアン；タグランダンは，タグランダン島，パシゲ島，ルアン島，ビアロ島，タラウド諸島ニアムパックの一部．ENI の記述については，1994 年の調査に同行した深見純生氏（桃山学院大学）の翻訳による．ここに記して感謝いたします．
(11) 1663 年にスペインがマルク諸島から撤退したときにも，かなりのカトリック教徒が聖体とともにマニラほかフィリピン諸島に移住した [DM 1984: III, 661]．スペイン人が早くからミンダナオ島を含めたフィリピン諸島の地図を作製していることから，近代のナショナリストはその一体性の根拠としているが，それらの地図にはシアウ島

を含むサンギヘ諸島が含まれることがあり，その存在ゆえにミンダナオ全島が描かれた可能性がある．当時の地図は，ミンダナオ島がまったくないものや北岸だけのもの，マルク諸島まで描かれたものなどさまざまである[Quirino 1969]．
(12) イスラーム教徒の移住については，フィリピン側のサンギル人の伝承のなかに語られている[Hayase et al. 1999: 40-49]．
(13) たとえば1764年の漂流記録がある．『石井研堂コレクション　江戸漂流記総集』第2巻(日本評論社，1992年)所収の「吹流れ天竺物語」「南海紀聞」[本書インタールード1]．
(14) ENI 1917-21, "Sangireesch" "Talaoetsch" の項，参照．ササハラでは，サンギヘ島は Tampulawo，シアウ島は Karangetang，タグランダン島は Mandolokang となり，伝承でもササハラで表記されることがある．バジャオ人も，実際に起きた出来事を題材に物語を作り，歌った．即興の掛け合いもあり，聴衆になじみのある人物や場所が登場した．したがって，歌われる内容は，つねに変化した[ニモ 2001]．
(15) 以下[Hayase et al. 1999]参照．
(16) [Warren 1981]の巻末付録の奴隷のリストには，サンギヘ諸島の住民の名がみえる．
(17) タブカンのラジャの息子サラピル Godfried M. T. Sarapil 氏(1922年生まれ)は，父が1917年に17家族をトゥビスに送り，イスラームを学ばせたという[1994年8月16日サンギヘ島の自宅でインタビュー]．トゥビスは，ミンダナオ島サランガニ州の古いサンギル人の集落トゥギスのことと思われるが，トゥギスでの調査ではそのような事実は確認できなかった．

［付記］
　19世紀以前の現在のインドネシアのカトリックの活動については，[Heuken 2002]を参照．

インタールード(幕間)
　出島にかんしては，出島復元整備室の高田美由紀氏の助言による．記して感謝申し上げます．
　『南海紀聞』については，ほかに池田晧解説・訳『海外渡航記叢書4　南海紀聞・東航紀聞・彦蔵漂流記』(雄松堂出版，1991年)があり，1920年には『南洋協会雑誌』(青木定遠原著，小原敏丸校訂)第6巻4-10号に連載された．

第4章　なし
［付記］
　ダバオの入植者の増加については第5章で述べ，ここではコタバトの入植について付記しておく．
　コタバトのキリスト教徒の入植活動は，アメリカ植民支配下にはいってからもすすめられたが，大きな進展がみられたのは1939年になってからだった．1913年にピキット

Pikit に Colony No. 1, シリック Silik に Colony No. 2, タリサイ Talisay に Colony No. 7, そして, 19 年にグラン Glan に Colony No. 9 が設けられた. その後 1930 年までにコタバトにやってきた入植者は, 4,194 家族, 19,441 人となり, さらに 1930～32 年に 1,089 人が加わった[Pelzer 1945: 127-35].

サランガニ湾岸のグランは, 1896 年 6 月にキリスト教布教の基地になっていた. クラン Cran に設立された southern mission は, タガビリ人, ビラアン人などの小民族の改宗に貢献した. そして, 1913 年フィリピン行政委員会令 2254 号と 2280 号によって, 農業植民地創設のためのキリスト教徒入植者が誘致されることになった. 1914 年 10 月セブからの 16 家族がグランに上陸した. つづいて, 1915 年 3 月第 2 陣が到着した. 1924 年コタバト州政府はブアヤン町区の中心街をマカル Makar に設けることを決定し, 28 年 12 月にスティムソン総督によって確認された[Villano-Compado 1982: 150; Municipality of Glan n. d.].

1939 年 2 月 27 日朝 8 時 30 分, 62 人の入植者が, サントス将軍 General Paulino Santos ら 17 人の国家入植局 The National Land Settlement Administration の職員とともに, ミンダナオ島コタバト州南部サランガニ湾奥のダジャンガス Dadiangas (現ヘネラル・サントス市)に到着した. これを契機に, コロナダル・バレー Koronadal Valley の開拓が本格的にはじまった. コロナダル・バレーは, それまでイスラーム教徒であるマギンダナオ人と民族分類・居住分布の把握が困難なビラアン人, マノボ人, タガビリ人(ティボリ人)などの民族が, 分散居住する人口希薄な土地であった. 年間降雨量は少なく, 灌漑設備なくして大規模な開拓は困難であった. そこで, ケソン大統領の強い指導力のもと, 1939 年 6 月 3 日の国会で国家入植局の設立が承認され, 国家事業としての開拓がはじまった[Pelzer 1945: 135-59; NLSA 1989; Aquino 1977].

コロナダルの地域概念については, [梅原 1999]を参照.

第 5 章

(1) ダバオのバゴボ社会は, 20 世紀前半のアバカ栽培の発展を一大契機として崩壊し, 現在, バゴボ人は民族言語集団として消滅しつつある. そのため, 現地調査によって, ダバオ・フロンティア形成以前のバゴボ社会を把握することは困難である. 著者は, 1985 年 3 月から 7 月まで, 旧バゴボ人居住地域で, フロンティア社会形成以前のバゴボ社会についての口述史料を収集した.

(2) 「バゴボ」の呼称の由来, 意味については不明である.

(3) 言語調査にあたって, 東京外国語大学アジア・アフリカ言語文化研究所『アジア・アフリカ言語調査票・上』(1966 年)を使用した. バゴボ人のなかの 3 つの言語集団の基本 1,000 語を収集したところ, タガバワ語とクラタ語, クラタ語とオボ語のそれぞれの共通の単語の割合は 30％ 強であったが, タガバワ語とオボ語の共通の単語の割合は 50％ 強という結果が出た. ほかの文化的要素においても, たとえばタガバワ＝バゴボ人とオボ＝バゴボ人のあいだでは刺青の風習があるのにたいし, クラタ＝バゴボ人にはないなど, タガバワ＝バゴボ人とオボ＝バゴボ人に挟まれて居住していたク

ラタ=バゴボ人の特異性が明らかになった．言語収集にあたって，すでにバゴボ社会が崩壊していることから，各々複数のインフォーマントから収集し，スペイン語，セブ語，タガログ語の影響を排除しながら，ディスカッションのうえまとめた．調査結果については，[Hayase 1989]参照．しかし，単語の比較だけで，言語集団を論じることにはかなり無理があろう．文法などを含めた言語学者の総合的比較分析が待たれる．

(4) タガバワ=バゴボ人の名称は，自称，他称ともに同じであったが，クラタ=バゴボ人とオボ=バゴボ人の名称には，複数の呼称があった．Tagabawa の bawa は，タガバワ語で「南北」を意味し，Tagabawa で「南の方の人」を意味した．Klata はクラタ語で，タガバワ=バゴボ人とオボ=バゴボ人の「間」という意味であるという説もあるが，はっきりした意味は不明である．もともと Klata は，言語にたいして与えられた名称であったが，人にも適用され，自称として使われるようになったという．タガバワ=バゴボ人とオボ=バゴボ人は，クラタ=バゴボ人を Ottow（クラタ語で「人」の意）とよんだ．クラタ=バゴボ人は，スペイン人によって Guianga 人として紹介された言語集団で，アメリカ植民地時代の行政郡 Guianga District の名称の由来となった．Guianga の意味は，「森」という説もあるが，定かでない．また，北部から移住してきたキリスト教徒は，「ギアンガ」と発音したが，バゴボ人のあいだでは「ジャガン」と発音されていた．クラタ=バゴボ人自身，自称として Jangan を使うが，本書では行政郡名との混乱を避けるため，「クラタ=バゴボ人」の名称を使う．オボ=バゴボ人は，タガバワ=バゴボ人とクラタ=バゴボ人によって，一種軽蔑の意味を含んで Obo とよばれた．オボ=バゴボ人に属する人びとは，自分たちのことを Manuvu または Minobo（オボ語で「人」の意）とよんだが，ミンダナオ各地で Manobo とよばれる集団が存在したことから，混乱を避けるため，本書では「オボ=バゴボ人」とよぶことにする．

(5) [Manuel 1973] の "Ethnographic Map of Western Davao, Northeastern Cotabato and Southeastern Bukidnon" を参照．

(6) 複数のバノッドを包括する集団を示す語として banua（タガバワ語），eggnuo（クラタ語），ingod（オボ語）があったが，これらの用語が各言語集団をさしていたのか，あるいは，それらを包括するバゴボ人全体をさしていたのか不明である．

(7) フィリピン諸島の戦士社会については，[Scott 1982: 132-35]を参照．

(8) もともとバゴボ人には，姓がなかったため，父の名前を姓とした．したがって，Munkay Betel の父は Dato Betel である．

(9) 「Munkay Betel の手記」は，1985 年以前に本人によって書かれた．

(10) ただし，夫が妻の両親，親族にたいし，充分な婚資を支払うことによって，結婚後，夫の生地で新居を構えることができた．このような条件を満たすことができたのは，おもにダトで，ダトの世襲化の原因となった．

(11) バゴボ人の言語集団間の結婚で生まれた子どもたちは，一般にメスティーソとよばれた．しかし，バゴボ諸言語でメスティーソにあたる語が何なのか，不明である．

(12) この条約については, [Combés 1897: col. 431]を参照. スペイン人のフィリピン諸島への進出以来, フィリピン諸島南部のイスラーム教徒は, 多数の北部の現地人キリスト教徒を使ったスペイン軍との一連の長い戦争——モロ戦争 Moro Wars——を経験した. その間, 幾度か和平条約が結ばれた.
(13) スールー諸島を中心とする奴隷貿易については, [Warren 1981]を参照.
(14) バスク人オヤングレンは, 1825年にはじめて来比し, 商人としてフィリピン各地をまわり, ミンダナオ島の事情にも明るかった.
(15) オヤングレンのダバオ占領については, [Montero y Vidal 1895: III, 109-22; Santayana 1862: 67-72; Francia y Ponce & Gonzalez 1898: I, 306-13; Jesuit 1887: VII, 76-91]を参照.
(16) PNA, "Memoria de Davao, 1870-1890." 1870年, 樹脂200ピクル(125トン), 蜜蝋100キンタル(4,595キログラム)の貿易高があった.
(17) Baptismal Record (San Pedro Cathedral, Davao City), Book 1.
(18) Archives of Philippine Province (Ateneo de Manila University), X-2, "Statistics, Baptisms, 1868-1938."
(19) *The Mindanao Herald* (February 2, 1909): 20.
(20) Baptismal Record (San Pedro Cathedral, Davao City), Books 1, 1B, 2, 2B.
(21) PNA, "Memoria de Davao, 1870."
(22) インタビュー(1985年5月26日).
(23) Anonymous, "Son of Blue Grass Region Famous in Davao—J. L. Burchfield—Pioneer Border Man," *The American Chamber of Commerce Journal*, V, 1 (1926): 11.
(24) [Hayase 1984: 315-41] "Appendix 1: American and European Plantations in Davao" と "Appendix 2: Filipino and Chinese Plantations in Davao"を参照.
(25) [Hayase 1984: 302-03] "Statistical Appendix 1: Quantity of Abaca and Value of Abaca Exports, 1899-1941"を参照.
(26) *The Mindanao Herald* (February 3, 1909): 69-70.
(27) 初期のダバオの労働力不足問題については, [Hayase 1984: 75-81]を参照.
(28) USNA RG395, 2105-7123" Report to the Adjutant General, Department of Mindanao and Jolo from Post of Davao" (September 30, 1901): 4.
(29) *The Manila Times* (December 20, 1902): 1; (January 29, 1903): 5.
(30) RPC 1907: Part 2, 329; Bliss Papers, 64, "Letter to Bliss from Walker" (May 22, 1907): 3; 88, "Request of Father M. O. Sommes, S. J., for Permission for Catholic Priest to Teach Catholic Doctorine in Public Schools of Zamboanga, One Half-Hour a Day, Twice a Week" (February 20, 1908): 2-4.
(31) *The Manila Times* (December 20, 1902): 1; (January 29, 1903): 5.
(32) USNA RG395, 2105-1433 "Report to the Adjutant General, Department of Mindanao and Jolo from Post of Davao" (September 30, 1900).

(33) かつてLoboとよばれたサンタ・クルス集落に，古くから居住するタガバワ＝バゴボ人は，現在ほとんどいない．
(34) インタビュー(1985年7月3日)．
(35) インタビュー, Nini Eli Abajero.
(36) Act No. 39 of the Moro Province: "An Act Temporarily to Provide for the Government of the Moro and Other Non-Christian Tribes" は，一般に"tribal wards act" とよばれ，Act No. 142: "An Act Providing for the Organization and Procedure of Tribal-Ward Courts" は，一般に "tribal ward courts act" とよばれた[Philippine Islands, Legislative Council 1909: 107-14, 235-39].
(37) Act No. 180: "An Act Conferring upon District Boards, Power to Provide for the Compulsory Employment of Able-Bodied Prisoners Serving Sentence within the District" enacted on January 4, 1907 [Philippine Islands, Legislative Council 1909: 290].
(38) 税の滞納を理由に強制労働させられたバゴボ人が，労働中あるいは刑務所でしばしば騒動を起こしている．詳しくは，[Hayase 1984: 105-07]を参照．
(39) *Far Eastern Review* (May 1906): 398; McCoy Papers, 10, "Report on Civil Affairs in the District of Davao" (June 17, 1904): 1.
(40) USNA RG395, 2108-4045 DD "Letter to Bliss from Secretary of Moro Province" (July 2, 1906): 9.
(41) RPC 1906: Part 2, 298-99; *The Mindanao Herald* (June 16, 1906): 2; Thompson 1975: 143-44.
(42) Bliss Papers, 44, "Letter to Scott from Bliss" (July 3, 1906): 3-4.
(43) Wood Papers, 40 and Bliss Papers 59, "Letter to Wood from Bliss" (January 14, 1907): 2.
(44) labi は，イスラームの予言者 nabi を連想させる．
(45) USNA RG395, 2108-4045 DD (July 2, 1906): 1; Bliss Papers, 47, "Letter to Poillon from Bolton" (May 31, 1906): 3. 詳しくは，[Hayase 1984: 100-02]を参照．
(46) *The Mindanao Herald* (July 7, 1906): 1; Bliss Papers, 44, "Letter to General Wood from Bliss," (July 25, 1906): 4.
(47) USNA RG395, 2108-4045" Letter to the Governor of the Moro Province from O. Wood" (June 9, 1906): 4.
(48) Bliss Papers, 96, "Confidential Letter to Walker from Bliss" (October 10, 1908): 6; Wood Papers, 37, "Letter to Wood from Langhorne" (August 7, 1906): 2; USNA RG395, 2108-4045U "Letter to Bliss from Scott" (June 16, 1906): 3.
(49) USNA RG395, 2108-4045T "Letter to Bliss from Langhorne" (June 17, 1906): 1-2.

(50) ベンゲット道路工事はじめ，アメリカ植民地初期のフィリピン諸島には，数々の公共事業があり，当時，深刻な労働力不足に悩む植民地政府は，1903年と04年に合計5,000人あまりの日本人労働者を導入した[早瀬1989]．しかし，それらの工事もやがて終わり，行き場を失った日本人労働者は，職を求めてフィリピン諸島各地へと散らばっていった．そのひとつに，ダバオのアバカ農園があった．1904年から05年にかけて，太田恭三郎の指導の下に，ダバオに南下した日本人は約350名で，はじめは一介の労働者として麻山（アバカ農園）に入った．1905年7月，自らダバオに転じた太田恭三郎は，早速太田商店を開き，日本人労働者の待遇改善のために奔走した．しかし，土地を所有しなければ，ダバオの日本人の発展はないと考えた太田は，1907年に公有地取得を申請し，太田興業株式会社を設立した．

(51) USNA RG350, 845-241 "Abaca&Maguey Production, Charts&Figures, 1910-1930 by Province."

(52) 当時のフィリピン公有地法によると，外国人は公有地を購入または租借することができなかったが，フィリピン会社法に従って会社を組織することによって，外国人であっても，1社につき1,024ヘクタールまで公有地を購入または租借することができた．太田興業株式会社，古川拓殖株式会社とも，この制限以上の土地を所有するために，つぎつぎと系列ダミー会社をつくり，公有地の租借申請をおこなっていった．その結果，フィリピン議会で反対の声があがり，1919年に公有地法を改正して，外国人の公有地購入または租借申請をできなくした．詳しくは，[Hayase 1984: 154-74; 早瀬 1986a: 72-74]を参照．

(53) 日本人は，この「小作人」のことを自営者とよび，この自営者請け負い制度（pakiaoシステム）を略して，自営者制度とよんだ．自営者制度は，1906年に太田恭三郎によって創案された．自営者は，農業会社が獲得した農園内の一部を開墾し，経常費用をすべて負担し，収穫物の5％を地代として会社に納め，収穫物の販売すべてを会社に委ねた．地代は，1907年の太田興業株式会社創立と同時に，10％に引き上げられた．この制度は，初期において，会社，自営者双方に恩恵をもたらした．当時，会社は，資金繰りに苦慮しており，土地を獲得したものの開墾をするだけの余裕はなかった．いっぽう，農民は，独力で土地を獲得するだけの外交能力もなければ，資本もなかったため，この制度の助けを借りなければ，アバカ栽培をはじめることができなかった．はじめ，自営者制度は日本人経営の農業会社の農園に限られていたが，しだいに外国人所有の農園にも広まり，1919年の新公有地法制定以降さかんになった．とくに1926年以降，さかんにタガバワ＝バゴボ人とクラタ＝バゴボ人の土地に日本人自営者が進出していくようになった．

(54) USNA RG350, 845-241.

(55) 第一次世界大戦中のアバカ・ブーム以降に，ダバオに来た日本人はふたつのグループに分けることができる．ひとつは，日本人経営による農業会社の社員としてダバオに来たグループで，バゴボ人との交流もほとんどなく，生活そのものがダバオの日本人社会に埋没していた．いっぽう，バゴボ人を「地主」として，アバカ栽培をおこ

なっていた自営者はバゴボ人との関係も深く，その娘たちと結婚する者もいた．
(56) *Manila Daily Bulletin* (December 26, 1919): 1. マガニは，木の倒れるときの音に紛れて銃を発射したという．
(57) Beyer Collection, 21/6, 61, Walkup 1919: 3.
(58) USNA RG165, 1766-593-20, E. R. Wilson, "Davao" (August 12, 1919): 8; USNA RG165, 1766-8-10 "Conditions in Davao" (November 20, 1919): 1-5.
(59) [Hayase 1984: 374-78] "Appendix 6: Cases of Crimes Committed against Japanese in Davao, 1918-1935."
(60) *Census of the Philippines, 1939*: II, 465.
(61) *The Manila Times* (November 2, 1919): 6.
(62) *Statistical Bulletin, 1925*: 47.
(63) 1936年末の統計によると，キリスト教徒人口79,902人，非キリスト教徒68,346人，日本人人口12,244人であった[Estuar 1938: 11].
(64) 1935年現在，5,229人のフィリピン人が日本人経営の農業会社で働いており，さらに24,500人のフィリピン人が，日本人自営者の農園や日本人経営の商店などで働いていた[浜野 1936: 218-19].
(65) *Manila Daily Bulletin* (February 19, 1919): 1.
(66) [Hayase 1984: 344-67] "Appendix 3: Japanese Plantation Companies in Davao." 各社註を参照．
(67) Act No. 2812: "An Act to Prohibit the Cutting or Utilization of Fruit Trees and Bushes in the Public or Communal Forests without a Special Permit by the Bureau of Forestry" [U. P. Law Center 1978: I, 392].
(68) フィリピン諸島の焼畑農耕は，1867年以来法律で禁じられていたが，アメリカ時代に入ってからも徹底せず，山地小民族地域では一般におこなわれていた．詳しくは，[Nano 1939: 87-92]を参照．
(69) Beyer Collection, 21/6, 61, Walkup 1919: 10-11.
(70) Ibid., 55-56.
(71) ホームステッド入植制は，アメリカの自作農地法(1862年)に範を取り，21歳以上もしくは世帯主であるフィリピン人やアメリカ人にたいし，自己による耕作を条件に16ヘクタール(1919年の公有地法改正で24ヘクタールに増加)まで，公有地無償譲渡を認めた制度である．フリー・パテントは，1898年8月1日以降継続して公有地を占有，耕作しているか，同年8月1日までの3年間と1902年7月4日以降，継続占有，耕作している者にたいし，16ヘクタール(1919年以降24ヘクタール)まで，申請により占有地の所有タイトルを無償で譲与すると認められた制度である．アメリカ時代の土地所有権確定過程については，[梅原 1976: 57-71; McDiarmid 1953: 851-88]を参照．
(72) トンカラン集落は，逃亡者で作られた集落として知られているが，Likawan Ambani(タガバワ＝バゴボ人，1924年トンカラン集落生)の曾祖父の両親は，いとこ

同士であったため，結婚が許されず，キサンテ集落を追われ，トンカラン集落に逃げてきた[インタビュー，1985年7月5日].

史料と参考文献（「はしがき」「おわりに」を除く）

〔未刊行文書〕
Philippine National Archives (PNA)
   Ereccion de Pueblo de Cotabato y Davao
      Leg. 19, num. 5-A y B
   Memoria de Davao, 1870-1890
   Mindanao y Sulu
     1840-1898, 15 Julio 1885
     1861-1897, Exp. 31, Zamboanga, 19 de Mayo de 1880
     1861-1899, Davao, 5 de Marzo 1867
     1863-1893, Zamb. 19 de Enero 1881
              Davao, 9 de Diciembre de 1888
              Manila, 11 de Febrero de 1880
              Davao, 14 de Abril de 1889
              Davao, 13 de Enero de 1882
              Davao, 4 de Enero de 1882
              Exp. 19, Davao, 13 de Marzo de 1882
              Exp. 25, Manila, 6 de Noviembre de 1884
              Exp. 34, Manila, 19 de Junio de 1886
     1885-1898, Davao, 6 de Febrero de 1897
              Davao, 11 de Nov., 1893
              Davao, 26 de Junio, 1894
              Davao, 30 de Mayo, 1894
              Davao, 21 de Oct., 1893
              Manila, 18 de Abril de 1896
Archives of Philippine Province (Ateneo de Manila University)
   Box X: Davao
Church Records (San Pedro Cathedral, Davao City)
   Baptismal Record
U. S. National Archives and Records Service (USNA)
   Record Group 165 (RG165)
      Records of the Military Intelligence Division, War Department General Staff,
         1917-1941
   Record Group 350 (RG350)
      Records of the Bureau of Insular Affairs, 1898-1935

    5075: Moros - Government and People.
  Record Group 395 (RG395)
    Records of U. S. Army Overseas Operations and Commands, 1898-1942
      2105: General Correspondence and Record Cards 1900-1905
      2108: General Correspondence 1905-1914
U. S. Library of Congress, Manuscript Division
  Leonard Wood Papers
  Frank Ross McCoy Papers
  Tasker H. Bliss Papers
National Library of Australia
  H. Otley Beyer Collection
    21/6: The Pagan Peoples of Mindanao
      61, "The Bagobo-Japanese Land Troubles in Davao Province (Part II)" by Orie S. Walkup (Dansalan, Lanao, November 25, 1919)

〔刊行史料〕

Arcilla, José S., edited, translated and annotated, *Jesuit Missionary Letters from Mindanao──Volume One: The Rio Grande Mission*. Quezon City: Philippine Province Archives, 1990.

Arcilla, José S., edited, translated and annotated, *Jesuit Missionary Letters from Mindanao──Volume Three: The Davao Mission*. Quezon City: University of the Philippines, Center for Integrative and Development Studies, National Historical Institute, the UP Press and the Archives of the Philippine Province of the Society of Jesus, 1998.

B&R →Blair 1973

Beyer, H. Otley, *Population of the Philippine Islands in 1916* (*Población de las Islas Filipinas en 1916*). Manila: Philippine Education Co., 1917.

Blair, Emma Helen and James Alexander Robertson, edited and annotated., *The Philippine Islands 1493-1898*. Mandaluyong, Rizal: Cachos Hermanos, Inc., 1973, 55 volumes in 19. Originally published in 1903-09 in Cleveland, U. S. A.

CD →Heeres 1934, 38

Dampier, William, "William Dampier (English), 1686," in *Travel Accounts of the Islands (1513-1787)*. Manila: Filipiniana Book Guild, XIX, 1971, pp. 31-108.
  邦訳 →ダンピア

DM →Jacobs 1974-84

The DRC Research Group, comp., *English Translated Silsila of Mindanao and Sulu*. 1980.

Forrest, Thomas, *A Voyage to New Guinea and the Moluccas 1774-1776*. Kuala

Lumpur: Oxford University Press, 1969.
Forrest, Thomas, "Thomas Forrest (English), 1774," in *Travel Accounts of the Islands (1513-1787)*. Manila: Filipiniana Book Guild, XIX, 1971, pp. 209-361.
Hayase, Shinzo, Domingo M. Non and Alex J. Ulaen, comps., *Silsilas/Tarsilas (Genealogies) and Historical Narratives in Sarangani Bay and Davao Gulf Regions, South Mindanao, Philippines, and Sangihe-Talaud Islands, North Sulawesi, Indonesia*. Kyoto: Kyoto University, Center for Southeast Asian Studies, 1999.
Heeres, J. E. and F. W. Stapel, eds., *Corpus Diplomaticum Neerlando-Indicum*, 's-Gravenhage: Martinus Nijhoff, III, 1934; V, 1938.
Jacobs, Hubert Th. Th. M., edited, annotated and translated, *A Treatise on the Moluccas (c. 1544): Probably the Preliminary Version of António Galvão's Lost História das Molucas*. Rome: Jesuit Historical Institute, 1971.
Jacobs, Hubert, edited and annotated, *Documenta Malucensia*, Rome: Institutum Historicum Societatis Iesu, 1974-84, 3 volumes
Jacobs, Hubert, edited and annotated, *The Jesuit Makasar Documents (1615-1682)*. Rome: Jesuit Historical Institute, 1988.
Lotilla, Raphael Perpetuo M., ed., *The Philippine National Territory: A Collection of Related Documents*. Quezon City: University of the Philippines Law Center & Manila: Department of Foreign Affairs, 1995.
Maguindanao Royal House Society, The Research Committee, *The Sultanate of Maguindanao: An Overview*. n. p., n. d.
Nish, Ian, ed., *British Documents on Foreign Affairs: Reports and Papers from the Foreign Office Confidential Print, Volume 28 South-East Asia: Sulu, Sarawak, Borneo and Brunei, 1843-1879*. University Publications of America, 1995.
Pieters, C. Z., "Adventures of C. Z. Pieters among the Pirates on Magindanao," *The Journal of the Indian Archipelago and Eastern Asia*, Series II, 2, 1858, pp. 301-12.
Saleeby, Najeeb M., "Studies in Moro History, Law, and Religion," Manila: The Filipiniana Book Guild, XXIV, 1976, pp. 1-120.
Schreurs, Peter, tr., *Mission to Mindanao 1859-1900 from the Spanish of Pablo Pastells SJ*. Cebu City: San Carlos Publications (volume I), 1994; Quezon City: Claretian Publications (volumes II and III), 1998.
Tan, Samuel K., compiled, edited and annotated, *Surat Maguindanaon: Jawi Documentary Series Volume 1*. Quezon City: The University of the Philippines Press, 1996.
Valentijn, François (S. Keijzer, ed.), *Oud en Nieuw Oost-Indien*. 's- Gravenhage: H. C. Susan, C. Hzoon, 1856-58 (reprint, originally in 1724-26), 3 volumes.

蘇繼廎校釈『島夷誌略校釋』北京：中華書局，1981年．

〔政府刊行物〕
ARGMP/ARDMS: "Annual Reports of the Governor of the Moro Province" "Annual Report of the Department of Mindanao and Sulu" in *Annual Report of the Philippine Commission* and *Annual Report of the Governor-General of the Philippines*.

Census 1903: Philippine Commission (United States Bureau of the Census), *Census of the Philippine Islands Taken Under the Direction of the Philippine Commission in the Year 1903*. Washington DC: United States Bureau of the Census, 1905, 4 volumes.

Census 1918: Philippine Islands, Census Office of the Philippine Islands, *Census of the Philippine Islands Taken Under the Direction of the Philippine Legislature in the Year 1918*. Manila: Bureau of Printing, 1920-21, 6 in 4 volumes.

Census 1939: Philippine Islands, Commission of the Census, *Census of the Philippines: 1939*. Manila: Bureau of Printing, 1940-43, 8 in 5 volumes.

Census 1990: Philippines, Republic of the, National Statistics Office, *1990 Census of Population and Housing*. Manila, 1992.

Commonwealth of the Philippines, Bureau of the Census and Statistics, *Yearbook of Philippine Statistics 1940*. Manila: Bureau of Printing, 1941.

ENI: *Encyclopædie van Nederlandsch-Indië*, 's-Gravenhage: Martinus Nijhoff and Leiden: N. V. V/H. E. J. Brill, 1917-21.

NLSA (National Land Settlement Administration), *First Annual Report of the Manager, National Land Settlement Administration (NLSA): Major General Paulino Santos, AFP (Ret.) for the Period February 27, 1939 to June 30, 1940*. General Santos City, 1989 (reprint).

Philippine Commission, *Reports of the Philippine Commission to the Secretary of War, 1900-15*. Washington DC: Government Printing Office.

Philippine Islands, Department of Commerce and Communications, Bureau of Commerce and Industry, *Statistical Bulletin of the Philippine Islands, 1918-29*. Manila: Bureau of Printing.

Philippine Islands, Legislative Council, *Public Laws Passed by the Legislative Council of the Moro Province during the Period from September 4, 1903, to September 19, 1907; Comprising Acts Nos. 1 to 200, Inclusive together with the Organic Act of the Moro Province*. Manila: Bureau of Printing, 1909.

Philippines, Republic of the, National Statistical Coordination Board, *2001 Philippine Statistical Yearbook*. Manila, 2001.

RPC →Philippine Commission

〔新　聞〕
Manila Daily Bulletin, 1918-40 (Manila)
The Manila Times, 1899-1920 (Manila)
The Mindanao Herald, 1903-38 (Zamboanga)

〔スペイン語刊行物〕
Barrantes, Vicente, *Guerras Piráticas de Filipinas, contra Mindanao y Joloanos*. Madrid: Imprenta de Manuel G. Hernandez, 1878.
Combés, Francisco, *Historia de Mindanao y Joló*. (Obra Publicada en Madrid en 1667, y que Ahora con la Colaboración del P. Pablo Pastells de la misma Compañía, Saca Neuvamente á Luz W. E. Retana) Madrid, 1897.
Francia y Ponce de León, Benito and Julian Gonzalez Parrado, *Las Islas Filipinas: Mindanao*. Habana, 1898, 2 volumes.
Jesuits (S. J. Philippines), *Cartas de los Padres de la Compañía de Jesús de la Misión de Filipinas*. Manila, 1877-95, 10 volumes.
Montero y Vidal, José, *Historia General de Filipinas desde el Descubrimiento de Dichas Islas hasta Nuestros Días*. Madrid: Imprenta y Fundición de Manuel Tell, 1887, 1894, 1895, 3 volumes.
Pastells, Pablo, *Misión de la Compañía de Jesús de Filipinas en el Siglo XIX Relación Histórica Deducida de los Documentos Autógrafos, Originales e Impresos Relativos a la Misma*. Barcelona: Tip. y Lib. Editorial Barcelonesa, 1916-17, 3 volumes.
Pérez, Lorenzo, "Historia de las Misiones de los Franciscanos en las Islas Malucas y Célebes," *Archivum Franciscanum Historicum*, Vol. 6, 1913, pp. 45-60, 681-701; Vol. 7, 1914, pp. 198-226, 424-46, 621-53.
Santayana, Agustín, *La Isla de Mindanao, su Historia y su Estado Presente, con Algunas Reflexiones Acerca de su Porvenir*. Madrid: Imprenta de Alhambra y Comp, 1862.

〔英語単行本〕
Abinales, Patricio N., *Making Mindanao: Cotabato and Davao in the Formation of the Philippine Nation-State*, Quezon City: Ateneo de Manila University Press, 2000.
Alan, Mercedes et al., *Mindanao Ethnic Communities: Patterns of Growth and Change*. Quezon City: University of the Philippines, Center for Integrative and Development Studies, 2001.
Andaya, Leonard Y., *The Heritage of Arung Palakka: A History of South Sulawesi*

(*Celebes*) *in the Seventeenth Century*. The Hague: Martinus Nijhoff, 1981.
Andaya, Leonard Y., *The World of Maluku: Eastern Indonesia in the Early Modern Period*. Honolulu: University of Hawaii Press, 1993.
Aquino, Rafael C., *Harking Back to My Days with General Paulino Santos*, 1977.
Bakuludan, Samier M., Munap H. Hairulla and Ermina K. Mariano, *Annotated Bibliography: Maguindanaon, Tausug and Yakan Studies*. Quezon City: The University of the Philippines Press, 1996.
Benedict, Laura Watson, *A Study of Bagobo Ceremonial, Magic and Myth*. New York: The New York Academy of Sciences, 1916.
Beyer, H. Otley, Prepared, *Population of the Philippine Islands in 1916*. Manila: Philippine Education Co., Inc., 1917.
Casiño, Eric S., *Mindanao Statecraft and Ecology: Moros, Lumads, and Settlers across the Lowland-Highland Continuum*. Manila: Notre Dame University of Cotabato, 2000.
Che Man, W. K., *Muslim Separatism: The Moros of Southern Philippines and the Malays of Southern Thailand*. Singapore: Oxford University Press & Quezon City: Ateneo de Manila University Press, 1990.
Cole, Fay-Cooper, *The Wild Tribes of Davao District, Mindanao*. Chicago: Field Museum of Natural History, Publication 170. Anthropological Series, XII, 2, 1913, pp. 49-203.
Constantino, Renato, *The Philippines: A Past Revisited*. Quezon City: Tala Publishing Services, 1975. 邦訳:池端雪浦・永野善子訳『フィリピン民衆の歴史Ⅰ』井村文化事業社, 1978年.
Corcino, Ernesto I., *Davao History*. Davao City: Philippine Centennial Movement Davao City Chapter, 1998.
Cummings, William, *Making Blood White: Historical Transformations in Early Modern Makassar*. University of Hawai'i Press, 2002.
De la Costa, H., *The Jesuits in the Philippines 1581-1768*. Cambridge, Massachusetts: Harvard University Press, 1967 (First printing in 1961).
Foreman, John, *The Philippine Islands: A Political, Geographical, Ethnographical, Social and Commercial History of the Philippine Archipelago*. Manila: Filipiniana Book Guild, 1980 (Third edition in 1906; first edition in 1890).
Gloria, Heidi K., *The Bagobo: Their Ethnohistory and Acculturation*. Quezon City: New Day Publishers, 1987.
Gloria, Heidi K. and Pasquale T. Giordano, *The Christianization of Davao: A Commemorative Issue of the 50th Anniversary of the P.M.E. Fathers in Davao*. *Tambara*, IV, 1987.
Gowing, Peter Gordon, *Mandate in Moroland: The American Government of*

Muslim Filipinos 1899-1920. Quezon City: University of the Philippines System, Philippine Center for Advanced Studies, 1977.

Gutiérrez, Lucio et al., *The Archdiocese of Manila: A Pilgrimage in Time (1565-1999)*, Manila: The Roman Catholic Archbishop of Manila, 1999, 2 volumes.

Henley, David, *Nationalism and Regionalism in a Colonial Context: Minahasa in the Dutch East Indies*. Leiden: KITLV Press, 1996.

Historical Conservation Society, *Episodes of the Moro Wars*, Manila, 1991.

Heuken, Adolf, *"Be My Witness to the Ends of the Earth!": The Catholic Church in Indonesia before the 19th Century*. Jakarta: Cipta Loka Caraka, 2002.

Ileto, Reynaldo C., *Magindanao, 1860-1888: The Career of Dato Uto of Buayan*. New York: Cornell University Data Paper No. 82, 1971 (Reprinted with a few minor changes: Marawi City: Mindanao State University, University of Research Center, n. d.).

Knapen, Han, *Forests of Fortune?: The Environmental History of Southeast Borneo, 1600-1880*. Leiden: KITLV Press, 2001.

Laarhoven, Ruurdje, *Triumph of Moro Diplomacy: The Maguindanao Sultanate in the 17th Century*. Quezon City: New Day Publishers, 1989.

Loyre, Ghislaine, *The Institutions of Maguindanao*. Manila: Historical Conservation Society, 1991.

McKenna, Thomas M., *Muslim Rulers and Rebels: Everyday Politics and Armed Separatism in the Southern Philippines*. University of California Press, 1998.

Majul, Cesar A., *Muslims in the Philippines*. Quezon City: Asian Center, The University of the Philippines Press, 1973(reprint in 1999).

Manuel, E. Arsenio, *Manuvu' Social Organization*. Quezon City: University of the Philippines, 1973 (reprint in 2000).

Mastura, Michael O., *Muslim Filipino Experience: A Collection of Essays*. Manila: Ministry of Muslim Affairs, 1984.

Mooney, James, *The Ghost-Dance Religion and Wounded Knee*. New York: Dover Publications, 1973.

Pelzer, Karl J., *Pioneer Settlement in the Asiatic Tropics: Studies in Land Utilization and Agricultural Colonization in Southeastern Asia*. New York: American Geographical Society, 1945.

Quirino, Carlos, *Philippine Cartography (1320-1899)*, second revised edition, Amsterdam, 1969.

Reid, Anthony, *Southeast Asia in the Age of Commerce 1450-1680*. New Haven & London: Yale University Press, 1988 & 1993, 2 volumes.

Reid, Anthony, ed., *The Last Stand of Asian Autonomies: Responses to Modernity in the Diverse States of Southeast Asia and Korea, 1750-1900*. London:

MacMillan Press & New York: St. Martin's Press, 1997.

Reid, Anthony, *Charting the Shape of Early Modern Southeast Asia*. Chiang Mai: Silkworm Books, 1999.

Rodil, B. R., *The Minoritization of the Indigenous Communities of Mindanao and the Sulu Archipelago*. (Philippine edition) Davao City: The Alternate Forum for Research in Mindanao, 1994.

Rutter, Owen, *The Pirate Wind: Tales of the Sea-Robbers of Malaya*. Singapore: Oxford University Press, 1986 (originally published in 1930).

Saleeby, Najeeb M., *The Moro Problem: An Academic Discussion of the History and Solution of the Problem of the Government of the Moros of the Philippine Islands*. Manila, 1913.

Saunders, Graham, *A History of Brunei*. Kuala Lumpur: Oxford University Press, 1994 (2nd ed. London: RoutledgeCurson, 2002).

Schouten, M. J. C., *Leadership and Social Mobility in a Southeast Asian Society: Minahasa, 1677-1983*, Leiden: KITLV Press, 1998.

Schreurs, Peter, *Caraga Antigua 1521-1910: The Hispanization and Christianization of Agusan, Surigao and East Davao*. Cebu City: San Carlos Publications, University of San Carlos, 1989.

Scott, William Henry, *Cracks in the Parchment Curtain and Other Essays in Philippine History*. Quezon City: New Day Publishers, 1982.

Silva, Rad D. (B. R. Rodil), *Two Hills of the Same Land: Truth Behind the Mindanao Problem*. Mindanao-Sulu Critical Studies & Research Group, 1979.

Tan, Samuel K., *Annotated Bibliography of Jawi Materials of the Muslim South*. Quezon City: The University of the Philippines Press, 1996.

University of the Philippines, Law Center, ed., *Philippine Permanent and General Statues, Revised Edition*. Quezon City: Capitol Publishing House, Inc., 1978-83.

Warren, James F., *The Sulu Zone 1768-1898: The Dynamics of External Trade, Slavery, and Ethnicity in the Transformation of a Southeast Asian Maritime State*. Singapore University Press, 1981 (Quezon City: New Day Publishers, 1985).

Warren, James Francis, *Iranun and Balangingi: Globalization, Maritime Raiding and the Birth of Ethnicity*. Quezon City: New Day Publishers, 2002.

〔英語論文〕

Bassett, D. K., "Thomas Forrest: An Eighteenth Century Mariner," *Journal of the Malayan Branch, Royal Asiatic Society*, 34, 2, 1961, pp. 106-22.

Bernad, Miguel A., "The Tamontaca Experiment in Southern Mindanao 1861-

1899," *Kinaadman*, XIII, 1991, pp. 1-30.

Damaso, Elena Joaquin, "Magindanaon Datuship," in F. Landa Jocano, ed., *Filipino Muslims: Their Social Institutions and Cultural Archievements*. Quezon City: University of the Philippines, Asian Center, 1983, pp. 74-94.

Diller, Stephan, "The Participation of the Danish Trading Companies in Euro-Asiatic and Intra-Asiatic Trade," in Claude Guillot, Denys Lombard and Roderich Ptak, eds., *From the Mediterranean to the China Sea: Miscellaneous Notes*, Wiesbaden: Harrassowitz Verlag, 1998, pp. 215-32.

Estuar, V., "Davao's Economic Potentialities, These Basic Assets of Production Attract Investment," *Mindanao Recorder*, April 1938, pp. 20, 22-25.

Federspiel, Howard M., "Islam and Muslims in the Southern Territories of the Philippine Islands During the American Colonial Period (1898 to 1946)," *Journal of Southeast Asian Studies*, 29, 2, September 1998, pp. 340-56.

Gisbert, Mateo, "Conquest of Davao, Fourth District of Mindanao," in U. S. War Department, *Report of the War Department, 1902*. IX, pp. 538-53.

Gloria, Heidi K., "The Muslims of Davao, 1847-1897," *Kinaadman*, IV, 1982, pp. 37-54.

Gloria, Heidi K., "Davao Historiography 1848-1930s: Historical Perception, Ethnocentricism and Other Problem," *Kinaadman*, VI, 2, 1984, pp. 191-206.

Gloria, Heidi K., "Ethnohistory and Culture Change among the Bagobos: Some Preliminary Findings," *Tambara*, I, 1, March 1984, pp. 32-45.

Gloria, Heidi, K., "Three Ethnic Groups of Davao in Cross-Cultural Perspectives," *Tambara*, V, 1988, pp. 1-90.

Gloria, Heidi K., "Historical Tourism," *Tambara*, XIII, 1996, pp. 89-95.

Hayase, Shinzo, "Bagobo Vocabulary 1000"『鹿児島大学教養部史学科報告』36, 1989年7月, pp. 29-90.

Hayase, Shinzo, "The Bagobo Diaspora on the Pre-War Davao Frontier, the Philippines: Genealogies, Kinship and Marital Patterns," Tsuyoshi Kato, ed., *Studies on the Dynamics of the Frontier World in Insular Southeast Asia*. Kyoto University, Center for Southeast Asian Studies, 1997, pp. 97-118.

Henley, David, "A Superabundance of Centers: Ternate and the Contest for North Sulawesi," *Cakalele*, 4, 1993, pp. 39-60.

Jacobs, H., "The Insular Kingdom of Siau under Portuguese and Spanish Impact, 16th and 17th Centuries," in Bernhard Dahm, ed., *Regions and Regional Developments in the Malay-Indonesian World: 6. European Colloquium on Indonesian and Malay Studies (ECIMS)*, Wiesbaden: Otto Harrassowitz, 1992, pp. 33-43.

Laarhoven, Ruurdje, "We Are Many Nations: The Emergence of a Multi-Ethnic

Maguindanao Sultanate," *Philippine Quarterly of Culture & Society*, 14, 1, March 1986, pp. 32-53.

Laarhoven, Ruurdje, "The Chinese at Maguindanao in the Seventeenth Century," *Philippine Studies*, 35, 1, 1987, pp. 31-50.

Laarhoven, Ruurdje, "Lords of the Great River: The Magindanao Port and Polity During the Seventeenth Century," in J. Kathirithamby-Wells and John Villiers, eds., *The Southeast Asian Port and Polity: Rise and Demise*, Singapore University Press, 1990, pp. 160-85.

Lapian, A. B., "Bacan and the Early History of North Maluku," in L. E. Visser, ed., *Halmahera and Beyond: Social Science Research in the Moluccas*, Leiden: KITLV Press, 1994, pp. 11-22.

Lynch, Frank, "The Jesuit Letters of Mindanao as a Source of Anthropological Data," *Philippine Studies*, 4, 2, 1956, pp. 247-72.

McDiarmid, Alice M., "Agricultural Public Land Policy in the Philippines During the American Period," *Philippine Law Journal*, XXVIII, 6, 1953, pp. 851-88.

Majul, Cesar A., "Theories of the Introduction and Expansion of Islam in Southeast Asia," *Silliman Journal*, XI, 4, 1964, pp. 335-98.

Majul, Cesar A., "The Muslims in the Philippines: An Historical. Perspective," in Peter G. Gowing and Robert D. McAmis, eds., *The Muslim Filipinos: Their History, Society and Contemporary Problems*. Manila: Solidaridad Publishing House, 1974, pp. 1-12.

Mallari, Francisco, "The Eighteenth Century Tirones," *Philippine Studies*, 46, 3, 1998, pp. 293-312.

Nano, Jose F., "Kaiñgin Laws and Penalties in the Philippines," *Philippine Journal of Forestry*, II, 2, 1939, pp. 87-92.

Platenkamp, J. D. M., "Tobelo, Moro, Ternate: The Cosmological Valorization of Historical Events," *Cakalele*, 4, 1993, pp. 61-89.

Ptak, Roderich, "The Northern Trade Route to the Spice Islands: South China Sea - Sulu Zone - North Moluccas, (14th to Early 16th Century)," *Archipel*, 43, 1992, pp. 27-56.

Ptak, Roderich, "China and the Trade in Clove, circa960-1435," *Journal of the American Oriental Society*, 113, 1993, pp. 1-13.

Rodil, B. R., "Resistance and Struggle of Lumad Tribes of Mindanao 1903-1935," *Tambara*, IX, 1992, pp. 1-33.

Roessingh, M. P. H., "Dutch Relations with the Philippines: A Survey of Sources in the General State Archives, The Hague, Netherlands," *Asian Studies*, V, 2, 1967, pp. 377-407.

Schult, Volker, "Sulu and Germany in the Late Nineteenth Century," *Philippine*

Studies, 48, 1, 2000, pp. 80-108.

Scott, Willian Henry, tr., "Maguindanao Place Names in 1890: From the Diccionario Moro-Maguindanao-Español of Father Jacinto Juanmarti S. J. (Manila 1892)," *Kinaadman*, XIII, 1991, pp. 203-10

Sitoy, T. Valentino, Jr. "American Protestant Missions in Mindanao (1898-1946)," *Mindanao Journal*, VIII, 1-4, 1981-82, pp. 147-75.

Tan-Cullamar, Evelyn, "The Indonesian Diaspora and Philippine-Indonesian Relations," *Philippine Studies*, 41, 1, 1993, pp. 38-50.

Tuban, Rita, "A Genealogy of the Sulu Sultanate," *Philippine Studies*, 42, 1, 1994, pp. 20-38.

Villiers, John, "Makassar: The Rise and Fall of an East Indonesian Maritime Trading State, 1512-1669," in J. Kathirithamby-Wells and John Villiers, eds., *The Southeast Asian Port and Polity: Rise and Demise*, Singapore University Press, 1990, pp. 143-59.

Wang Teh-ming, "Sino-Filipino Historico-Cultural Relations," Quezon City: University of the Philippines, 1967, pp. 277-471. Originally published in 1964 in the *Philippine Social Sciences and Humanities Review*, XXIX, 3/4.

Wu Ching-hong, "A Study of References to the Philippines in Chinese Sources from Earliest Times to the Ming Dynasty," Quezon City: University of the Philippines, 1959, pp. 1-181. Originally published in 1959 in the *Philippine Social Sciences and Humanities Review*, XXIV, 1/2.

〔英語未刊行論文〕

Betel, Munkay, 「ビテルの手記」Davao, n. d.

Cabañero-Mapanao, Ruth, "Maguindanao 1890-1913: The Life and Times of Datu Ali of Kudarangan," M. A. Thesis (History), University of the Philippines, 1985.

Cummings, William, "History-Making, Making History: Writing the Past in Early Modern Makassar," Ph. D. Dissertation (History), University of Hawaii, 1999.

Glan, Municipality of, *Comprehensive Development Plan 1993-2003 (Draft)*. Municipality of Glan, Sarangani, n. d.

Hayase, Shinzo, "Tribes, Settlers, and Administrators on a Frontier: Economic Development and Social Change in Davao, Southeastern Mindanao, the Philippines, 1899-1941," Ph. D. Dissertation, Murdoch University (Western Australia), 1984.

Henley, David, "Population and Environment in Precolonial Northern Sulawesi," a paper for the 13th biennial conference of the Asian Studies Association of

Australia, Murdoch University, Perth, July 1994.
Laarhoven-Casiño, Ruurdje, "From Ship to Shore: Maguindanao in the 17th Century (from Dutch Sources)," M. A. Thesis, Ateneo de Manila University, 1985.
Mastura, Michael Ong., "The Rulers of Magindanao in Modern History, 1515-1903: Continuity and Change in a Traditional Realm in the Southern Philippines," Quezon City: Philippine Social Science Council, Modern Philippine History Program, 1979.
Mori, Vicente T., "Binaton Today and Yesterday," 1984.
Stewart, James Clark, "People of the Flood Plain: The Changing Ecology of Rice Farming in Cotabato, Philippines," Ph. D. Thesis, University of Hawaii, 1977.
Tan-Cullamar, Evelyn, "The Indonesian Diaspora in Southern Mindanao: Implications for Philippine-Indonesian Relations," Ph. D. Thesis, Asian Center, University of the Philippines, 1989.
Taylo, Donata V., "Mindanao 1521-1665," M. A. Thesis. University of the Philippines, 1955.
Thompson, Wayne Wray, "Governors of the Moro Province: Wood, Bliss, and Pershing in the Southern Pbilippines," Ph. D. Disseration, University of California-San Diego, 1975.
Villano-Campado, Andrea, "Cotabato to the Nineteenth Century," M. A. Thesis (History), The University of the Philippines, 1982.

〔日本語刊行物〕
生田滋『大航海時代とモルッカ諸島』中央公論社，1998年．
池端雪浦「フィリピンの国民統合と宗教——南部ムスリムの分離独立運動をめぐって」史学会編『アジア史からの問い——アイデンティティー複合と地域社会』山川出版社，1991年，pp. 19-49．
『石井研堂コレクション　江戸漂流記総集』日本評論社，第2巻，1992年．
梅原弘光「フィリピンにおける土地所有権確定事業に関する一考察——とくにアメリカ統治下の事業展開を中心として」『アジア経済』XVII, 1-2, 1976年, pp. 57-71．
梅原弘光「コロナダルの地域概念——ミンダナオ島の一地名に関する考察」『史苑』(立教大学史学会) 60, 1, 1999年, pp. 119-37．
蒲原広二『ダバオ邦人開拓史』ダバオ，日比新聞社，1938年．
川島緑「南部フィリピンにおける公選制の導入——ムスリム社会の構造的変化をめぐって」『東南アジア——歴史と文化』21, 1992年, pp. 116-41．
川島緑「フィリピン・ムスリム研究」『東南アジア研究』37, 2, 1999年9月, pp. 194-209．
『航海の記録——コロンブス，アメリゴ，ガマ，バルボア，マゼラン』岩波書店，1965

年.

関本照夫「東南アジア的王権の構造」伊藤亜人・関本照夫・船曳建夫編『現代の社会人類学 3：国家と文明への過程』東京大学出版会, 1987 年, pp. 3-34.

高谷好一『新世界秩序を求めて——21 世紀への生態史観』中央公論社, 1993 年.

高谷好一『「世界単位」を世界から見る』京都大学学術出版会, 1996 年.

ダンピア『最新世界周航記』(17・18 世紀大旅行記叢書 1) 岩波書店, 1992 年.

坪内良博『東南アジア人口民族誌』勁草書房, 1986 年.

坪内良博『小人口世界の人口誌：東南アジアの風土と社会』京都大学学術出版会, 1998 年.

東京外国語大学アジア・アフリカ言語文化研究所『アジア・アフリカ言語調査票・上』1966 年.

床呂郁哉『越境——スールー海域世界から』岩波書店, 1999 年.

長島弘「アジア海域通商圏論——インド洋世界を中心に」歴史学研究会編『現代歴史学の成果と課題　1980-2000 年　Ⅰ　歴史学における方法的転回』青木書店, 2002 年, pp. 21-36.

永積洋子『朱印船』吉川弘文館, 2001 年.

南方圏研究会『モロ族の歴史と王侯の系譜 (一) (二) (三)』研究資料第 20-22 輯, 1943 年, 3 冊.

ニモ, H. アルロ著, 西重人訳『漂海民バジャウの物語』現代書館, 2001 年.

『バチャン諸島誌』(南洋資料 268) 南洋経済研究所, 1943 年.

服部龍造「ダバオにおける第二世教育」『海を越えて』Ⅱ, 11, 1939 年, pp. 25-28.

浜野末太郎『最近の比律賓』東京, 東亜経済調査局, 1936 年.

早瀬晋三「植民統治下のフィリピンにおけるマニラ麻産業」『東南アジア——歴史と文化』15, 1986a 年, pp. 63-89.

早瀬晋三「ミンダナオ研究：資料解説」『史苑』(立教大学史学会) 45, 2, 1986b 年, pp. 57-74 (pp. 1-18).

早瀬晋三「マギンダナオ史年表 (1) 1565～1671 年」「鹿児島大学教養部史学科報告」35, 1988 年, pp. 61-110.

早瀬晋三『「ベンゲット移民」の虚像と実像——近代日本・東南アジア関係史の一考察』同文舘, 1989 年.

弘末雅士「ヨーロッパ人の調査活動と介在者の「食人」文化の創造」『史苑』(立教大学史学会) 60, 1, 1999 年, pp. 84-100.

藤原帰一「イデオロギーとしてのエスニシティ——米国統治下における「モロ問題」の展開」『国家学会雑誌』97, 7・8, 1984 年, pp. 46-67.

古川義三『ダバオ開拓記』東京, 古川拓殖株式会社, 1956 年.

ポランニー, カール著, 吉沢英成・野口建彦, 長尾史郎, 杉村芳美訳『大転換——市場社会の形成と崩壊』東京, 東洋経済新報社, 1975 年.

マングンウイジャヤ, Y. B. 著, 舟知恵訳『香料諸島綺談——鮫や鰹や小鰯たちの海』

めこん, 1996年.
ワースレイ, ピーター著, 吉田正紀訳『千年王国と未開社会』東京, 紀伊國屋書店, 1981年.

海域東南アジア東部の年表

BR: ブルネイ　DV: ダバオ　MG: マギンダナオ　MH: ミナハサ　MK: マカッサル　ML: マルク　SL: スールー　ST: サンギヘータラウド
☆: 世界（ヨーロッパ、中国など）　◇: 日本　□: 東南アジア　○: フィリピン

1225		☆『諸蕃志』成立
1351		☆『島夷誌略』成立
1368	SL BR	スールー、ブルネイを攻撃
1368		☆明建国（～1644）
1400ころ		□ムラカ王国建国
1408	BR	ブルネイ王自ら明に朝貢、南京で病没
1417-24	SL	スールー諸王、明に朝貢
1460-70	ML	テルナテ、イスラーム化
1511		□ムラカ、ポルトガルに占領される
1512	ML	テルナテにポルトガル人到達
1514-15	BR SL MG	このころブルネイ、スールー、マギンダナオがイスラーム化
1521	BR	ブルネイをスペインのマゼラン隊訪れる
1521	ML	ティドレにマゼラン隊到達
1522	ML	テルナテにポルトガル砦建設
1534	ML	ハルマヘラ島モロ地区でカトリック布教開始
1538	ML	アンボンでカトリック布教開始
1543	MG	ミンダナオ島周辺をスペインのビリャロボス隊訪れる
1543		◇ポルトガル人、種子島に到来
1546	ML	マルクでザビエルらイエズス会布教開始
1549-51	ML	ジャイロロ、テルナテに攻撃され滅亡
1557	ML	バチャンのラジャ、カトリックに改宗
1563	MH ST	ミナハサ地方やサンギヘ諸島でカトリック布教開始
1565		○フィリピン海域にスペインのレガスピ隊出現
1566	MK	タッロ王マッコアヤン、ゴア王国の宰相となる（～1577）
1568	ST	サンギヘ島コロンガンのラジャ、カトリックに入信
1570	ML	テルナテのスルタン・ハイルン、ポルトガル人に殺害される
1571		○マニラにスペイン根拠地
1574	MG	マギンダナオ王、スペインに友好申し出
1575	ML	テルナテ、ポルトガル人追放
1575	ST ML	サランガニ諸島のサンギル人カンダヘ王国、テルナテと同盟
1575	SL	スールー、スペインの友好通商条約拒否
1578	MG	スペイン隊マギンダナオ遠征、交渉失敗

1578	ML	ティドレ，ポルトガル人を受け入れる
1579	MG	スペイン隊マギンダナオ遠征，交渉失敗
1580		○スペインとポルトガル，同君連合(～1640)
1581	BR	ブルネイ勢力，スペインによってフィリピン海域から一掃
1582-85	ML	スペイン，毎年マルク遠征，失敗
1585	BR ML MG	ブルネイ，テルナテ，マギンダナオをメッカからのイスラーム伝道師訪れる
1587	ST ML	シアウ，テルナテに攻撃される
1591	MG	スペイン，ミンダナオの植民地化決定
1593	MK	マトアヤ，大宰相(～1637)
1593	ML	スペイン，マルク遠征途中，中国人漕手反乱のため到達できず
1595	MG ML	テルナテの援助でマギンダナオ，ビサヤ諸島襲撃
1595-97		□オランダ船，初のアジア航海
1596-98	MG	スペイン隊マギンダナオ遠征，攻撃
1599	ML	マルクにオランダ船到達
1599-1604	MG SL	イスラーム教徒，さかんにビサヤ諸島などを襲撃
1600		○マニラ湾侵入のオランダ船2隻撃退
1600		☆イギリス東インド会社設立
1602		☆オランダ東インド会社設立
1602-03	ML	スペイン，マルク遠征失敗
1603		◇江戸幕府成立
1605	MK	マカッサル，イスラーム化
1605	ML	オランダ，ティドレとアンボンのポルトガル人追放
1605	MG	スペイン―マギンダナオ友好協定
1606	ML	スペイン，テルナテ占領，テルナテのスルタンら王族はマニラに強制連行
1607	ML	オランダ―テルナテ協定で，テルナテにオランダ砦建設
1607	ML	オランダ，バチャン占領
1607	MK	オランダ，マカッサルに商館開設
1608-11	MK	マカッサル，ブギスにイスラーム強要
1609	ML	オランダ―テルナテ協定
1609	ML	カトリック修道士，バチャンから撤退
1609	MG	スペイン，カラガ占領，タンダグに守備隊設置
1609		◇オランダ，平戸に商館開設
1610	MG SL	このころからマギンダナオとスールー不和
1610		○マニラ湾にオランダ船4隻侵入，3隻沈没
1611		□オランダ，ジャカルタに商館開設
1612	ST ML	シアウ，オランダーテルナテ連合に攻撃される

1613	MK	イギリスとデーン，マカッサルに商館開設
1613	ML	カトリック修道士，ハルマヘラ島モロ地区から撤退
1614	ST ML	シアウ，オランダーテルナテ連合に攻撃される，翌年住民バンダに強制連行
1616	MG	クダラト，マギンダナオ王になる(～1671)
1616		○マニラ湾にオランダ船侵入，撃退
1616	ML	スペイン総督指揮下マルク遠征，途中総督死亡で中止
1616-17	MG SL	オランダ支援下のスールーやマギンダナオ，ビサヤ諸島各地のスペイン造船所攻撃
1619	MG	マギンダナオとブアヤン不和
1619		□オランダ，本拠地をバタビアとする
1622	MG	ブトゥアン，カラガにレコレクト会布教区設立
1623	ML	アンボン事件(オランダ，アンボンのイギリス商館員殺害)
1625	MG	クダラト，サランガニ諸島攻撃
1626	MG	クダラト，レコレクト会布教阻止のため遠征，撃退される
1627	ML	マニラから帰還，テルナテのスルタン・ハムザ即位
1628	SL	スペイン，ホロ攻撃
1635		○スペイン，サンボアンガに砦建設，ダピタンにイエズス会布教区設立
1636-37	MG	スペイン，ミンダナオ平定を布告，攻撃
1637	ST	サンギヘのラジャ2人，マニラに宣教師求める
1638	SL	スペイン，ホロ攻撃
1639	MG	クダラト，スペインと和平条約
1639-40	MG	スペイン，ラナオ攻撃，撃退されイリガンに砦建設
1639		◇日本，ポルトガル船の来航禁止
1641		□ムラカ，オランダに占領される
1644	MH	ミナハサでスペインに反乱，フランシスコ会士追放
1645	MG	このころからクダラト，スルタンの称号を使用
1645	MG	スペインーマギンダナオ和平協定
1646	SL	スペインースールー和平協定
1646		○オランダ，フィリピン各地でスペインと海戦
1647		○オランダ，マニラ湾に侵入，撃退される
1648		☆ウェストファリア条約
1652	ML	オランダーテルナテ協定で，クローブの木オランダ管理
1653	MG	オランダ，マギンダナオに商館開設
1656	MG	クダラト，対スペイン戦で周辺諸国にジハード(聖戦)宣す
1658	MG	スペイン，マギンダナオ攻撃
1660	MG	オランダ，マギンダナオからアンボンへの米輸出禁止

1662	BR SL	ブルネイで内紛，1675年ころからスールーがサバ領有
1663	ML	スペイン，マルクとサンボアンガから撤退
1665	MG	オランダ，マギンダナオと私貿易に限る
1666	MG	オランダ，マギンダナオのアンボン貿易妨害
1666	MK	マカッサル―オランダ戦争
1667	MK	マカッサル―オランダ間で，ブンガヤ協定
1668	MG	以後毎年，マギンダナオ商船ジャワ来航
1669	MK	マカッサル―オランダ戦争再開，マカッサル敗北
1675	ST ML	テルナテのスルタン，サンギヘータラウド親征
1677	ST	オランダ，サンギヘータラウド攻撃，諸小王国と協定，スペイン撤退
1683	ML	オランダ―テルナテ協定で，テルナテを保護国化
1686	MG	イギリス人ダンピア，マギンダナオに約半年滞在
1689	MG	オランダ，マギンダナオ支配下に砦建設要望，実現せず
1694	MG	イギリス，マギンダナオ支配下に砦建設要望，実現せず
1701-49	MG	マギンダナオ―ブアヤン内戦
1716		◇享保の改革
1718		○スペイン，サンボアンガを再占領，翌年砦建設
1726	SL	清に朝貢(1763年まで7回)
1737	SL	スペイン―スールー通商和平協定
1743		○イギリス船，スペインのガレオン船捕獲
1748	SL	スルタン・アジムッディン一世，マニラに亡命
1754	MG	イスラーム教徒，ミンダナオ東岸タンダグのスペイン砦攻撃，陥落
1754		○中国人をフィリピンから追放，マギンダナオやスールーに移動
1756-63		☆七年戦争
1761	SL	イギリス―スールー友好通商協定，バランバガン島にイギリス商館開設許可
1762-64		○イギリス，マニラ占領
1764	MG SL	伊勢丸遭難，孫太郎のみ1771年帰国
1764	SL	マニラから帰還，アジムッディン一世復位
1764	SL	イギリス―スールー友好通商協定，イギリス，北ボルネオの一部購入
1765	MG SL	このころ火山の爆発で，イラヌン人がスールーに移動
1767	ML	オランダ，中国本土からのジャンク船のマルクへの渡航禁止
1768		○イエズス会，フィリピン諸島での布教活動禁止
1769	SL	イギリス，北ボルネオの一部購入
1770代	ML	ティドレの王子ヌク，オランダに反抗

年	略号	事項
1773-75	SL	イギリス，バランバガン島に商館開設
1774-76	SL ML MG ST	イギリス人フォレスト，北ボルネオーニューギニア周航，マギンダナオに7カ月間滞在
1775	MG	イギリスにブラギ河口のボン島譲渡
1787	SL	この年以降，毎年スペイン船，中国船がスールー来航
1789		☆フランス革命
1794	MG	スペインーマギンダナオ通商条約
1795		☆イギリス，オランダの海外領土占領
1801	MH	イギリス，マナド占領，翌年オランダ再占領
1805	MG	スペインーマギンダナオ協約
1809		○マニラにイギリス商館開設
1810	MH	イギリス，マナド再占領，1817年オランダ奪還
1811		□イギリス，ジャワ占領（~1816）
1819		□シンガポールにイギリス根拠地
1824		□英蘭協定
1831	MH	ミナハサでオランダ系プロテスタント布教開始
1832	MH	ミナハサでコーヒーの強制栽培開始（~1899）
1834		○マニラ，外国貿易に正式開港
1834	MG	カラガ地方にカトリック宣教師復帰
1836		□イギリス蒸気船，ムラカ海峡で海賊撃退
1836	SL	スペインースールー通商協定
1837	MG	スペインーマギンダナオ友好協定
1838	MH SL	スラウェシ島北部でピーテルス，海賊に襲撃され奴隷となる，翌年マナドに戻る
1838	DV MG	ダバオでスペイン船攻撃される
1840-42		☆アヘン戦争
1842	SL	アメリカースールー通商協定
1845	SL	フランスースールー通商協定
1845	SL	スペイン，スールー攻撃
1845	MG DV	マギンダナオ，ダバオのスペイン主権を容認
1846	BR	イギリス人ブルック，ブルネイ占領
1846-49		□バリ戦争
1848	SL	スペイン，スールー攻撃
1848	DV	スペイン，ダバオ占領
1849	SL	イギリスースールー通商協定
1851	SL	スペイン，王都ホロ占領，協定で外国との通商協定や海賊行為禁止
1851	MH	マナドとケマ，自由港となる

1851	MG	スペイン隊，海軍基地建設のためマギンダナオ到着
1851-64		☆太平天国の乱
1854		◇日米和親条約
1857	MG	スペインーカブンタラン友好協定
1857-59		☆セポイの乱
1859		○イエズス会，フィリピン諸島に復帰
1859		□オランダ領東インドで奴隷制廃止（1854年決定）
1859-61		□バンジャルマシン戦争
1860	MG	スペイン，ミンダナオ軍政府設置
1861	MG	スペイン，王都コタバト占領
1862	SL	イギリス，オランダ共同で蒸気船配備
1866	MG	スペイン，ミンダナオ占領地へ北部キリスト教徒移住計画
1868	DV	レコレクト会にかわり，イエズス会がダバオで宣教
1868		◇明治維新
1869		☆スエズ運河開通
1871	MG	コタバト，ミンダナオ軍政府の主都となる
1871	MG	地震のためコタバトなど被害
1875	MG	ミンダナオ軍政府の主都コタバトからサンボアンガに戻す
1876	SL	スペイン，王都ホロ占領
1877	SL	スールーをめぐり，スペインはイギリスとドイツと条約
1878	SL	スペインースールー条約で，スペイン宗主権を主張
1885	SL	スールーをめぐり，スペインはイギリスとドイツと条約
1886-87	MG	ブアヤンのダト・ウト，スペインと戦争，降伏
1886	MG	スペイン，サランガニ湾岸占領
1888-96	MG	マギンダナオのスルタン不在
1891	ST	オランダ系プロテスタント布教開始
1891	MG	スペイン，マラウイ占領
1894-95		◇日清戦争
1895	MG	スペイン，マラウイで戦闘
1896		□マレー連合州成立
1896-1902		○フィリピン革命，比米戦争
1898		○パリ条約により，スペインはフィリピン諸島をアメリカに譲渡
1899	SL	スールー，アメリカとベイツ協定
1899	MG SL	ミンダナオ・ホロ軍管区設立
1901		○フィリピン，町政府法，州政府法制定
1903	MG SL	モロ州設立（～1913）
1903		○フィリピンで国勢調査実施，公有地法制定
1903-05	SL	パンリマ・ハッサン，ダト・ウサップ，ダト・パラ相次いでア

		メリカに抵抗
1904	MG SL	民族区，民族区裁判所設置
1904	SL	アメリカ，ベイツ協定を一方的に破棄
1904-05	MG	ダト・アリ，アメリカに抵抗
1904-05		◇日露戦争
1905	SL	ダホ山の戦い
1905	DV	ダバオ栽培者協会設立
1906	DV	ダバオ郡知事殺害
1907	DV	太田興業株式会社設立
1910-13	ST	サンギヘ諸島の諸小王国つぎつぎに簡易宣言による自治領確認，このころ蘭領東インドの領域ほぼ確定
1912		☆中華民国成立
1913	SL	パグサク山の戦い
1913	MG SL	ミンダナオ・スールー管区設立(〜1920)
1913	MG	ミンダナオ島へ北部キリスト教徒入植開始
1914	DV	古川拓殖株式会社設立
1914-18		☆第一次世界大戦
1915	SL	カーペンター―キラム協定，スルタン主権を失う
1916		○フィリピン自治法(ジョーンズ法)成立
1918		○フィリピンで国勢調査実施
1918	DV	ダバオに日本人経営の農業会社71
1919		○フィリピン，新公有地法制定
1926	DV	ダバオ，外国貿易に開港
1935		○フィリピン・コモンウェルス(独立準備政府)発足
1939		○フィリピンで国勢調査実施
1939-45		☆第二次世界大戦
1942-45		◇日本，フィリピンやインドネシアなど占領
1945		□インドネシア共和国，独立宣言
1946		○フィリピン共和国，独立

マギンダナオ王国のスルタン一覧

1　Sharif Muhammad Kabungsuwan, 1515?~?
2　Sharif Maka-alang (Saripada), ?~1543~?
3　Datu Bangkaya, ?~1574~1578?(死亡)
4　Datu Dimansankay, ?~1579~?
5　Datu Salikula (Gugu Salikura), 1585?~1597(スルーへ追放)
6　Kapitan (Katchil) Laut Buisan, 1597?~1619?
7　Sultan (Katchil) Qudarat (Corralat, Guserat, Nasir ud-Din), 1616~1671(死亡)
8　Sultan Dundang Tidulay (Saif ud-Din), ?~1670
9　Sultan Barahaman ('Abd ur-Rahman, Minulu sa rahmatullah, Muhammad Shah, Almo Sobat, Al Mu-Thabbat, Almo al Lasab Brahaman), 1671~1699(7月6日死亡)
10　Sultan Kahar ud-Din Kuda (Jamal ul-'Azam, Amir ul-'Umara, Maulana), 1699(7月20日)~1702(8月10日殺害)
11　Sultan Bayan ul-Anwar (Jalal ud-Din, Dipatuan, Mupat Batua), 1702~1736 (1745?死亡)
12　Sultan Muhammad Ja'far Sadiq Manamir (Amir ud-Din, Maulana, Shahid Mupat, Paduka Sri Sultan), 1712~1733 Tamontaka(3月戦死)
13　Sultan Muhammad Tahir ud-Din (Dipatuan Malinug, Muhammad Shah Amir ud-Din), 1736~1748(死亡)
14　Sultan Muhammad Khair ud-Din (Pakir Maulana Kamsa, Faqir Maulana Hamzah, Amir ud-Din Hamza, 'Azim ud-Din, Amir ul-Mu'minin), 1748~1755?
15　Sultan Pahar ud-Din (Datu Pongloc, Datu Panglu, Mupat Hidayat), 1755?~?
16　Sultan Kibad Sahriyal (Muhammad 'Azim ud-Din Amir ul-'Umara), 1780?~1805?
17　Sultan Kawasa Anwar ud-Din (Amir ul-'Umara, Iskandar Julkarnain), 1805?~1830?
18　Sultan Iskandar Qudratullah Muhammad Jamal ul-'Azam (Sultan Untong, Iskandar Qudarat Pahar-ud-Din), ?~1837~1853?(1854?死亡)
19　Sultan Muhammad Makakwa, 1854?~1884?
20　Sultan Muhammad Jalal ud-Din Pablu (Sultan Wata), ?~1888(死亡)
　　1888~1896　スルタン位空白
21　Sultan Mangigin, 1896~
出典：Majul 1973：27-31 など

人名索引

あ 行

アウリヤ　40, 41
青木定遠　91
アギンタブ　43
アジムッディン一世　34
アチェ(ダト・)　52
アバヘロ　171
アブドゥル　133
アムステルダム　22, 81
アリ(ダト・)　135
アンソン提督　112, 113
アンワール(スルタン・)　58, 122
石井研堂　91
石崎融思　113
イランソ　80
インバン(アンバン, イバン)　59
インボグ　59
ウー　39
ウサップ(ダト・)　135
ウッダード　107
ウッド　137, 170
ウト(ダト・)　27, 124-27, 133
ウリオス神父　129, 168
ウンクッド　116, 117
ウントン(スルタン・)　122
汪大淵　39
オヤングレン　129, 131, 168
オンガイ(ダト・)　167

か 行

梶原士啓　92
カブンスアン　25, 37, 41-45, 47, 59, 62, 152, 155
カラマット　152, 154, 155
川原慶賀　113
クエバス神父　125
クダウ　59
クダラト(スルタン・)　7, 26, 30, 38, 52-59, 61-65, 69, 86, 166
グマンサランギ　84
クラベリア総督　168
幸五郎　94
コラノ(ダト・)　156
コール　161, 162
コロウ　94

さ 行

ザビエル　33, 78, 90
サラバヌン　42, 43
サリクラ(ググ・)　43, 59
サリビィ　44, 137
サーリヤル(スルタン・)　106, 122
サルセド総督　56
サンデ総督　47
柔克義　39
ジュスール・アシキン(プトゥリ・)　41
シロガン(ラジャ・)　43, 45, 50, 153
スコット　175
スルカルナイン　41
ゼイン-ウル-アービディーン(ザイナール-アービディーン)　41
関本照夫　67
蘇繼廎　39
ソミス　117

た 行

タイコン官　94, 95
タカ(ダト・)　153, 154

高谷好一　15
ダスマリニャス総督　48, 49
タブナワイ　42, 59
タンバイア　67
ダンピア　57, 63, 113
趙汝适　39
坪内良博　1
鶴見良行　2
鄭成功　77
ディマサンカイ　44, 45, 47, 59, 62, 63
鄭和　19, 74
テティン(ダト・)　108
テレロ総督　125
トゥアン・ハジ　96-99, 103-05, 107, 108, 113
トゥニナ(プトゥリ・)　42, 43

な行

長島弘　2
夏目信政　96
ヌク　27, 88, 128

は行

ハイルン(スルタン・)　21, 77
バキ　139
バクティアール(スルタン・)　59
バゴ(ダト・)　157, 167, 168
ハサン　41
バセット　97, 107
バーチフィールド　169
ハッサン(パンリマ・)　135
ハッセル　44
ハーバート　107
パハル・ウッディン(スルタン・)　107, 156
バビンタン(ラジャ・)　76
バブッラ(スルタン・)　21, 30
バブティ(ラジャ・)　75
ハムザ(スルタン・)　34, 156

パラ(ダト・)　135
バラタマイ　53, 59
バラハマン(スルタン・)　26, 84, 156
パラブ(ラジャ・)　75
バラミスリ　41
バラワグ　174, 176
バランテス　47
バルディン　115
バンカヤ　44, 45, 47, 59, 62
バンサグ　169
ピアン　139
ピーテルス　115-17
ピンソン郡知事　132
ファキモラノ　108, 109
ブアヤン(ラジャ・)　153
フィゲロア　48, 49
ブイサン(カピタン・ラウト・)　43, 50, 58, 59, 61, 86
フェリペ二世　47
フェリペ四世　52, 166
フォレスト　96-98, 102-05, 107, 108, 112-14
藤田豊八　39
ブリエル　126
ブリス　175
ブルワ(ラジャ・)　43, 45
ベテル　164, 172
ベニト　139
ヘンリィ　85
ポランニー　181, 182
ボルトン郡知事　173-75
ボンス(ラジャ・)　52, 59
ポント(ラジャ・)　76

ま行

マカ-アプン　43
マカ-アラン　42-45, 59, 153
マカクワ(スルタン・)　124
マカドゥーラ　59

地名・国名(国民)・民族名・言語名索引　253

マガリャンイス神父　79
マギギン(スルタン・)　137, 153, 154
孫太郎　92-97, 109
マスカレンハス神父　79
マゼラン　17, 18, 20
マタンダトゥ(ラジャ・)　75
マックラフ　174
マッコアヤン　23
マトアヤ　23, 30
マナミル(スルタン・)　26, 84
マヌエル　161, 162
マプティ　45, 59
マフール　44, 45, 60
ママル　42, 43
マムル(プトゥリ・)　43
マラジャ　40-42
マレカ　103
マンガダ　86
マングンウイジャヤ　91
マンダール(スルタン・)　22
ミスアリ　141

ムハンマド(預言者)　40, 42, 152
ムンガラヨン　173-76
モナキオール　53, 59
モレ神父　131
モンテロ・イ・ビダル　47

や 行

山下恒夫　91
ヤマロ　132

ら 行

ラジャ・ムダ　105-08, 112, 122
ラベサレス総督　47
ララーガ(ラジャ・)　75
ルター　126
レガスピ　18, 49
ロッテルダム　22
ロルダン　126
ロンキリョ　50
ワタママ　105

地名・国名(国民)・民族名・言語名索引

あ 行

アグサン河(流域)　61, 129
アタ(エト)人　130, 151, 161, 162
アチェ　98
アッタウ人　→　クラタ人
アメリカ(軍, 人, 船)　9, 28, 29, 90, 117, 121, 122, 134-40, 142, 160, 169-78, 180, 183, 186, 191
　アメリカ・インディアン　135, 173, 175
アフリカ北部(北アフリカ)　46
アポ(活火山, 山, 連峰)　161, 186,
187, 190, 191
アムラン　116
アモイ　27, 112-14
アラビア(語, 半島)　41, 63
アラブ(人)　10, 19, 34, 41, 58, 59, 75, 77, 78, 83, 89
アル島　104
アレバロ　82
アワン町　150
アンブロウ　104
アンボン(アンボイナ)(島)　23, 33, 56, 57, 77, 78, 90, 99, 104
イギリス(人)　8, 10, 23, 27-30, 34, 56,

88, 91, 95-97, 105, 107, 108, 112, 113, 116, 117, 128
イギリス東インド会社　27, 28, 108
イスラーム世界　65, 66
イタリア人　170
イナワヤン　167
イベリア半島　46, 75
イホ川　53
イラヌン(人，地域)　7, 16, 25-28, 32, 34, 37, 43, 46, 50, 51, 54, 57-62, 89, 91, 105, 106, 108, 111, 113, 123, 128
イリガン　111, 112
イリャナ湾岸　25, 36, 106, 127
イロイロ島　82
イロカノ人　147, 150
イロコス地方　125
インド(化，人，布，洋)　1, 10, 15, 19, 28, 58, 75, 77, 81, 85, 112
インドシナ半島　39
英語　116, 171, 172
エト人　→　アタ人
エフベ島　104
オットウ人　→　クラタ人
オビ島　102-04
オボ(マヌヴ，ミノボ)＝バゴボ(語，人)　161-63, 165, 185-91
オランダ(軍，語，市民，砦，人，船，東インド会社，兵)　9, 10, 21-24, 26-29, 32, 33, 50-53, 56, 58, 60, 63, 64, 66, 69, 77-82, 86, 88, 89, 91, 93-105, 107, 108-12, 116, 117, 126-28, 131, 132, 156

か行

カアガン人　151, 157, 158, 189
カイタン　94
カイディパン　81, 82, 99
カガヤン・デ・オロ　55
カタバオ　155
カダリアン　188
カティトゥワン　42
カテエル町　142
カバカン(王国)　124, 157
カバルアン島　83, 104, 109
カブンタラン　36, 37, 124, 155
カムコン人　32
カラガ(人，地域，地方)　25, 50, 61, 62, 93, 109, 127, 129, 131
カラガ町　142
カラガン人　130, 151, 157, 174
カラキタン島　108
カラケラン島　108, 109
ガラン　155
カリナン　186
カルメン町　150
カワナン地域　109
カンダヘ(王国)　80, 82, 84, 86, 87
カンダヘータルナ　82, 89
広東　28
ギアンガ人(→クラタ＝バゴボ，ジャガン人)　130, 151, 161, 162, 168, 174
キアンバ(町，町区)　144, 147, 150
キサンテ　187
キダパワン(町)　150, 161, 187, 189
キブラン　176
喜望峰　102, 104
クラタ(アッタウ，オットウ)＝バゴボ(語，人)(→ギアンガ，ジャガン人)　161-63, 165, 166, 169, 172, 179, 185, 187-192
クラマン(サランガニ・マノボ)(海岸，人)　131, 133, 174
グラン　108, 131, 132, 154-56
　グラン(町，町区)　144, 147, 150
クリン(町，町区)　144, 147, 150
ケダ　114
ケマ(港)　115, 117
元　19, 74

地名・国名(国民)・民族名・言語名索引　255

ゴア　77
香料諸島　→　マルク
コタバト　25, 38, 43, 53, 84, 122, 124, 125, 129, 130, 136, 155, 159
　コタバト郡　124, 125, 127, 128
　コタバト州　136, 138, 139, 147, 150, 151
　コタバト州南部　143-45, 151, 152
コタブナ　115
コト・インタン　106
古麻刺朗　39
コロナダル(・バレー)　136, 153
　コロナダル(町, 町区)　144, 147, 150
コロンガン　79, 80
ゴロンタロ　82, 99, 115-17
ゴロン島　102
ゴワ(王国)　23, 31

さ 行

サウグ町区　144
サウジアラビア　152
サオ島　103
サギン(川)　161, 187, 189
ササハラ語　83
ササリリ語　83
サバ(→ボルネオ島北部)　54
サバ島　103
サハベ　85
サプ　132, 155, 159
サマル(サマ)(語, 人)　7, 16, 25, 28, 29, 32, 34, 41, 46, 50, 54, 89, 147, 150, 155
サマル(ブヌート)(人, 島)(ダバオ湾内)　109, 130, 131, 175, 189
　サマル町区　144
サマル島パラパグ(ビサヤ諸島)　53, 55
サラマン町　150

サランガニ(地域, 湾, 湾岸)　9, 25, 57, 61, 105, 108, 109, 121, 126-29, 131, 132, 147, 152, 167
サランガニ諸島　26, 58, 76, 80, 82, 84, 86, 87, 105, 108, 126, 130, 131, 133, 151, 156
　サランガニ島　75, 76, 109, 151
サランガニ＝マノボ人　→　クラマン人
サリバブ島　104, 109
サルラン王国　86
サルワティ島　102, 104
サワン　81
サンギヘ諸島　22, 25, 26, 33, 73-78, 80-83, 86-89, 128, 131
サンギヘータラウド諸島　5, 33, 83, 84, 89, 93, 133
　サンギヘ島　73, 76, 79-82, 84-88, 98, 99, 108, 109, 115, 132, 155, 156
サンギル(語, 人)　3-5, 7, 8, 10, 25, 26, 32, 34, 50, 61, 73, 75, 82-90, 104-06, 109, 128, 131-33, 144, 147, 150, 151, 156-58
サンダカン　41
サンタ・クルス(町)　142, 170, 171, 174
サンボアンガ(砦)　36, 50, 52-55, 62, 63, 109, 112, 113, 117, 124, 125, 159, 171
　サンボアンガ州　138
シアウ(王国, 島)　73, 76, 79-85, 87, 88, 108, 109
シガボイ(町区)　142, 144, 171
シブゲイ(川, 湾)　36, 53
シムアイ(河口)　43, 56-59, 68, 124
ジャイロロ　19-22, 99, 100, 102, 104
ジャガタラ　95, 96
ジャガン人(→ギアンガ, クラタ人)　161, 162
シャム(→タイ)　114

ジャワ(海, 人, 世界, 島)　15, 17, 19, 49, 57, 67, 75, 77, 78, 105, 106, 113
漳州　94
小スンダ列島　23
ジョホール　17, 18, 25, 41, 42, 44, 114
シラワン　157
シランガン　58, 105, 107, 108
シリブ　172, 187-89
清　10, 27, 96
シンガポール　28, 29, 108, 133, 152
スアワン(川)　161, 187, 189, 191
スグット　124
スグド(ソゴダ)・ブアヤン　105, 109, 132, 153, 154
スパガ　124
スバスタ　187
スバヌン人　54
スペイン(軍, 語, 人, 砦, 船, 兵)　9, 10, 16, 18-21, 23, 25, 26, 28, 29, 33, 34, 36, 37, 46-66, 69, 75-84, 88, 95, 102, 105, 111-13, 117, 122-29, 133, 134, 136, 140, 159, 160, 166-71, 175, 176, 180, 186, 191
スマトラ(島)　57, 67, 113, 158, 159
スムログ河口　131
スラウェシ(セレベス)(海, 島)　15, 16, 23, 24, 73, 97, 98, 106, 108, 114, 133
　スラウェシ島西部(西スラウェシ)　107
　スラウェシ島中部　85
　スラウェシ島南部(南スラウェシ)　10, 23, 24
　スラウェシ島北西部　128
　スラウェシ島北東岸・北東部　99, 115
　スラウェシ島北岸・北部　8, 9, 22, 24, 33, 78-81, 83, 84, 88, 91, 108, 115, 126, 128

スラガン　42, 43, 59
スラバヤ　95, 96
スラ・ベシ　104
スリウィジャヤ　19, 73, 74
スリガオ　54, 124
スールー(蘇禄)(王国, 海, 海域, 語, 諸島, 人, 船)　7, 15-18, 25-30, 32-34, 36-38, 40, 41, 43, 44, 47, 49-55, 58-60, 64, 74, 76, 83-85, 89, 91, 94, 96, 98, 100, 106, 108, 111-14, 116, 117, 121-23, 127, 128, 133-35, 137, 140, 144, 153, 166, 167
スールー州　139
聖アウグスティン岬　109
セブ(語, 島)　17, 162, 179, 180
セブ町(コタバト州)　150
セーラム島　102-04
セレベス　→　スラウェシ
宋　17, 19, 73

た 行

タイ(→シャム)　46
太平洋世界　35, 175
台湾　52
タウィタウィ島　50
タウスグ人　28, 29, 32, 46, 50, 131, 159
タウラン　62
タガカオロ(人, 民族区)　130, 133, 147, 151, 163, 170, 174, 175, 191
タガクパン　187-89
タガバワ(タハバワ)=バゴボ(語, 人)　161, 162, 165, 167, 169, 171, 172, 176, 179, 184, 186-92
タガビリ人　150
タガロオック(→ダバオ)(湾, 湾岸)　36, 43, 53
タグム(河口, 川)　131, 132, 158, 167
タグム(町, 町区)　142, 144, 151
タクラン　107

地名・国名(国民)・民族名・言語名索引　257

タグランダン(→パギンザラ)(王国, 人, 島)　50, 73, 76, 80-85, 88, 108, 109
タッロ(王国)　23, 31
ダバオ(→タガロオック, ブトゥアン湾)(川, 人, 地域, 地方, 湾, 湾岸)　9, 36, 57, 58, 62, 86, 87, 93, 109, 121, 124, 127-33, 136, 144, 147, 151-53, 157, 160, 161, 166-71, 173-77, 179, 184, 186, 191
　ダバオ郡　128, 174
　ダバオ市　136, 144, 151
　ダバオ市街地(ポブラシオン)　171
　ダバオ州　136, 142-49, 151
　ダバオ町　142, 144
タハバワ人　→　タガバワ＝バゴボ人
ダピタン　54, 55, 62
タブカン　80-82, 84, 86, 87, 90, 156
ダホ山　135
タマコ　81, 87
タモガン　187
タモンタカ　124, 125
タラウト語　83
タラウド諸島　76, 80-82, 84, 87, 104, 108, 113, 133
タラオ　133
タランダン　189
ダリアオン　172
タリク　153, 154
タリセイ島　108, 111
タルナ　80, 81, 87
タロモ川　161
ダロン　132
タンダグ(砦)　50, 61, 128, 129
タンパカン(→タモンタカ)　46, 48
チャンパ　19, 73
中国(語, 市場, 商人, 商店, 人, 製品, 船, 文化)　1, 7, 10, 17-19, 23, 24, 26-30, 33, 36, 39, 48, 57, 69, 74, 78, 83, 85, 88, 89, 94, 95, 100, 103-06, 112-14, 116, 125-27, 133, 168, 170, 181, 188, 190, 191
チレボン　105
ティグダパヤ(人)　161, 162
ディゴス　172, 186
ティドレ(王国, 人, 島)　16, 19-23, 27, 31-33, 64, 76, 77, 79, 85, 88, 102-04, 115, 128
ディナイグ町　150
ティフォレ島　98, 99
ティモール島　23
ティルライ人　44, 51, 61, 127
ティロン人　32
テドン人　98, 114
テルナテ(王国, 語, 人, 島)　7, 16, 19-26, 30, 31, 33, 34, 38, 40, 42, 44, 49-51, 56-58, 60, 64, 66, 75-83, 85, 88, 89, 91, 98-105, 109, 115, 128, 156
デーン(デンマーク)(人, 船)　23, 95, 96
ドイツ　29
トゥガナイ河口　131
トゥギス(→トゥビス)　84, 105, 109, 132, 156
トゥグブク　172
トゥビス(→トゥギス)　84, 86, 90
トゥンバオ　124, 133
トマヨン　163, 187, 188
トルコ人　114, 170
ドンガラ　107
トンカラン　169, 187, 189-91
トンセア語　83

な 行

長崎　93, 95, 96
ナヌサ諸島　83, 85, 109
日本(人)　8, 9, 33, 48, 78, 83, 91, 93-96, 136, 170, 172, 177-84, 186-88, 190, 191

ニューギニア(→パプア)　8, 22, 91, 96, 98, 100, 102-04, 128
ヌエバ・ビスカヤ州　139
ネグリト　162

は行

パガルガン　124
バガンガ町　142
パギアン　109, 131, 155
バギオ(ダバオ)　187-89
　バギオ郡(ダバオ)　191
パギンザラ島(→タグランダン島)　76
バグサク山　135
バゴ　169
バゴボ(人)　4, 5, 7, 9, 10, 130, 133, 151, 160-63, 165, 166, 168-72, 174, 176-84, 186, 188, 189, 192
バジャオ(人)　7, 16, 26, 28, 32, 50, 58, 81, 86, 89, 114
バシラン島　36, 50, 54, 124
パダダ　167
バタビア　56, 57, 77, 96, 113, 126
バチャン(王国, 諸島, 人)　19-22, 78, 80, 97, 102-04, 107
バトゥラキ(町)　105, 109, 131, 144, 147, 151, 156
ハドラマウト　41
パナボ　157
バーネフェルト砦　102
パプア(人)(→ニューギニア)　22, 97, 103, 104, 128
バヤバス　189
パラオ　103
バラカタン　187
バラギギ・サマル人(バラギギ島)　28, 34, 57, 58, 115-17
パラワン島　39, 121, 122, 153
　パラワン島南部　36
バランバガン島　27, 96, 97, 102, 103, 107, 108
バリトン　131, 155
パレンバン　41, 96, 158
バルット島　80, 109, 151, 156
パルマス島　→　ミアンガス島
ハルマヘラ島　19, 22, 33, 78, 85, 90
バンガイ島　22, 115
パンガシナン(馮嘉施蘭)　40
バンカ島　108, 111, 115, 116
バンサラン　187-89
バンジャルマシン　42, 91, 94-96
バンダ(海, 島)　20, 79
パンダガン　109
バンティック語　83
パントゥカン(町, 町区)　144, 151
パンパンガ人　170
ビアオ　187
ビサヤ(語, 諸島, 人, 地域)　9, 25, 48, 50, 52-55, 57, 61, 66, 94, 98, 105, 107, 113, 125, 135, 138, 144, 147, 150, 167, 170
ビナトン　171
ヒホ(河口, 河)　129, 131, 167
ビラアン人　5, 130-32, 147, 150-53, 156, 163, 170, 174, 175
ビラン　43, 59
ビワン地域　108, 109
ブアヤン(王国)　25, 27, 31, 32, 36, 37, 43, 45-47, 50-53, 59, 60, 62, 64, 80, 86, 106, 107, 109, 124, 126, 127, 167
　ブアヤン(町, 町区)　144, 147, 150
ファン諸島　103
ファンラン　39
フィリピン管区(イエズス会)　80
フィリピン語族　83
ブギス(商人, 人, 船)　8, 10, 17, 23, 24, 27, 28, 91, 96, 97, 100, 102, 104, 108, 114
ブキデ島　84

地名・国名(国民)・民族名・言語名索引　259

ブキドゥノン(人，地域)　43, 51, 61
福州(船)　95
福建　39
ブトゥアン　54, 61
ブトゥアン湾(→ダバオ)　86
ブトン島　22, 115
ブラギ河(流域)　25, 26, 36, 38, 42, 44,
　　46, 48, 50, 51, 55, 60-62, 68, 69, 105,
　　106, 122, 124, 126, 129, 136, 150
　ブラギ河口　43, 51, 108
　ブラギ河下流域　43, 51, 59, 60, 62,
　　63, 109, 124
　ブラギ河上流域　51, 62, 109, 124,
　　126
　ブラギ河中流域　124
ブラトゥカン川　161, 189
ブラン　81
フランス(人，船)　29, 95, 96
ブルアン湖　106, 126, 150
ブルアン町　150
ブル島　78, 104
ブルネイ　7, 16-19, 25, 26, 28, 38, 40,
　　41, 44, 47, 49, 50, 54, 64, 76, 77, 85,
　　106, 114, 133
ベトナム　39
ベラン　115
ペルシャ　78
ベンガル　108
ベンクーレン　114
ベンテナン語　83
ボホール島　125
ボラアン―モンゴンドウ　83
ポルトガル(語，人，砦)　10, 17, 19-
　　21, 23, 24, 33, 44, 47, 48, 75-80, 88, 95,
　　99, 102
ボルネオ(島)　46, 96, 106, 113, 114,
　　116, 126
　ボルネオ島西岸　106
　ボルネオ島東岸　23

ボルネオ島南部　91, 94
ボルネオ島北東岸・北東部　98, 114
ボルネオ島北部(北ボルネオ)(→サバ)
　　8, 25, 27, 32, 36, 54, 91, 114
ホロ(人，島)　28, 29, 49, 113, 122, 130,
　　133, 137, 157
ポロ　128
ポロック(港)　106, 112, 124, 125
ボン島　108
ホンコン　29

ま　行

マウンテン・プロビンス　139
マカオ　18, 23, 28
マカッサル(王国，人)　7, 10, 16, 18,
　　23, 24, 26, 30, 31, 44, 57, 58, 64, 66, 80,
　　81, 88, 100, 107, 115
マカトゥリン火山　106
マキアン(島)　19, 21, 85
マキララ　186
マギンダナオ(王国，語，人，船)　4,
　　5, 7-11, 16, 24-28, 30-34, 36-70, 76,
　　81, 84-89, 93, 97, 98, 105-09, 111-14,
　　117, 121-24, 127-29, 131-35, 137, 142,
　　144, 147, 150, 153-59, 166, 167
マゴラボン　53
マジャパイト　17
マダウム　155, 156, 158
マタナオ川　161
マタラム　161
マタンパイ　42, 43, 59
マティグサウグ人　163, 187, 188, 190,
　　191
マティ町　142, 144, 151
マトゥトゥム山　126, 153
マナイ町　142
マナド(メナド)　78, 79, 81, 89, 99,
　　115-17
マニラ　18, 26, 28, 34, 36, 40, 47, 48, 57,

64, 69, 76, 77, 79-83, 88, 94, 112, 117, 121, 125, 137, 139, 160, 184
マヌヴ人 → オボ人
マノボ人　44, 51, 59, 61-63, 130, 133, 147, 150, 151, 161, 170, 175
マヨ湾　128, 131
マラウイ　111, 127
マラゴス　172
マラシラ　187, 189
マラッカ → ムラカ
マラナオ人　26, 37, 46, 51, 54, 61, 62, 69, 111, 127, 128, 138
マラバン　42, 43
マララグ　130, 176
マリタ (町区)　131, 142
マルク (モルッカ，香料) (海，諸島，世界，船)　16-18, 20-26, 28, 33, 38, 47-49, 51, 56, 60, 73, 75-81, 85, 88, 89, 97, 98, 102, 108, 112, 122, 128
　北マルク　19-21, 23, 74, 75, 77, 79, 88
マルゴサトゥビグ　137
マレー → ムラユ
マレー半島　39, 67
マンガニトゥ (王国)　81, 82, 84, 87
マンサカ人　151, 170
マンダヤ人　129, 130, 133, 151, 170, 174, 191
マンディオリ島　102
ミアンガス (パルマス) 島　83, 132
ミサミス　124
ミソール島　103, 104
ミナハサ (諸語，地方)　33, 78, 80, 83, 88, 89, 116, 128
南中国海　17, 74
ミナンカバウ (人)　18, 159
ミノボ人 → オボ人
ミョー (マユ) 島　98, 99
明　18, 19, 39

ミンダナオ (地方，島)　8, 9, 25, 36, 37, 39, 40, 47-50, 52, 54, 58, 62, 64, 67, 73, 76, 80, 82-86, 88-91, 93, 96, 97, 104, 105, 107, 121, 122, 124-28, 130, 133-41, 152, 153-55, 156, 159, 160, 167, 168, 171
ミンダナオ軍政府　124
ミンダナオ・スールー管区　135, 138, 139
ミンダナオ島中央部　38
ミンダナオ島東岸・東部　25, 26, 86, 93, 128
ミンダナオ島南岸・南部　5, 7, 9, 26, 73, 86, 87, 105, 131, 133
ミンダナオ島北東岸　50
ミンダナオ島北部　50, 53, 54, 61
ミンダナオ・ホロ軍管区　134
民多朗　39
民答那峩　39
ミンドロ島　39
ムーア人　46
ムスリム・ミンダナオ自治区　141
ムラカ (マラッカ) (王国，海峡)　15, 17-19, 23, 27, 29, 34, 44, 47, 52, 75, 77, 104, 113, 114
ムラユ (マレー) (語，商人，人，世界)　3, 7, 8, 15, 17, 24, 29, 33-35, 38, 40, 41, 44, 53, 56-58, 64, 66, 98, 104, 113, 116, 159
ムルシア　48
ムンバイ　108
メキシコ副王　49
メッカ　108, 113, 158
メナド → マナド
メランピ川　106, 108
メリリャ　171
網巾礁老・網巾礁脳　39
モティ (島)　19, 21, 85, 99
モリ　85

モリバグ　83
モルッカ諸島　→　マルク
モロ(語, 人)　37, 46, 132, 137, 144, 174
モロ(地区)(ハルマヘラ島)　33, 78, 80, 90
モロ州　134, 135, 137, 173, 175
モロ湾岸　38, 43, 51, 109
モンカヨ町区　144

や, ら, わ 行

ヤカン人　46
ラ・カルデラ　50
ラテン語　112
ラナオ(湖, 地域)　36, 43, 51-53, 105, 106, 111
　ラナオ郡　138
　ラナオ州　138, 139
ラミタン　58, 62
リアウ王国　24, 108
リガシン湖　106
リクパン　115

リパダス川　161
リマウ　81
リルン　104, 105
リンボト　82, 99
ルソン(島)　9, 25, 39, 48, 50, 94, 125, 135, 138
　ルソン島北部山岳地域　139
ルタオ　54, 58
ルボン(町)　144, 151, 167
ルマティル　155
レイテ島　61
レイナ・レヘンテ　133
レバック町　150
呂宋　40
ロロダ　22, 85
ロンボック島東部　23
ヨーロッパ・西欧(商人, 諸国, 人, 勢力, 列強)　1, 5, 7, 10, 17, 19, 20, 24, 26, 27, 29-31, 48, 60, 62, 64, 65, 70, 73, 75, 76, 83, 88, 89, 97, 98, 113, 122, 127, 140, 166, 167, 169
ワガン　187-89

事項索引

あ 行

アウグスティノ会　79, 80
アウトリガー　50
アゴン　→　銅鑼
アニミズム信仰　→　精霊信仰
アバカ(→マニラ麻)　9, 136, 151, 160, 164, 169, 170, 176, 177, 179-85, 191
アブ・サヤフ　141
アヘン　27, 28, 94, 95
アヘン戦争　30
アメリカ化　173

アライアンス　172
イエズス会　30, 33, 53, 54, 78, 80-82, 161, 162, 168
移住(者)　90, 125, 130, 136, 155-57, 179, 180
イスラーム化　15, 18, 19, 23, 25, 30, 36, 40, 41, 43, 44, 63, 69, 78, 157
イスラーム学校　63
イスラーム商人　17, 19, 23, 24, 30, 31, 40, 75, 77, 78, 133
イスラーム神秘主義(スーフィズム)　44

イスラームの敵　63
イスラーム法　63, 64
一夫多妻制　5, 135, 139
イマーム　99, 102
移民　126, 170, 178
インフルエンザ　178
ウェストファリア条約　53
海の民　58
ウラマー　55, 64
『瀛環志略』　39
疫病　65, 130, 132, 191
家舟　1, 7, 32
エリート　139, 140
エンコミエンダ　48
王宮　3, 19, 67, 68, 105, 107, 137
王権　3, 15, 27, 28, 30, 67
王統系譜・系譜　5, 9, 17, 18, 25, 26, 40-42, 45, 59, 73, 83, 84, 87, 121, 152, 153, 156, 186, 192
太田興業株式会社　177

か　行

『海国聞見録』　39
海産物　16, 17, 28, 32, 89, 100, 113
海賊　16, 24, 27-29, 32, 34, 47, 50-53, 68, 84, 85, 88, 89, 91, 98, 99, 104, 112, 114, 115, 117, 123, 127, 134, 158
海賊戦争　47, 108
海洋民　1, 4, 7, 16, 26, 28, 32-35, 51, 57, 86, 89
カカオ　117, 133
華人・華僑　112
華人の世紀　10, 24
火山　27, 84, 87, 106
火山島　19, 85
学校教育・教育（→公教育制度）　89, 135, 168-72, 176, 180
カピタン（キャプテン）・ラウト（海軍大臣）　58, 99

貨幣　112, 164, 182
カーペンター＝キラム協定　135
カラコア（コロコロ）船　50, 66, 81, 82, 103, 106, 109
カリフ　99, 102, 114
カルヴァン派（オランダ系プロテスタント）（→プロテスタント）　33, 77, 81
ガレオン船　50, 112
簡易宣言　82, 128
カンガン（布）　112
甘蔗（→砂糖）　94
慣習法　137, 138, 173, 174, 177, 178
カントリー・トレーダー　27, 28
議会　139
飢饉　125, 130, 132, 163, 191
亀甲　28, 100, 103, 113
絹　57
逆縁婚　190
キャラコ　57
教育　→　学校教育・教育
協定・協約　48, 82, 86, 88, 122, 123
金　49, 51, 56, 57, 64, 105
銀貨　95
銀河系的国家　3, 67
杭上家屋　1, 2
ググ（総理大臣）　58, 99
クラジャアン（小王国）　3, 76
クーリー　127
クルアン（コーラン）　63
クローブ（→丁字）（貿易）　19-21, 23, 24, 31, 75, 77-79, 85, 86, 88, 89, 96, 98, 102, 103
系図・系譜　→　王統系譜・系譜
劇場国家　3
ゲリラ戦　3, 58
航海技術　32, 57
公教育制度（→学校教育・教育）　171
港市国家　70
口承・伝承・口伝史料　5, 73, 85, 87,

88, 121
公有地(法)　136, 177
香料　8, 17, 26, 28, 48, 56, 64, 88, 91, 99, 103, 113
国勢調査(センサス)　4, 9, 142, 143, 145-49, 151, 179
穀倉地帯　25
国民化　135
国民統合　141
極楽鳥　103
ココナツ農園　169
コショウ　27, 114
コーヒー　117
米　26, 28, 51, 56, 57, 100, 102, 112, 115, 117, 133
コモンウェルス(独立準備政府)　141
コラノ　104, 109
コロコロ船　→　カラコア船

さ 行

サゴ(澱粉)　19, 87, 102, 114
砂糖(→甘蔗)　28
サンガジ　99
塩　51, 114
地震　125, 130, 132
七年戦争　26
シナモン　28, 49, 105, 113
ジハード(聖戦)(→パラン・サビル)　7, 16, 26, 28, 44, 53, 63, 140
ジャウィ表記　29
ジャンク船　24, 27, 112-14
銃火器(→武器)　42, 43, 173, 176
集住政策　170
囚人　130
樹脂　168, 169
商館　23, 27, 56, 57, 94-96, 122
蒸気船　29, 90, 117, 124, 127
商業の時代　8, 15, 26, 30, 89
『諸蕃志』　17, 39

シルシラ　4, 40
人口(調査，密度)　1, 9, 15, 25, 49, 65, 73, 82, 85, 87, 111, 125, 130-32, 134, 136, 142, 144, 150, 151, 168, 179
人口統計(宗教別)　142, 143, 145, 146
人口統計(民族別)　142, 145, 148, 149
真珠　18, 49, 100, 103, 104
真珠母貝　28, 30, 113
人身供犠　130, 163-65, 183
真鍮製品　126
人頭税　134, 135, 173
森林産物　3, 17, 25, 28, 64
錫鉱山　27
スムロイの反乱　53, 55
政治犯　130
聖戦　→　ジハード
精霊信仰(アニミズム信仰)　7, 147, 160, 163, 178
センサス　→　国勢調査
戦士社会　163, 176, 183
先スペイン期　39
千年王国的運動　174, 175
象　113
宗主権　29, 140
造船　32, 106, 109, 128
村落国家　31, 111

た 行

ダバオ栽培者協会　170
タバコ　56, 58
タルシラ　5, 40, 43, 59, 153
朝貢　10, 18, 19, 27, 39, 40
丁字(→クローブ)　19, 73, 74, 88
町政府法　144
長老会議　30, 58, 113
通商協定・条約　27, 29, 122, 127
ツバメの巣　28, 113
妻方居住婚　164, 183, 186
ディアスポラ　189, 190

鉄　　　103, 105
伝承　→　口承・伝承・口伝史料
天然痘　　112, 125, 178
『島夷誌略』　　39
同化(政策)　121, 139, 140, 160, 184
陶器　94, 95, 113
『東西洋考』　　39
銅銭　　112, 113
ドゥマトゥ一族　　42, 43, 45, 59
土地登記制度　　136
銅鑼(アゴン)　　105, 159, 164, 191
奴隷　　5, 8, 9, 25, 27, 28, 33, 34, 51-53,
　　56-58, 66, 89, 91, 93-95, 98, 103, 104,
　　106-08, 112-17, 125-27, 131, 133, 139,
　　154, 158, 163-65, 167, 173, 175, 183,
　　187, 190
　　奴隷制廃止　　127, 130, 134, 135

な 行

ナツメグ　　23, 24, 31, 79, 96, 98, 102,
　　103
ナポレオン戦争　　116
ナマコ　2, 28, 93, 100, 103, 109, 113
日比混血児　　179
日本人小学校　　172, 179
熱帯雨林　3, 180
農業コロニー　　125

は 行

バイオリン　　112, 113
パドゥアカン船(ブギス船)　　100
バニヤン　　178
バノッド(バゴボ人集落)　　163-66, 178,
　　181-84
バランガイ(社会)　　36, 38, 40, 45, 46,
　　64, 184
パラン・サビル(聖戦)(→ジハード)
　　140
バリオ　　147, 150, 151

パリ条約　　134, 169
パンゲラン(貴族)　　114
バンサ　　38
パンディタ(・カリ)　　55, 63, 132
パンリマ　　135
ビアオ　　189
ビクサガラ神話　　22, 23
ビーズ　　103
漂海民　　7, 16, 26, 32, 86, 89
漂流　　83, 91-93, 96
ビンタ船　　50
ヒンドゥー(化, 教)　　15, 41, 67
フィリピン―アメリカ戦争(比米戦争)
　　134
フィリピン化　　138
フィリピン自治法(ジョーンズ法)
　　139
風土病　　2, 85
フカヒレ　　28, 100
武器(・弾薬)(→銃火器)　　19, 27, 28,
　　42, 78, 115, 126, 133
　　武器回収　　132, 135, 139, 183
ブギスの世紀　　10, 24, 28
双子の王国　　31
普通選挙制度　　138
仏教　　67
船・舟　　1, 2, 27, 29, 32, 69, 87, 91, 98,
　　113, 127, 150
プラウ船　　50, 115
フランシスコ会　　79, 80, 82
フリー・パテント　　182
古川拓殖株式会社　　177
プロテスタント(→カルヴァン派)　　33,
　　83, 89, 144, 147, 150, 151, 170-72
フロンティア(社会, 世界)　　9, 121,
　　141, 160, 162, 163, 175, 180, 181, 184,
　　186
ブンガヤの協定　　22, 24, 81
文明(化)　　134, 135, 170, 173

事項索引　265

ベイツ協定　134, 137
平和の地　63
ペティス(銅銭)　112
ポウシン(中国銭)　112
捕鯨船　117
保護(国)　26, 88, 122
ホームステッド　182
ホラメンタド　124, 140
捕虜奴隷　→　奴隷
ホンギ(遠征)　19

ま 行

マイノリティ(化)　8, 9, 32, 121, 134, 136, 137, 139, 140, 142
マガニ　163, 178, 183
マニラ麻(→アバカ)　9, 136, 151, 160, 177-79, 184
マバリアン　163
マラヤ連邦憲法　15
マンガイオ船　50, 98, 108, 111
マンダラ国家　3
蜜蝋　26, 28, 49, 56-58, 86, 89, 105, 113, 159, 167-69
都(王都, 主都)　4, 26, 28, 31, 33, 48, 49, 53, 58, 61, 62, 65, 68, 105, 106, 122, 124, 125, 128
『明史』　17, 39, 40

民族区　137, 138, 173, 174
民族区裁判所　137, 138, 173
メース　98
メスティーソ(混血者)　99, 164, 165, 168, 172, 179, 187, 188, 191
綿布・布　19, 27, 28, 56, 81, 112, 113, 126
モスク　49, 50, 99, 102, 111
モスリン　57
モロ・イスラーム解放戦線(MILF)　141
モロ戦争　46, 47, 50, 54, 61
モロ民族解放戦線(MNLF)　141
モンスーン　31

や, ら, わ 行

焼畑　136, 177-79, 181, 183
友好協定　122, 124
ヨーロッパ植民主義　64, 65
ラジャ・ムダ　→　(人名索引)
蘭館絵巻　113
龍涎香　103
リンガ・フランカ(通商語)　15
レコレクト会　54, 168
朗詠歌　83
ワタママ　→　(人名索引)
和平条約　52, 56, 62, 65, 87, 166

■岩波オンデマンドブックス■

海域イスラーム社会の歴史
――ミンダナオ・エスノヒストリー

| 2003年8月26日 第1刷発行 |
| 2017年4月11日 オンデマンド版発行 |

著　者　早瀬晋三
　　　　（はやせしんぞう）

発行者　岡本　厚

発行所　株式会社　岩波書店
　　　　〒101-8002　東京都千代田区一ツ橋2-5-5
　　　　電話案内　03-5210-4000
　　　　http://www.iwanami.co.jp/

印刷／製本・法令印刷

© Shinzô Hayase 2017
ISBN 978-4-00-730588-7　　Printed in Japan